艺术文献整理及应用论稿

史婕◎著

国家图书馆出版社

图书在版编目（CIP）数据

艺术文献整理及应用论稿 / 史婕著．—北京：国家图书馆出版社，2012.7

ISBN 978 - 7 - 5013 - 4816 - 9

Ⅰ.①艺… Ⅱ.①史… Ⅲ.①艺术 - 文献保护 - 研究②艺术 - 文献利用 - 研究 Ⅳ.①G253.6②G252

中国版本图书馆 CIP 数据核字（2012）第 155638 号

书名 艺术文献整理及应用论稿

著者 史婕 著

出版 国家图书馆出版社（100034 北京市西城区文津街 7 号）
（原北京图书馆出版社）

发行 010-66139745，66175620，66126153
66174391（传真），66126156（门市部）

E-mail btsfxb@ nlc. gov. cn（邮购）

Website www. nlcpress. com→投稿中心

经销 新华书店

印刷 北京华正印刷有限公司

开本 720×1020（毫米） 1/16

印张 18.75

版次 2012 年 6 月第 1 版 2012 年 6 月第 1 次印刷

书号 ISBN 978 - 7 - 5013 - 4816 - 9

定价 67.00 元

目　录

序　言

向延生①

我国有着数千年的文明史，长期以来遗存积累了丰富的历史文化遗产。1986年河南舞阳县贾湖古墓葬出土的十余件5至8音孔的骨笛，据测定为8000余年前的乐器；1973年浙江余姚市河姆渡古遗址出土的多件吹奏乐器骨哨和埙，距今已有7000年的历史；1978年湖北随县战国墓出土的64件曾侯乙铜编钟，其12律的旋宫转调功能更是震惊了世界。《尚书》、《礼记》、《易经》、《管子》、《吕氏春秋》等存世的古代典籍里，也都有许多关于音乐事务的记载。

原中央音乐学院民族音乐研究所（现为中国艺术研究院音乐研究所）自1954年建所以来，由于李元庆、杨荫浏两位开创者的重视与努力，长年委派孔子的后代孔德墉等人，陆续从全国收集了众多的图书、乐谱、乐器、图片、音响等器物。其资料室典藏的音乐资料，成为了全国之最，有些甚至是全国的孤本；该室保存的中国传统音乐的音响录音，1997年更是被联合国教科文组织列入了“世界记忆名录”。上述贾湖骨笛、曾侯乙编钟等古乐器，都是由该所负责鉴定、测音的。

黄翔鹏先生1985年接任音乐研究所的所长时，曾经提出了全所的工作要以资料建设为中心的口号。资料对于研究工作的重要性，在我50余年的研究生涯中，对此也有着越来越深刻的体验与了解——准确、丰富的原始资料，是从事研究工作最基本可靠的基础。从事资料工作的人员，他们长年坚守在默默无闻的平凡岗位上，都是我非常敬重的同事。

史婕女士1985年来到音乐研究所以后，在条件这么良好的环境里长期从事图片、图书工作。在领导和前辈的言传身教下，近30年的岁月里她孜

---

① 向延生（1939—　），陕西延安人，毕业于中央音乐学院。现为中国艺术研究院音乐研究所研究员、文化部《新文化史料》副主编。曾参加编写《中国音乐史》、《中国音乐辞典》、《聂耳全集》等著作。

孜不倦，默默奉献，奋力追求，给我以深刻的印象。

特别是两年前为筹备纪念《中华人民共和国国歌》的作曲者聂耳诞辰100周年，开始了《聂耳全集》增订版的编辑流程（主编周巍峙，由我担任常务副主编），史婕作为此书编辑部的成员。在共同的编辑工作中，我对她有了更多的接触和了解。

史婕女士在该编辑部里承担了查找历史资料等许多事务性的工作，并负责编写有关聂耳的著作、文章索引。此索引汇集了1935年聂耳逝世以来，出版的纪念和研究聂耳的著作、文集、报刊上有关的文章，其工作量相当大。在从事选择、编辑工作的过程中，细心的她还发现了1989年版与2009年版《中国大百科全书》音乐部分的“聂耳”词条里，存在着一些与事实不相符合之处。

该词条的作者是中国音乐理论界的著名人士，1947年毕业于南京的国立音乐院，后来曾任音乐研究所的副所长、研究员、博士生导师，是《中国大百科全书·音乐卷》编委、“中国古代音乐”分支的主编和《中国音乐学》杂志的主编。由于他的身体健康欠佳，1985年编辑出版《聂耳全集》时，他曾经以副所长的身份列名为该书的副主编。可能他后来也没有仔细查阅《聂耳全集》，以致于他为1989年出版的《中国大百科全书·音乐舞蹈卷》写作的“聂耳”词条里，出现了这么多明显与事实和《聂耳全集》都不相符合的地方。

音乐理论界的许多研究者（包括我在内），虽然早就看到了这些问题。可能由于彼此都是熟人、朋友、同事，撕不开情面，始终没有人能够公开站出来指出这些错误。史婕女士作为图书馆的工作人员，为了还原历史的本来面目，却显示了初生牛犊不怕虎的大无畏精神。面对全是由专家学者编写的具有权威性的工具书《中国大百科全书》，面对著名的专家学者写作的词条，在追求真理的道路上勇往直前。

她在认真研究了多方面原始史料的基础上，对该书里“聂耳”词条的不实之处，明确提出了自己的看法。并且以这些扎实的研究成果作为根据，敢于发表文章与作者进行商榷，这都是十分难能可贵的。

史婕女士在《中国音乐图像学的先驱——袁荃猷先生》一文里，介绍了袁先生对这门新兴学科的开拓性贡献，也显示了她对前辈同行的敬意。《琴韵乐魂演绎爱之绝唱》一文，对流传久远的“梁山伯与祝英台”的民间爱情故事，千余年来的流传途径、文艺体裁形式、艺术表现方法，进行了全面的概括。曾任中央美术学院图书馆馆长的常任侠先生是著名的美术理论家，史婕女士在《常任侠的杂剧、散曲创作》一文里，介绍了常任侠先生师从昆曲大师吴梅、写作杂剧《祝梁怨》等鲜为人知的史实。

史婕女士还结合自己长期在图书馆工作的体验，对该馆馆藏“次善本”的历史意义和馆藏价值，当前的保存与保护的迫切性，出借与阅览的方法，都提出了自己宝贵的意见。对该院图书馆的现状和发展，也提出了全面的建议，显示出了对图书馆工作认真负责的主人翁态度。

安心于图书馆的资料工作非常可贵，寻求多方面的发展也应该给予鼓励，有志者事竟成。在图书馆的工作岗位上，有机会接触众多的原始资料。许多有心人都是在图书馆从事资料工作的基础上，抓紧时间勤奋学习，逐渐积累深入归纳，后来成为了卓有建树的著名专家学者。

当前的形势使我的脑海里回响起了李劫夫创作的著名歌曲：“我们走在大路上，意气风发斗志昂扬……”随着经济建设的迅速发展，目前我国已经成为了世界上的第二大经济体。中国的图书馆事业也有了巨大的变化与发展，图书馆的硬件、软件和图书馆学的学科建设，都早已今非昔比。原来分散的各研究所的资料室，联合组成了实力雄厚的中国艺术研究院图书馆，为院内外的艺术科学研究提供了更为优异的环境和条件。

希望史婕女士能够在已有的基础上继续努力，百尺竿头更进一步，在以后的工作中不断取得更大的成绩。

2012年元宵节于
北京菜户营远望居

中国艺术研究院图书馆之现状与发展

2002年，随着一声令下，我们带着老前辈辛苦收集来的大量珍贵资料和他们对这些资料的无限牵挂，从当年极其狭小的音乐研究所资料室搬迁到了相当宏伟宽绰的新馆。这便是被艺术界广泛瞩目并给予厚望的中国艺术研究院图书馆。

图1　新建图书馆外观　刘晓辉摄

回眸来路，令人鼓舞；展望未来，任重道远。中国艺术研究院图书馆如何才能与时俱进，为中国艺术之研究继续做出更大的奉献呢？在她进入新址将近10周年之际，恰逢中国艺术研究院建立60周年，喜庆之中，我们陷入了深思。

一、图书馆的诞生和建设

若追溯现在图书馆的原型，那便是早在20世纪70年代建立的中国艺术研究院资料馆。除此以外，那时还有成立于1954年的音乐研究所资料室，成立于1953年的美术研究所资料室和成立于1951年的戏曲研究所资料室等十几个大的专业资料室，它们都隶属中国艺术研究院但却分散在北京的不同区域。

几十年间，特别是改革开放以来的全面建设与发展，中国艺术研究院已经具备了与国家级艺术科学研究机构相适应的人才储备、基本建制和学科设置以及相应的规模，无论在艺术科研、艺术教育还是艺术创作等方面都取得了重要进展。中国艺术研究院现在逐步形成学术研究、艺术教育、艺术创作三足鼎立的发展格局。作为综合性的学术机构，拥有一个综合性的并与研究、教育配套的图书馆就显得尤为重要。

2001 年，戏曲、音乐、美术等研究所资料室合并，正式组建中国艺术研究院图书馆，并迁入了新的院址。在院领导的大力支持和鼓励下我们克服了种种困难，利用了当时很少的人力，仅仅半年就开馆迎接读者了。

刚刚建立的图书馆拥有图书资料近 100 万册，音响音像资料共 10 万多件，实物乐器约 2000 件，其他还有手稿、书画作品、图片拓片等珍贵物品。当时成立了三个部门：典阅部、音响音像部和特藏部。当我们一件件整理馆藏时，不禁惊呼馆藏如此的丰富、如此的具有收藏价值和实用价值。当然，我们惊呼馆藏丰富的同时，还为搬迁神速、开馆顺利而无比振奋。

随着图书馆的建立，大量有形无形的艺术资料的聚集，各单位的资料管理精英也都随之汇集到了一起。虽然总共不过二十几人，但发挥的作用却令院人惊叹。比如刘效民、周晓平、丁汝琴、沈小玫、俞冰、李久玲、李晓冬，当然还有包括笔者在内的当时图书馆的业务骨干等一批同仁。虽然有些现已退休，但他们却把自己的知识和经验，特别是无私奉献的精神传递了下来。

随着新人的陆续增进，我们现有在职人数 56 人，队伍非常的强大，且不断向着年轻化、高智化发展。典阅部的图书馆藏量也以每年 2 万册的速度增长。特藏部、音响音像部也随着非物质文化遗产的开展和不断取得的丰硕成果丰富了大量的馆藏。

图书馆的发展促进了中国艺术研究，中国艺术研究的深入又向图书馆不断提出新的要求。

我们图书馆对外肩负着为中国艺术研究院的各个级别的重点项目服务的职责，也担负着为全院 1100 名职工、学者以及研究生院在读学生服务的职责。而对馆内的职责更为重要。如此大量、珍贵的馆藏，如何保护、如何保管和如何充分利用，都对我们图书馆人提出了新的课题。百尺竿头再进一步，就必须思考这些重要问题，就必须解决这些重要问题，就必须渐进，必须发展。

二、图书馆的发展势在必行

无论事业或企业，若要生存就必须要发展。

中国艺术研究院图书馆是集图书、报刊、音响、音像、乐器、书画、图片等为一体的艺术信息中心，拥有大量的图书珍藏和艺术珍藏。

在图书方面，馆藏图书现已达110万余册，其中古籍16万余册，善本古籍5万余册。本馆所藏的善本大部分为戏曲、美术、音乐等艺术类古籍，其中有诸多罕见的珍贵版本。戏曲类善本有明刊本《临川四梦》，清代南府、升平署剧本，升平署扮相谱，清代百本张、聚卷堂、别埜堂等著名书铺的手抄曲本等。音乐类的善本涉及乐理、律吕、琴学、乐谱等方面内容，如明刊本《律吕解注》、《律吕直解》、《风宣玄品》、《弦索备考》、《太音希声》、《藏春坞琴谱》等，是音乐类古籍中难得的珍品。这些善本主要是20世纪50年代以来陆续接受原北平国剧学会、戏曲改进局、文化部艺术管理局、原中国艺术博物馆等的收藏，以及傅惜华、梅兰芳、程砚秋、齐如山、杜颖陶、盛家伦等名家捐赠，还有本院学者们辛勤搜集的，具有较高的学术价值、文物价值和艺术价值。我馆有12种古籍分三批被收录到“国家珍贵古籍名录”之列。

图书馆所藏丰富的非书资料是重要馆藏特色，包括音响、音像档案、图片、实物等等。图书馆存有音响音像档案资料两万余小时。音响资料包括民族民间音乐采风录音、老唱片及戏曲实况录音等。我院收集的7千小时民族民间音乐录音资料，囊括全国各民族、各地区的传统音乐音响资料，1997年被联合国教科文组织列入“世界记忆名录”。本馆藏有几万张20世纪出品的胶木唱片，其中戏曲唱片有3万多张，涉及140多个剧种，而京剧类老唱片就有1.4万多张，囊括了20世纪初京剧鼎盛时期各个流派名家的代表作品。戏曲录音资料包括胶带和钢丝录音带，共2000多盘，主要是建国初期各剧种的演出实况。音像资料共有3000余小时，包括戏曲、舞蹈、音乐、曲艺、话剧等艺术门类，其中戏曲录像约有2000小时。20世纪70年代末，受文化部资助委托，我院有计划地组织人力，到全国各地抢救性地采录了一批戏曲老艺人演出剧目及民间演出活动，我有幸参与了此次的采集活动。此次采集涉及剧种69个，剧目约600个，演员约1600名。其他戏曲录像资料，还有1982年文化部第四次戏曲演员讲习会的全部教学录像，以及为国家“七·五”重点科研项目《戏曲艺术长河》采录的资料等。本馆还藏有蜡筒留声机、机械式圆盘留声机、钢丝录音机及早期电子管音响设备等，全面反映了19世纪以来音响设备发展的历史。经过抢救修复，目前部分设备仍能正常使用。

图书馆所藏的实物资料也非常丰富，美术类实物有书画原作，如傅抱石、郑板桥、齐白石、黄宾虹、张大千、徐悲鸿等人的真迹；还有碑帖、印谱、拓片、宣传画、连环画、年画等都在千幅以上。另外还有瓷器、雕像、文玩、少数民族服饰以及戏曲的实物资料等多件。本馆藏有中外乐器2000余件，分设了古琴、弦乐器、外国乐器、吹打乐器、古代乐器五个陈列室，展出700件。馆藏的92张古琴中，40余张唐、宋、明琴最为珍贵。本馆还藏有照片8万余张，其中戏曲类照片3万余张，音乐类3万余张，美术类2万余张。戏曲类照片中包括清末民初的戏曲老照片、京剧名家的剧照等，非常珍贵。

我院院长和各级领导都给予图书馆特别的关怀和大力支持。特别是近几年，无论经济状况如何，都没有停止过为图书馆的专项拨款，而且有逐年递增的趋势。近三年的购书量就达30000种，约58000册。其次还有修补维护费用等等。

我们有如此丰富的文化艺术积累，又经过几代人的辛勤努力和50余年的发展，在艺术文献资料等各方面，已经形成了搜集、加工、存储、提供和开发等各方面藏用并重的格局，再加上院领导乃至国家领导的重视和大力支持，发展那是自然而然的。只有发展才能更好的珍藏，只有发展才能更充分的利用，只有发展才能更加完善管理，只有发展才能更加丰富多彩。

三、图书馆的发展迫在眉睫

我院图书馆从没有停止过前进的脚步。社会的进步和高科技的飞速发展都会迫使图书馆向前发展，社会上很多图书馆都在迫切求发展，因为它们要在竞争中发展，在发展中生存，在发展中产生经济效益，在经济效益中保证生存。当然，我们也迫切希望发展，但我们图书馆与社会图书馆的迫切点不尽相同。我们虽也有竞争，但我们更注重于需要。这也许正是我们领导的英明决策让我们能放开手脚求发展的独特之处。我们的发展是利用的发展，保护的发展。

1. 发展是国家的需要，必须以人为本。我国无论是各部委还是各基层都非常重视图书馆的发展，因为它标志着人类的进步和国家的发展。

随着知识化的不断加深，人们对知识和信息的需求越发强烈，对图书馆的依赖程度也更高，从而促进图书馆事业的发展。所以图书馆要随着知识的发展而发展，要随着现代化的发展而发展，要随着社会的发展而发展。我院图书馆的发展首先受到现代社会发展的刺激，其次受到馆界图书馆发展的刺激。当你要参与馆界图书馆的交流时，标准化的、现代化的图书馆才是你的对话基础。只有这样才能与国际接轨，和世界零距离接触。

我们图书馆作为艺术研究院的专业图书馆，其宗旨即在于对艺术资料的收集与保护，为艺术科研、艺术教育服务，为推进我院“全国一流，世界知名”的艺术科研和艺术教育机构建设的进程而努力。

2. 发展是科研的需要，必须统筹兼顾。中国艺术研究院是全国综合性的艺术科研教育机构，每年都报批很多的国家和文化部重点项目，例如2008年经“全国艺术科学规划领导小组”批准立项的“03AA002”号《中国艺术科学总论》“国家委托”项目，2009年我院11项课题获准立项国家社科基金艺术学项目和文化部文化艺术科学研究项目，2010年我院13项课题获准立项国家社会科学基金艺术学项目和国家社会科学基金项目，同时我院科研处、战略中心、艺术评论、曲艺所、《美术观察》杂志社五个部门有五个项目获2010年度文化部课题立项。中国艺术研究院下属几十个科研、创作、教育机构，几乎涵盖了艺术研究的全部学科，而他们在创作中所需要的信息和资料大部分都是来源于我们图书馆。他们会在老资料里寻找史料和根据，也会要求我们给他们提供最新的信息和新的理论。早在10年前，音乐研究所所长就提出了“以资料为中心”的工作模式。馆藏的不断丰富，管理的不断完善，也就更加方便了诸多研究者的使用。因此，图书馆的发展也是中国艺术研究院发展的一个重要组成部分。因为它们是相互作用，相互促进的。只有抓住图书馆事业发展的重点，才能从根本上推动科研的进步。

随着现代科学技术的迅速发展，图书馆应以新的服务模式做好教学科研服务工作，为高校教学及科研提供坚实的信息保障。

3. 发展是教学的需要，必须力求全面协调。鉴于我院长期不懈的努力和在各艺术学科建设中所取得的成就，2003年9月，国务院学位委员会批准我院为艺术学一级学科博士、硕士学位授予单位；2003 年 10 月，国家人事部全国博士后管委会决定，在我院设立艺术学博士后科研流动站。艺术学一级学科的确立和博士后流动站的建立，是我国艺术学学科建设的重要进展，为我国的艺术学学科建设和研究生教育以及各类高级艺术人才的培养，提供了进一步发展的平台。

随着研究生院的不断发展壮大，2004 年全体硕士、博士研究生在校人数为 92 人，到 2009 年就已增长到 191 人。此外还有课程班、访学及其他类进修生的大量增长，他们对图书馆的需求量也是倍速增长着。这就要求我们无论是图书还是环境，以及现代化设备和服务都要急速跟上。

图书馆是学校的资料信息中心。随着教学改革的不断深入，图书馆的地位越来越高。它一方面为教师提供了大量的信息，帮助他们了解掌握教育动态，为不断提出新的研究课题提供了方便；另一方面，为学生较自由地选择需要的学习内容和查找相关的文献资料创造了条件。可见图书馆的作用会直接影响到教学工作的整体效果。因此，加强图书馆的建设，进一步发挥其在教学中的作用，对于促进教学质量的提高有着重大意义。

4. 图书馆的发展要能促进我院的文化交流可持续发展。近年来我院文化产业的振兴和规划取得了突破性进展。我们图书馆也随之以最丰富的馆藏资源、无私的文化财富和精神财富被外界认知。研究生院也迎来了越来越多的报考者。图书馆每天都会接待院外单位、个人甚至国际友人参观或查阅资料。他们来自不同的国度，操着不同的语言，但都是慕名而来。他们对我们的馆藏和服务都非常地满意，还希望能有机会和我院合作。这表明我们对外已有相当的影响力和感召力。当然这与我院的领导方针是分不开的，也与我院的文化实力密不可分。发展能打开与外界的相互理解大门，也能促进与外界的交流。人类的艺术、文化、历史共同分享，进而了解彼此之间的差异。所以发展也就成为维系我们与外界的重要因素。

四、图书馆发展具备的要素

“可持续发展”是一种全新的发展观，是人与环境、经济、资源和社会的综合发展。图书馆的发展要符合中国艺术研究院的整体规划：构建艺术科研、艺术教育和艺术创作三足鼎立的发展格局，要起到心脏和中枢的作用，努力建成具有艺术特色的、综合的、现代化的图书馆。因此需要具备三大资源：文献资源、人才资源、设备和数据库资源。文献资源之前已经介绍过，这里不再多叙。此外，人才资源、设备和数据库资源也是图书馆发展的重要要素。

第一要素是人——实现图书馆发展的核心是人力资源

图书馆要实现馆藏资源、服务方式和管理模式的更新，人才是基础。人将是决定性因素，建设现代化图书馆的关键是建设一支高素质的图书馆员队伍。那么，建设图书馆队伍需要做哪些工作呢？

首先，要具备多谋善断的管理班子

管理是保障图书馆事业发展的关键。管理的好坏，管理水平的高低，对图书馆的发展有着非常重要的意义。对一个快速发展的图书馆而言，拥有一个很好的管理班子就尤为重要，它要求管理者不是“做事”，而是“成事”，即“成就事业”。他们除要有理想、有信念、有全心全意的服务精神外，还要有智慧，有胆量，要担得起。这就要求管理者有广博的知识，丰富的经验和出色的才干；要具备相关的专业、技术方面的知识，还要具备较强的吸取信息、更新知识的能力；要有战略眼光和总揽全局的能力，还要有开拓创新的能力；做事要看得见重点，抓得住根本；要制定长远发展规划。

一个合格的现代化图书馆管理者既要有专业知识，又要懂管理，更要对当今科学发展趋势和科研现状心中有数。宏观上着重于图书馆的整体规划、网络建设、经费配置、人员培训、法制建设、馆际关系等工作的协调与协作。微观上要做好组织、指挥、控制、协调等等细节工作。

一个过硬的领导班子还要看是否会用人。人的积极性能否很好的发挥出来，是衡量一个组织有无生机活力的标准。而能否合理地选拔、配备、使用人才，也是判断一个管理者是否胸有选人、知人、用人的尺度。因此管理者要很好地掌握用人之道，以取得尽可能高的用人效能。这也是图书馆发展的重要组成部分。

原美国俄亥俄大学图书馆馆长李华伟教授就用“修己安人”来形容图书馆的管理，他所说的科学化、制度化、人性化的相结合的管理观念可以用于图书馆发展。

其次，要具备精明强干的馆员队伍

以往图书馆会被当作安排就业富余人员的转岗处所，严重影响了图书馆队伍的素质。建立更加科学的图书馆人力资源管理制度刻不容缓。只有人尽其才，才尽其用，才能保证图书馆事业可持续发展。

我们图书馆员队伍总体是好的，他们为我馆的发展做出了很大贡献，有些老同志一辈子献身于图书馆事业，因此他们应该受到尊重、爱戴，这是不容置疑的。但是当今的馆员与传统馆员无论在思想素质还是在技能素质上都有很大的区别，有些年轻人还为成为一名图书馆员感到迷惑。其实，成为一名图书馆员也并不是毫无作为的，只要能抛弃欲望，安心为图书馆、为读者服务，他依然可以激情澎湃，而且有至高无上之感。现代图书馆环境下，信息环境复杂化、管理对象数字化、用户服务多样化、工作方式自动化，这一切都对图书馆工作的核心力量———图书馆员提出了更高的要求和挑战。

（1）思想素质

首先要有良好的职业道德，要爱岗敬业。树立服务意识和正确的职业人生观，尊重读者，一切为读者着想，争取真正将服务工作落实到实处。其次要具备健康的心理素质，能够随时调控自身的情绪，为自己的工作营造一种和谐的气氛。

（2）语言素质

图书馆员必须具有过硬的语言文字能力，只有这样才能清晰、准确、简明地将信息传递给用户。特别是在图书出纳台工作的人员，语言表达能力显得尤为重要。只有语言口头表达准确、逻辑性强，才能及时使新成果、新见解得以交流和推广，才能缩短馆员与读者之间的距离，逐步建立起一种相互信任、相互理解的相容关系。馆员与读者的良好的沟通有助于了解读者的需求与期望，有助于问题的分析与解答。用真诚的服务去争取更多读者的支持，才能提高馆员在读者心目中的地位和影响。

（3）基本的业务素质

目前，学科交叉和渗透越来越多，计算机、外语能力强的图书馆员日益受到重视，拥有其他专业背景的人越来越多，但是掌握图书馆业务知识仍然是对图书馆员的最基本要求。图书馆员应当熟悉各种信息资源采购、加工、整理、使用的流程和方法，掌握数字图书馆基本知识。图书馆采访、编目、流通、阅览、咨询等项工作互相之间都有紧密联系，因此若有条件时应该采用人员轮岗制，提倡一专多能，培养多面手。如果不具备全员轮岗条件，至少要让年轻同志在定岗前进行一年的轮岗。这将有利于馆员了解图书馆的全貌并树立全局意识，将来能成长为“挑大梁”的复合型人才。

（4）具有较强的信息检索和信息开发素质

图书馆馆员既要掌握信息资源、信息存储、信息筛选、信息管理的基本

知识，又应具有将这些知识运用到服务之中的实际工作能力，可对庞杂的信息进行有序的整理、判断、评价，生产出标准化、有序化的信息产品，为用户提供有效的信息服务。从而引导读者顺利地从网上检索出所需要的各种资料信息，最大限度地满足读者的需求。

以上 4 项都是图书馆员要具备的最基本的要素。此外加强培训和继续教育也是提高图书馆整体素质的必要手段，要派代表参加各级图书馆学会组织的各种专业培训班和研究班的学习，回来后再在馆中进行业务知识的普及工作。

第二要素是物——具备高科技设备和数据库资源

“工欲善其事，必先利其器”。信息和网络技术的飞速发展，给图书馆的变革带来契机。数字图书馆取代传统图书馆成为本世纪图书馆的发展方向，要建立一个形式多样，特色鲜明的数据库，需要具有一定的物力和财力。它主要表现于网络、硬件、软件、信息资源、数据库等方面。因此我们不但要具备一个优秀的网络环境，还要有先进的硬件环境，如服务器、交换机、存储设备等；以及具备专业的数字化采集设备，如工作站和相关设备等。最重要的就是要有一套既适用、实用、安全、快捷、方便，又具有可扩展性、可持续性的软件系统的支持。需要说明的是，这个系统除将手工书目信息转化为计算机机读数据格式外，还能兼顾各种需求。如要有完备的信息存储及检索功能，要有友好、方便的用户界面，还要具备文献全文数据的存储、传输功能，并可与其他数据库接挂的软件系统，比如可直接接挂我院科研成果数据库功能等等，并具有持续可开发性。

五、阻碍图书馆发展的因素及其解决办法

图书馆的发展是必要的，又是艰辛的。艰辛在于我们要克服所有图书馆都要面对的诸多矛盾点。我院图书馆始终存在三大矛盾，这也是所有图书馆都普遍存在的。在此，我谈点自己的看法。

1. 有限的空间和快速而无限增加的馆藏之矛盾

我们图书馆大楼有地上六层，地下一层，总面积约为 9000 平方米，每层有 2 个书库。音响、音像、特藏所占的库房暂且不谈，只列举我们所管辖的图书库房。图书馆共有 11 个书籍库房，面积约 5000 平方米。而我们已藏图书 110 万册，从 2002 年到现在将近 10 年的发展，已使楼上 9 个库房全部

饱和。面对这么丰富的馆藏，库房面积显得十分窘迫，图书馆目前尚有30余万册图书不能上架，严重影响读者接待工作和图书馆目录自动化，不利于全面掌握我院馆藏图书的全面信息。高层因考虑承重问题也不能再增加藏书量，只有地下还有有限的空间，估计今明两年也会达到饱和，而每年还有100多万元的购书计划要完成。无论对院领导还是馆领导都是非常棘手的问题。况且我院的多功能厅等地方（图书馆楼之外）还存放着近30余万册的图书。这些搁置的图书也都是非常珍贵的，只是因为没有空间而不能上架借阅。因为没有空间，我们所有类别的图书目前只能分放在不同的书库中，给读者和馆员都带来了很大的不便。这个有限的空间和快速增加的馆藏之矛盾不及时解决，将直接影响典阅的正常工作，也直接威胁到我们图书馆的进一步发展。这方面只能期盼馆领导的督促尽快解决，而且要从根本解决。

2. 馆藏的充分利用和馆藏保护之矛盾

我馆有很多文献的利用率非常之高，所以文献的破损也非常地严重。一些老旧书籍被反复翻阅，已经出现破损严重的现象。古籍和19世纪20年代至60年代的书尤为突出，当然，当代的书也有这种情况。基于现在的条件我们只能给予“限制借阅”的办法。显然这是很不恰当的方法，背离了“读者至上”的原则。如何解决这个矛盾？我想只有突破我们固有的管理方法，去发展，去创新，与现代化技术相结合。与其说花很多钱买了新书没地方放，不如省下部分投入到抢救老书的问题，让更多的读者阅读到更珍贵的、更有价值的资料上来。所以书籍的及时修缮和数字化建设显得非常重要。

古籍是中华民族在数千年发展过程中创造的重要文化成果，蕴含着中华民族特有的精神素养、思维方式和想象力、创造力。中国古籍修复技术也有着悠久的历史，虽然由于种种原因，古籍修复这一行业与其他传统行业一样，都面临着青黄不接的危机。然而近年来，随着国家对古籍保护工作的日益重视，古籍修复行业也开始被重视。我们图书馆也派了两名业务骨干参加了古籍修复的学习。面对大量待修复的书籍，虽然人员显得略少，经验也略显不足，但我们已经迈出了非常重要的第一步。我馆应该重视这项工作，加强修复管理，使其能正常有序地进行，提高我馆在文献保护界的地位和作用。

最近蔡武部长在全国古籍保护工作会议上强调：“广大古籍保护工作者要认清形势，总结经验，进一步增强责任感和使命感，在做好古籍保护、抢救工作的同时，正确处理古籍保护与合理利用的关系，充分挖掘古籍所蕴含的历史文化价值，将古籍保护工作的成果服务于当代社会，加大力度，突出

重点，推动古籍保护工作深入开展。”由此可以看出这项工作的重要性。

对于古籍和线装书而言，修补是很重要的，但近现代的出版物，特别是一些课本类的读物，因为师生借阅量很大，破损也很严重，对于教学中缺之不可的是否考虑再版。

虽然古籍的修复工作可以对保护古籍起着至关重要的作用，再版也可以缓解文献的短缺，但已有馆藏并未得到充分利用，而丰富古籍的数字资源才是保护古籍的最好举措。古籍具有极高的文物价值，古籍又具有不可再生性，阅读古籍都要受到各种规章制度的限制，如何才能既保护古籍，又提高它的使用价值呢，发展数字化资源就能帮我们解决这一难题。数字化古籍具有查阅简便、检索快捷、准确性高、不易漏检、输出方便等许多优点。发展更大型的古籍数据库还可以进行各种复杂检索，接挂多种使用工具书，这样可以进一步扩大古籍读者的阅读面。

我馆的发展要时刻坚持“藏与用结合”，“传统技术与现代技术结合”，“传统图书馆与网络图书馆的服务”并举。反对片面性和不切实际的追求“时新”，树立一个良好的图书馆形象，使我院图书馆真正成为中国艺术研究院的窗口，文化的标志，知识、信息存储与传递的中心，民族和国家的“记忆”中心。

3. 追求高素质、高学历和馆员流动大之矛盾

目前我们图书馆有馆员 56 人，本科生、研究生人数也占有相当大的比例。但我们还是要说图书馆人员匮乏。其原因就知识结构而言，首先是图书馆缺少图书馆专业的人员，真正学过图书馆专业的不超过 5 人（参看图书馆馆员结构表)，这是一个很不正常的现象，应该引起领导者的重视。不要认为图书馆工作人人都会干，只要认字就行，也不要认为图书馆发展只有研究生、博士生才可以完成。这些都是错误的。图书馆员在具有专业知识和业务知识的基础上，更需要懂计算机技术、自动化技术、数字化和网络技术。其次是缺少“图书馆人”，愿意长久的、踏实的从事图书馆科研、教育、实践工作的图书馆学专家、图书馆学教育工作者，才能真正地称之为“图书馆人”。有些人把图书馆的工作作为一种过渡，而没有把它作为终身的事业。所以馆员具有不稳定性，这非常不利于图书馆的发展。我不反对高学历的人才融入我们的队伍，而且还非常欢迎这样有实力、有朝气的新人加入，但是往往也是这样一些学子没有把图书馆作为他的终身事业。缺少了连续性的图书馆工作，就缺少了服务的快捷和服务的经验，就不能做到主动服务和正确

解答读者的咨询，工作中难免要增加错误率。这很不利于图书馆的持续发展。但如果真正让他们搞基础工作而长时间背离自己的专业，对于他们也确实有点勉为其难。一个高材生苦读很多年，不愿长久地从事其他事业是可以理解的。这样的情况与工作岗位的紧缺有着很大的关联。所以这就要考验我们的管理者选人、用人的方法是否得当了。

图书馆馆员结构表

馆员人数56人	20～30岁	30～40岁	40～50岁	50～60岁	合计	图书馆专业人数
博士	0	4	1	1	6	0
硕士	11	4	1	1	17	1
学士	9	1	4	2	16	0
大专	0	1	8	3	12	4
总计	20	10	14	7	51	5

从上表中不难发现，高学历且在“当打”之年的图书馆人确实不少，关键是怎样才能留住他们，尤其是让他们发挥应有的作用。从上表中还可以看出，高学历人才中出自图书馆专业的很少。这些都需要在今后的工作中不断的探讨，并逐步完善。当然对于任何人而言，做最基层图书馆工作也不是不能有所成就的。我的老师袁荃猷先生就是做了一辈子资料工作的老前辈，她是20世纪30至40年代教育专业的高材生。50年代到中央音乐学院民族音乐研究所工作（中国艺术研究院音乐研究所前身）。几十年来一直从事图片资料工作，曾先后出版了《中国古代音乐史图鉴》、《音乐文物大系·北京卷》等大作。她还用多年的图像资料经验帮助文物出土部门解决了一个“虎座鸟架鼓”的复原和命名问题，她的推断被之后出土的完整实物所证实，她开启了中国音乐图像学之先河。所以从事图书馆事业不但能够获得成就，还可以获得辉煌成就。衷心期盼我们图书馆事业后继有人，延绵不断地健康发展下去。

六、图书馆的宣传也是发展的一部分

图书馆在搞好自身的业务建设外，不要忽视一个使其向前发展的最有力的手段，那就是“宣传”。宣传能引导读者多角度深层次地认识图书馆。同

时宣传也是图书馆教育、影响、吸引读者的有效方式，是图书馆扩大自身影响力的有效途径。通过宣传活动，举办读者征文活动，设立读者问题专栏等等，向读者推荐书目，有助于解决各类人群在信息活动中遇到的相关问题。著名学者吉尔曼曾这样评价图书馆："大学的图书馆是大学的心脏。"他把图书馆比喻成心脏，可见图书馆的重要性。所以我们图书馆的服务定位就应该是成为研究机构和教育机构的心脏。要适时的开展宣传工作，树立良好的图书馆形象。

根据我院图书馆面向的不同对象，其宣传内容分为三种：

1. 图书馆精神的宣传

图书馆精神是图书馆人应该持有的最重要的理念，只有让图书馆精神扎根于每位馆员的心中，并把它付诸日常工作中，我院图书馆才能树立起应有的形象，才能持续向前发展。图书馆精神包括：敬业精神和职业精神。

敬业精神蕴含着图书馆事业的基本原则和馆员崇高的理想，是图书馆馆员最应具备的精神，因而它构成了图书馆精神宣传的重要内容。其实我们也有很多的具备图书馆精神的案例，比如我们在很短的时间，利用很有限的馆员力量使所有馆藏完好无损的搬迁，合并十多个资料室，建设一个崭新的图书馆。当时的团结、合作、拼搏的场面凸显出我们馆员的敬业精神。还有很多类似于这样的事例都可以通过一些活动和文字来宣传图书馆的精神。图书馆的职业精神需要更多地体现图书馆员自强自立、开拓奋进的精神风貌，而恰恰我们的馆藏和服务才能充分体现这种精神。

2. 图书馆馆藏的宣传

无论什么样的读者，对馆藏都有从茫然到熟悉的过程，如何缩短这个过程就要靠我们对馆藏信息的宣传。除宣传藏书信息外，还可以宣传取得的成绩、特色资源、藏书的权威性和创新服务项目等等。例如，我院一位科研人员借助我院具有较高的科研和学术价值的珍藏书籍，解决了他在科研工作中遇到的不少难题。他得知民国 14 年（1935）国民政府内部印行的《旧都文物略》中藏有不少大鼓、说书的史料，然而该书遍寻难觅，最后在我图书馆找到此书，解决了问题。一个图书馆若没有宣传会对馆藏资源的利用和图书馆的形象造成很大的影响，所以在这方面宣传就显得十分重要。

3. 图书馆服务的宣传

在了解图书馆丰富的馆藏资源后，如何利用这些资源就成为读者首要解决的问题，因为只有在具体了解各项服务情况的基础上，利用图书馆得到文

献知识才能得心应手。因此，图书馆的服务也要在宣传渠道上多下工夫，尽可能让每一位读者都能知道图书馆所提供的服务，并能随时查看所有的服务内容、服务程序，方便读者利用图书馆。除了为读者提供普通的书刊借还和阅览外，图书馆还承担着必要咨询服务、情报服务的重任，这是专业图书馆既重要又鲜为人知的功能。要想树立“心脏”地位，相关的服务应向读者进行重点的宣传推广。可能的话可编印一些与图书馆资源与服务有关的小册子，需要的读者可自由取阅。还应建立图书馆网站，使之成为活的信息窗口，并定期或随时更新。此外，还可以与科研部门和研究生院建立二级信息站，密切与各个部门的联系，让我们的宣传既有全局性，又有实效性。

图书馆进行宣传的目的是让读者了解图书馆的功用和内涵，从而提高图书馆的利用率，树立良好的形象。成功的宣传应该是内容表达清楚，读者容易理解其实质，并能快速、准确地获取。只有宣传工作开展的有成效，才能更有效地促进图书馆的发展。

七、图书馆的未来与希望

任何事物都是相互联系，普遍制约的。只有统筹兼顾，才能全面发展。我虽工作在典阅部，但与其他部门的工作之间有着密切关联，因而得以目睹图书馆近十年的进步。我期盼未来的图书馆各部门之间共同努力，相互配合，共同发展。

采编部 今后的工作首先立足于电子资源的调研工作，尝试现代化技术给人们带来的便利、快捷和更加丰富多彩的馆藏资源。其次加强外版图书的采购，以弥补我们图书馆严重匮乏的外文馆藏。正确把握采购方向，满足读者对文献资料的需求，最大限度地保证馆藏的准确性、完整性，以高水平、高质量服务于读者。我们图书馆正处在从传统迈向现代的过程中，加快改革步伐，利用数字化图书馆的长处来进化、演绎、拓展传统图书馆的功能。通过传统技术与现代化技术的相互融合而建成一个复合型的图书馆。

典阅部 未来的典阅部的发展方向，首先要彻底打破传统的“重藏轻用”的思维模式，树立“读者第一”、“服务至上”的人文观念。其次要完善阅览室服务。近年来，随着计算机技术、网络技术、通信技术和信息处理技术的飞速发展，几乎所有的大学和专业图书馆都建立了电子阅览室。电子阅览室的建立是现代图书馆的重要组成部分，也是图书馆电子化的必然发展

方向，而我们图书馆在这个方面还是个很薄弱的环节。为了更好地发挥阅览室的服务功能，快速、准确地为读者提供信息服务，应该加强电子阅览室的建设。在今后的发展过程中读者服务工作的深度和广度都将发生更加深刻的变革，从而进入一个前所未有的新阶段。

特藏部　特藏部将从各专业、各门类的视角出发，指导性和示范性地开展展示活动，在改造提升的基本工作中深入研究，广泛借鉴，创新理念，大胆尝试，努力把展览的专业性、学术性和知识性、观赏性有机统一起来，充分利用我院科研成果丰富陈列的展示手段，在动手参与中感悟我国劳动人民的聪明智慧。图书馆特藏将把展示服务水平确定为当前和今后一段时期的重点工作。随着非物质文化遗产保护工作的良性推进、健康发展，向世人展现出最具专业性、学术性且最珍贵的展品。

音像中心（原音响、音像部）　图书馆音像中心将在以后的工作逐步完善设施，加强对馆藏的数字化管理，最大限度的满足科研需要。今后的工作重点总结起来就是八个字，即搜集、保护、利用、建设。

搜集：全面搜集本院艺术活动的图片和音像资料，积极搜集现当代艺术的重要图片与音响、音像资料。除此外不能忽视对古老艺术资料的挖掘和搜集工作。

保护："音频还放"在数字流程中是比较关键的环节，过去的百年间，由于留声技术的发展、模拟录放设备的更新换代，我馆珍贵的早期馆藏音响资料没有条件还放。所以我们今后要完成的工作是：努力克服还放设备及配件短缺的困难，继续完成馆藏音响档案的数字化工作抢救，使我馆9万多件早期的模拟录音资源得以保护。

把所有濒危音乐音响资源用数字化技术转移到可长久保存的载体中。同时，将音像资源数据库（图像、音频、视频）与文本类数据（图书期刊、古籍文献、学术论文等）进行整合，形成多媒体、数字化、网络化、智能化的艺术类大型综合性数据库，推进本馆向现代化数字图书馆发展的进程。

利用：发挥馆藏资源丰富的优势，依托本院各专业研究所的学术资源，建立若干专题数据库乃至虚拟博物馆，如"中国戏曲剧种数据库"、"中国乐器数据库（虚拟博物馆）"等。加强和推进馆藏图片与音响、音像档案的研究、开发与利用。搭建发布平台，对外发布馆藏图片与音响、音像档案，为各类读者提供查询、复制等服务。

建设：建立专业摄影工作室，负责馆藏资料以及艺术家资料等的拍摄。

建立专业摄像工作室，采访本院知名专家学者并进行录制。策划组织拍摄有关传统文化的大型专题片。

从图书馆各部门的发展方向不难看出，高端技术已经是我们今后离不开的话题。数字化为中华文化的保护提供了新的方法和途径，进行数字图书馆建设是当今图书馆迎接网络时代的重要战略，这项工作关系着图书馆的生存与发展。数字图书馆的管理者也将从繁琐的管理和维护中解放出来，将更多的时间和精力投入到利用信息技术推动图书馆的科研和教育的发展之中。作为中华文化遗产的保护的重要机构，图书馆正在进行探索和努力。

八、关于我院图书馆建设的几点建议

1. 为了让我院图书馆工作得以持续发展，就必须将科研和教学成果保存为历史资料，因此应当制定我院研究成果缴送图书馆制度。除编著的文献外，比如一些研究人员的外出采风之照片和录制的音像资料等，这些数字影像完全可以复制一份入馆保留。建立适合我院的成果信息收集体制，这无疑会对进一步发挥图书馆作用和发展科研、教学产生积极影响。

2. 我们是中国艺术研究院图书馆，应该囊括全国及各民族的艺术资料，但就目前的馆藏看，港澳台的资料和文献所占比例之少可用千分比乃至万分比的数字来形容，也就是说这方面匮乏的程度相当严重，这应当引起领导的重视。目前国家大力倡导两岸暨港澳地区的文化交流，我们也要积极配合，为两岸的艺术家、理论家、评论家提供一个良好的研究资料源泉，加大收集和购买的力度。这样，才能让我们研究领域更加开阔，让我们的艺术形式更加丰富，让我们的馆藏更加完整。

3. 加强对馆藏资源的管理保护意识。最近我看了部《“子弟书研究”结项报告》和《子弟书总目汇编》，编撰非常细致和精彩。此书编撰的原始资源，是我馆之珍藏，但编撰者只有中山大学的名字。我不反对我们的珍贵馆藏被充分利用，但由于对这些珍宝的收集和保护蕴含着全院上下的辛苦和努力，而这样大规模的利用还并非合作形式，这是对我院资源极其不尊重的表现。因此应该加强馆藏资源的利用，特别的合作利用之管理要有制度，要合情、合理、合法。

4. 保护资源与丰富馆藏。一些友邻单位比如文联、文化部资料馆也有一些较珍贵的文献，甚至是我们没有的。他们保护条件非常有限，这种情况

是否能够收集于我院，既保护了资源又丰富了馆藏。

5. 建立以图书馆为中心的科研成果数据库，为我院未来的数字形象建立数据基础，保证成果信息利用的可持续性发展。

总之，图书馆的任何进步和发展除了自身的努力与奋斗，还离不开院领导的全力支持和各个部门的大力协助。

中国艺术研究院是全国综合性的艺术科研教育机构，图书馆作为艺术研究院下属的专业图书馆，其宗旨即在对艺术资料的收集与保护。在这里能解决学术研究的诸多难题，能铲除学术上的不正确的谬传，能探寻到某种理论或物质的根源和历史。图书馆又具有很大的发展潜质，因此它是“带有原子能力量”性质的资料库。它始终为艺术科研和培养艺术理论研究的高级人才服务，这将有助于推进我院“全国一流，世界知名”的艺术科研和艺术教育机构建设的进程。

当今中国艺术研究院图书馆书库

十年前中国艺术研究院图书馆书库

当今中国艺术研究院图书馆阅览室

十年前中国艺术研究院图书馆阅览室

图2 中国艺术研究院图书馆

于2010年12月

浅析图书馆馆藏“次善本”的保护与利用

中国艺术研究院图书馆多年来始终以艺术类文献相对集中而著名，是当前艺术品类齐全、馆藏文献丰富的图书馆。在国内有着极高的知名度，博得很多学子、研究者的好评。他们纷纷慕名而来查阅所需资料，其中不乏国际友人。作为这个图书馆的一名馆员，我虽感无上荣光，但也深知使命的无比艰巨。多年的工作让我亲历了图书馆的重大变迁，也发现了一些令人担忧的缺失之处。往往这样的不足会被忽视，或延迟更正。但恰恰就是这样的忽略将会带来无法弥补的遗憾。

一、“次善本”的现状令人担心

我院图书馆从2003年再次开馆就已经开始了文献保护工作，一部部的规章制度的出炉，为馆藏文献特别是古籍善本的保护，起到了至关重要的作用。但对于“次善本”，我们还是缺乏相应的保护。

提起“善本”，从事图书馆工作的同志并不陌生，它最初的概念是指经过严格校勘，无文字讹误的书本。后来“善本”的界定有很多说法。在我看来比较全面且规范的应属20世纪80年代初在整理《中国古籍善本总目》时，集多位专家意见于一体的“善本定义”。它将善本的标准定为“三性九条”。所谓“三性”：一是因其年代久远而具有的“历史文物性”，二是因其内容有重要参考价值而具有的“学术资料性”，三是因其雕版印制考究、插图精美等而具有的“艺术代表性”。“三性”之下还有“九条”，而“九条”则是以“三性”为原则延伸而成。在此不一一叙述。我馆的“善本”分类基本上如此。但在善本之外还有近现代至解放初期的非线装文献。其中一部分还是孤本，珍贵程度仅次于古籍线装的善本，我们暂称这一部分为“次善本”。这部分虽是馆藏“次善本”，但若得不到善管，将会给我馆带来极大的、不可弥补的损失。面对我院越来越多的学子和越来越高的知名度，担忧亦随之而来。就以音乐类书库来说，几乎每天都有读者查阅这一时期的文

献，一些研究近现代音乐专业的学生和教师，包括研究当代音乐的师生也要因涉及到音乐历史的研究而查阅这些史料。目前馆藏善本有明确的保护措施，和比较详细的阅览规定，其目的是为了尽力保护古籍不被人为破坏。而善本之外的资料、典籍，都是对外开放的，也没有任何的保护措施。因此，对于“次善本”的保护就几乎为零。这些“次善本”都曾经历了岁月的侵蚀，浩劫的摧残，几经沧桑保存至今。无论从纸质的角度，还是从使用的角度，都已经不起再多的磨损。有些书今天已经破损严重而被迫下架，有些还顽强地与命运抗争着，每一次的使用都有可能是它生命的终结。因此我每一次将书交付给读者时，都会耐心地请求读者慢慢地翻阅并给予善待。即使这样，还会看到书桌上的零星纸屑，这样的情景每天都会出现。有些学子甚至很盲目地要求提取某个类别所有的书。像这样的情况我也会及时地帮他分析问题，排除其中不需要的文献，并建议适用的文献或工具书，尽量减少“次善本”提取的次数。对于当前馆藏的“次善本”，即使不提取使用，以现有的藏书条件（与普通馆藏混放在一起）和目前图书馆所实现的保存手段而言，也会增加其破损程度。如何完好保护这批文献，并使之有效地服务于读者的需要，都值得我们深思。

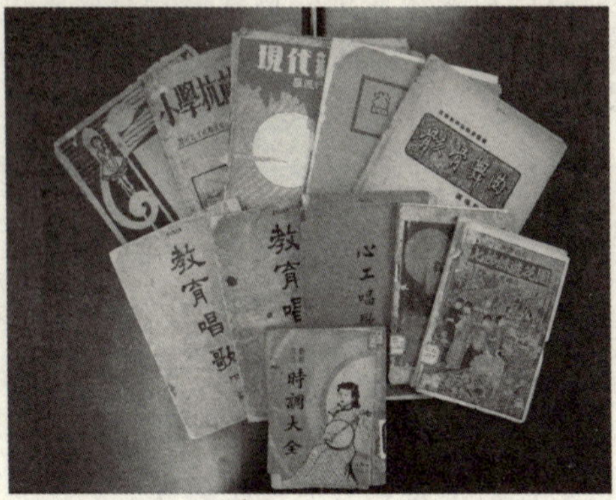

图 1　馆藏破损“次善本”文献

二、“次善本”的保护与“善本”同样重要

中国艺术研究院图书馆是收藏艺术类文献、古籍资料为主的专业图书馆，自然担负着延续中华民族艺术文化的重要职责。我馆的“次善本”和善本一样，具有不可再生和不可替代性，如馆藏民国时期的期刊有：1923

年创刊的《音乐季刊》、1930 年创刊的《乐艺》等；馆藏二、三十年代的图书有：1929 年出版《中文名歌集》、1937 年出版《青年的歌声》等，都为当前的馆藏孤本图书，一旦损毁，难以挽回，这也就意味着这些文献很容易永远失去或永远无法恢复其完整风貌。因此保护“次善本”的工作就显得尤为重要。

以下所列为笔者对于保护“次善本”的一些观点：

首先要重视。有人说“古籍保护是与时间赛跑”，这句话对于我们的现状来说是真理。我院每年虽然有很大数量的购书计划，而且还在不断的增长，但善本或次善本损毁是用再多的金钱也买不回来的。它们的寿命不但不会增长，若不加以及时保护和妥善管理，还会缩短。明代著名藏书家叶盛曰：“夫天地间物，以余观之，难聚而易散者，莫若书也。”这句话用极简练的词句道出了写书制书的艰辛，书被损毁和遗失的容易，也道出了读书人和藏书人对书的珍视。面对读者的不断增加，我馆的珍贵图书如果今天不加快保护的步伐，也许明天就不复存在，那将是一个巨大的损失。

中华民族的文化博大精深，从有了文献即有了文献保护，从潜移默化的读书前的焚香净手、洁净几案，发展到制定阅览规章中所提出的若干之条例，都表明我们文明古国对文化保护的重视是有着悠久历史的，是与生俱来的。所以我们今天更应该沿袭这种传统，把中华民族的文化继续的传承下去。

其次是如何保护。保护的方法很多，保护的要素也很多，比如书库的温度、湿度，比如对阅览提出要求和限制等等。几乎所有图书馆都会在保护书籍方面拥有相同或相近的办法。其实每个图书馆可以依据各自不同状况，根据各自的特殊情况，效仿《中华人民共和国文物保护法》为文物工作所确立的“保护为主、抢救第一、合理利用、加强管理”的方针，制定相应的规章制度，采取相应的保护措施，有效地组织保护工作。若没有太多的人力或财力进行大规模的保护系统工程，是否也要尽快把使用率最高的，濒临损毁或已经损毁的孤本加以保护、限制借阅和修复。我们馆藏中有一些很珍贵的 20 世纪 20 年代到 50 年代的文献，其使用率极高，比如音乐资料库藏有相对较多的当年音乐创作者的歌曲作品，往往会被研究早年歌曲创作音乐家和涉足于近现代音乐研究的学者反复查阅，且经常有读者要求复制。我馆尚还没有任何的限制阅读和复制的规定，读者随意的复制更加速了文献的破损。我考虑过制作副本给读者使用，又感到工作量大，且复印质量和持久性差，也不能避免对文献的损伤，当然更不能避免反复使用文献。对于今后必然要进入的数字时代来说，这也是没有必要的重复劳动。因此启动数字化处理应是目前保护工作的最好手段。与其增加新复本没有架位上架，不如分出一小部分财力、精力投入到必要之处。

三是修复。修复不仅仅是口号和粘粘补补，修复在图书馆是必不可少的大事业，是要系统而有规模的长期行为。虽然我馆在前两年在这方面有一定的投入，也派过人员进行专业培训，然而毋庸讳言，面对大量的破损图书，馆内仅仅两人的修补队伍还是凸显出修补力量的微弱。目前这样的修复力量相比文献借阅量的增加和破损速度提升确实有些比例失调。因此要增加修复力量。再有，修复技术的纯熟需要多年实践的自我感悟，因此要多给予年轻人学习、演练的机会。要老同志带着一起修复，要有传承。事实证明，图书馆停止了修补工作就如同机器缺少机油将难以运转。同理，图书馆的珍本得不到科学的保护与利用，所谓的服务和发展又从何谈起，持续性就更可想而知了。十几年前我院音乐研究所有位老先生用自己的修补技术挽救了不计其数的古籍文献。在2002年后我们成立了新的图书馆，已经七十多岁的老先生还经常骑车到馆里来，每次都要带来一摞修好的书，再带走一堆破损的书，而且未要过一分钱。在我心中，他并不是“修补匠”，他是“大师”，是“专家”，是真正的图书馆人。他曾说：“补书是图书馆最重要的工作，不能没人做。”我们敬仰他，更要学习他这种爱书、爱馆的境界。我们目前正处在文献修复的断层阶段，愈发严重的破损文献已经给我们发出了非常危险的信号。要从现在开始，善管好每一部文献，把图书馆好的风尚继续传承下去。

修复工作任重道远，但必须迈出艰辛的一步，我馆只有尽快把修复工作展开才会有图书的完整，才会有修补技术的进步，才会使破损禁用的文献在读者面前再现。在开展文献数字化进程中，不断推进和完善修复工作，为读者提供更多的历史文献才是我们最好的服务。

三、进行老旧文献的收藏或补遗工作

也许在这个话题中，谈老旧书籍的采购和补遗好像有些跑题，但是一部文献的完整，或一类馆藏的完整，对于图书馆而言是非常重要的。补进老旧图书，增加“次善本”的种类或副本数，使馆藏更加完整和丰富，这也是图书馆工作的一部分。音乐资料之所以相对完整，是前音乐研究所资料人员和研究人员多年来的共同努力的结果，特别是资料人员无论因公出差还是因私外出，只要发现资料室没有的书刊都毫不犹豫的带回来，不管多远、多沉。比如音乐研究所向延生先生，他经常在开会或访友时向会务方或作者讨要我们没有的与音乐有关的著作或图片等资料，还经常把作者送给自己的书也转送给图书馆，充实馆藏的空白。在这个过程中，他得不到丝毫报酬，甚至有些资料还要自己付费得来，我们也只能用荣誉证书来回赠。李文如先生几十年来始终从事着老旧期刊的收集工作，发出的求助信件不计其数，他的不懈努力填补了很多馆藏的欠缺，补全了多种期刊。他还把很多收购来的破损期刊重新修补、装订并加写说明，有时他为了一本期刊要跑很远的路，想很多的办法、费尽心力。正因为有了这些前辈的不懈努力，我们才有今天的丰富馆藏。然而时至今日，在补进老旧图书方面，图书馆却面临一个尴尬的局面。馆员们发现能补救的期刊却因为“图书需要统一报账，政府统一采购”等相关规定而遗憾地放弃。当然，财务严格管理无可厚非，但是，图书馆失去珍贵收藏机会却非常可惜，它违背图书馆馆藏宗旨。在此虽然谈的都是收藏老旧图书，但我更多的是要倡导发扬和传承图书馆人的精神，建议馆领导也要更多的了解图书馆和图书馆的历史，建立适合图书馆建设的财务管理制度。只有这样，我们的图书馆才能越办越丰富，犹如不断为小树培土，才能让它的根基深深地扎根沃土。

四、加快数字化进程是保护“次善本”的最佳手段

古籍的使用和保护始终是困扰图书馆的一大难题，在科技发达的今天，利用科技手段把沉睡在深宅大院多年的古籍善本重见天日才成为可能。我院现在也在着手这项工作，并有了初步的打算和计划。应根据我院文献的实际使用情况，把“次善本”的数字化进程尽量提前。因为“次善本”的使用率远远高于善本，并且“次善本”目前破损严重，也尚未制定硬性的保护规定。为了避免在不久的将来“次善本”中的一部分甚至于大部分彻底消失，必须加快文献保护工作的步伐。

古籍数字化虽改变了读者查阅古籍文献的方式，但丝毫没有简化或减弱读者的阅览功能，相反只能让图书馆的利用更方便、更便捷、更实用。今天图书馆的数字化必然带来图书馆事业的进步，乃至社会的进步。目前很多的

中、大型图书馆都已开始古籍数字化建设，如国家图书馆、首都图书馆、中国科学院图书馆，以及一些学术机构等单位都已投入这项工作，并已初见成效。他们带动了更多的图书服务和图书收藏单位启动数字化建设。这是图书馆建设的必然趋势，也是文献保护的必要手段。当然，数字化不仅仅用于单纯的文献保护，还有更多的为读者服务之功效。如：可以利用高分辨率放大文献，有放大镜之功效，使读者更清楚仔细地阅读文献；可以省略文献的重复使用，减少文献的损耗。藉由这些技术手段，可以实现文献的完整保护，延长文献的保存时间；有利于文献的下载、保存、传输和再利用；利用搜索功能快速查阅文献内容，节省读者宝贵时间；有利于实现远程服务等更多的功效。因此数字化的图书馆会更加全面、更加人性化发挥图书馆之作用。

小　结

图书馆的工作需要把握时代脉搏，统观全局、抓住要害，讲求实效，一步一个脚印，踏踏实实地前进。次善本的保护目前虽是一个新的课题，但却是个需要加快步伐投入的重要课题。其实对“次善本”的保护还有很多的手段及细节，如：要进行古籍善本、次善本的重新评估；要将善本与次善本保护一并考虑，不可重视了善本保护淡化其他文献的收藏和使用。还要进行有效的宣传等。无论什么方法或手段最重要的是从现在着手，让馆员和读者共同努力使次善本的保护和研究更加深入与广泛。

加强我馆“次善本”的保护，有益于艺术科学研究的进一步开展，有益于艺术教育的蓬勃开展，更有益于中国艺术研究院图书馆的健康发展。

于2011年底

对《中国大百科全书·音乐舞蹈卷》“聂耳”条目的商榷

《中国大百科全书》（以下简称《大百科》）作为全面系统地介绍中国文化科学知识的大型工具书，多年来一直被众多读者列为工具书之首。多少学子、学者在学习、研究或者创作时，遇到不解的问题或不清楚的事件时，都会首选此书。包括我们从事图书馆工作的人员也要经常翻阅此书查找有关条目，尤其是遇到某些生疏的专业的名词术语，《大百科》就成了我们释疑的首选。所以说《大百科》是我们学习和科研中不可或缺的工具之一。

聂耳是中国近现代著名音乐家，《中华人民共和国国歌》的曲作者，中国新音乐运动的旗帜。他的生命虽然短暂，但他所创作的音乐作品在他身后鼓舞着一批又一批的民族斗士，他是我们永不忘怀的革命音乐先驱。为筹备纪念聂耳诞辰100周年的活动，2010年我有幸参与了《聂耳全集》（增订版）北京编辑部的工作。因为工作需要，查阅1989年版《中国大百科全书·音乐舞蹈卷》（以下简称《音乐卷》）时，我发现其中由郭乃安先生撰写的《聂耳》的词条中，有多处不尽准确甚至是错误的地方，与聂耳的真实情况不相吻合。为了让更多的读者在查阅时能获得正确的史料，提出以下需要更正的条目释文及依据，与作者进行商榷。

一、《音乐卷》原文：“弟兄4人，聂耳行四”。

根据聂耳的三哥聂叙伦所著《少年时代的聂耳》第二章所说：“父亲在玉溪时，已有两个孩子，一男一女，是前妻王氏所生；王氏死后，又与母亲彭寂宽结婚。婚后不久，全家四口就迁到了昆明来另谋生路。在嘉祥（即聂耳）还未出生以前，母亲先后生了我们姐妹兄弟三人，姐姐蕙茹，哥哥守诚（字子明），我叫守先（字子仁，后改为叙伦）排行老三。加上前母所生的大哥守拙（字古愚），大姐兰茹，已经是七口之家了。"① 在聂耳的日记中和他三哥聂叙伦的叙述中多次提到大哥、大姐，可以知道他们与大哥、大姐之间的往来还是很密切的，两位姐姐也不应该遗漏。聂耳1930年10月19日日记中叙写了自己的年谱，其中有："民国元年（1912）二月十四是我生日，家里的人有父亲，兄三姐二"②。所以准确的介绍应为：兄姐共6人。其大哥、大姐为父亲与前妻王氏所生，二姐、二哥、三哥与聂耳同为母亲彭寂宽所生。

二、原文："1918年入昆明师范附属小学，开始接受正规教育。在校学业成绩出众，又喜爱音乐，课余从民间音乐家学习演奏笛子、胡琴、三弦、月琴等民族乐器，熟悉传统乐曲。1922年入私立求实小学高级部，为该校'学生音乐团'的活跃成员"。

聂叙伦所著《少年时代的聂耳》第十四章讲述了聂耳在考人求实小学念高小后，才认识了一位邻居的木匠，这位木匠不仅能制作各式雕花家具，而且还能吹奏笛子。他的笛声吸引了聂耳，从此聂耳开始学习吹笛，开始是用借来的笛子吹，实在借不来才与兄弟三人用积攒的压岁钱买了笛子和胡琴，从这以后聂耳才走上了学习音乐和包括三弦、月琴在内的多种乐器的道路。所以聂耳并不是在昆明师范附小，应该是在进入了求实小学之后才开始学习音乐，且他不仅仅是活跃成员，而且还担任着该校音乐团的指挥。

三、原文："1928年后，更加积极地参加各种公开和秘密的革命活动"。

根据聂叙伦所著《少年时代的聂耳》第三十二章，聂耳于1927年8月在昆明经郭耀辰同志介绍，青年团书记李国柱约见了聂耳。李国柱肯定了聂耳良好表现和非常牢固的群众关系，并欣赏他的音乐天分和表演才能，鼓励他继续努力取得更大进步。当时聂耳对李国柱表示："希望有一天能够做一个共青团员，这是我最大的愿望。"李国柱同志高兴地说："很好！你愿意

① 聂叙伦：《少年时代的聂耳》，新蕾出版社，1981年，第6页。
② 李辉：《聂耳日记》，大象出版社，2004年，第100页。

参加工作，我们非常欢迎的。"[①] 1928 年聂耳的申请终于被批准了，他光荣地加入了共产主义青年团。当时的党团组织已经转入地下，党叫“大学”、团叫“中学”。在《聂耳专辑（三）》中有一篇郭辉南《给洪遒的信》，也印证了他的入团问题，文中有：“关于他在昆入团的年月，我记不清了，大约估计是在 1928 年的秋天。在此以前，他是在团的外围做了一些群众工作。如协助发散传单等等。”[②]

所以聂耳 1928 年已经不仅仅是进步青年，而是地下的青年团成员，所从事的工作就是党和团的地下革命活动。

四、原文：“曾于 1928 年 12 月去驻在湖南郴州的滇军范石生部‘学生军’中当了四个月兵”。

那时的聂耳认为学生军就相当于军校，因此他离开了省立师范弃学从军，于 1928 年 11 月 30 日离开昆明开赴湖南。开始是在新兵队，后当了连队的文书上士，这些都非他的理想。后申请去广州考第八路军总部军官学校[③]，最终因为没有军官资格而遭到遣散。为理想、为生活又在广州逗留拼搏了几日，最终于 1929 年 5 月 6 日回到了昆明，重返省师原班学习，就这样结束了他这段军旅生活。因此，从离开省师到重返省师，应该是共经历了五个多月的时间。

五、原文：“在明月歌剧社期间，聂耳一方面努力提高专业技巧，从师朴（普）杜什卡接受严格的小提琴训练外，还自修钢琴、和声学、作曲法和作曲等”。

在聂耳的日记中，1931 年 7 月 4 日记录了“小老师（即王）”对剧院克扣演出费而发泄的不满情绪，7 日记录了“小老师”没有和他一起去演出，9 日记录了“小老师”为他上课，8 月 28 日记录了小老师离开此地前往北平。除日记之外，在黎锦晖 1954 年 7 月 14 日所写《聂耳同志在明月社时期

---

① 聂叙伦：《少年时代的聂耳》，新蕾出版社，1981 年，第 106 页。

② 《聂耳专辑（三）》，中国音乐学院、中国音乐研究所编辑出版，1964 年，第 121 页。

③ 《聂耳全集》，文化艺术出版社、人民音乐出版社，1985 年，第 105 页。

事迹的片断资料纪略》中有一段介绍他在一年多时间中教学和自学的简况，① 具体为：“小提琴：初学。由王人艺同志指导，每日练六小时，进步很快。”这些都说明了聂耳刚进明月社时首先向小老师王人艺学习演奏小提琴。王人艺离开明月社后，10 月 3 日的日记中才记录了他第一次接受普杜什卡的授课情况。

所以，更准确的介绍应该是：在明月歌剧社期间，聂耳先是向社内的“小老师——王人艺”学习小提琴，后来才从师普杜什卡学习小提琴。

六、原文：“七月间，用‘黑天使’笔名发表了著名的战斗性短文《中国歌舞短论》（载《电影艺术》第三期），对黎锦晖的歌舞作品提出了中肯的批评，并鼓励他‘创造出新鲜的艺术’但此举未能得到社内一些人的理解。”

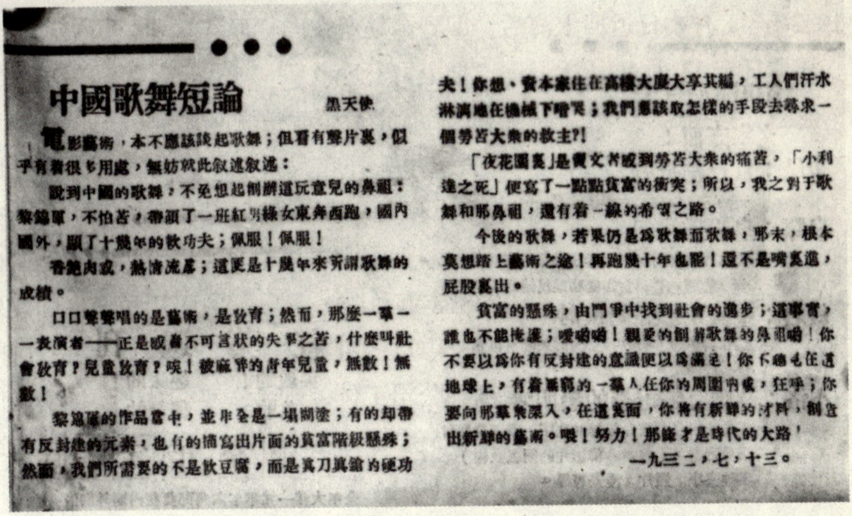

中國歌舞短論　黑天使

電影藝術，本不應該談起歌舞；但看有聲片裏，似乎有着很多用處，無妨就此敘述敘述：

說到中國的歌舞，不免想起創辦這玩意兒的鼻祖：黎錦暉，不怕苦，帶領了一班紅男綠女東奔西跑，國內國外，顯了十幾年的軟功夫；佩服！佩服！

香艷肉感，熱情流露；這便是十幾年來所謂歌舞的成績。

口口聲聲唱的是藝術，是教育；然而，那麼一羣一羣表演者——正是感着不可言狀的失學之苦，什麼叫社會教育？兒童教育？唉！被麻醉的青年兒童，無數！無數！

黎錦暉的作品當中，並非全是一塌糊塗；有的却帶有反封建的元素，也有的描寫出片面的貧富階級懸殊；然而，我們所需要的不是軟豆腐，而是真刀真鎗的硬功夫！你想，資本家住在高樓大廈大享其福，工人們汗水淋漓地在機械下喘哭；我們應該取怎樣的手段去尋求一個勞苦大衆的救主?!

「夜花園裏」是實文者感到勞苦大衆的痛苦，「小利達之死」便寫了一點點貧富的衝突；所以，我之對于歌舞和那鼻祖，還有着一線的希望之路。

今後的歌舞，若果仍是爲歌舞而歌舞，那末，根本莫想踏上藝術之途！再跑幾十年也罷！還不是嘴裏進，屁股裏出。

貧富的懸殊，由鬥爭中找到社會的進步；這事實，誰也不能掩護；喂喲喲！親愛的創辦歌舞的鼻祖喲！你不要以爲你有反封建的意識便以爲滿足！你不總也在這地球上，有着無窮的一羣人在你的周圍呻吟，狂呼；你要向那羣衆深入，在這裏面，你將有新鮮的材料，創造出新鮮的藝術。喂！努力！那條才是時代的大路！

一九三二，七，十三。

图 1　1932 年 7 月 22 日聂耳以笔名“黑天使”在《电影艺术》第 2 期发表的评论

《中国歌舞短论》（见图 1）发表后，聂耳 1932 年 8 月 1 日的日记中记录了当时的情形：“大部分人好像都知道黑天使是我，说话时都是带有刺的。”② 另外聂耳在 8 月 5 日的日记中写道：“午饭后突然听说要开全体大

① 周巍峙主编《聂耳全集》（增订版）下卷，文化艺术出版社，2011 年，第 187 页。

② 李辉：《聂耳日记》，大象出版社，2004 年，第 346 页。

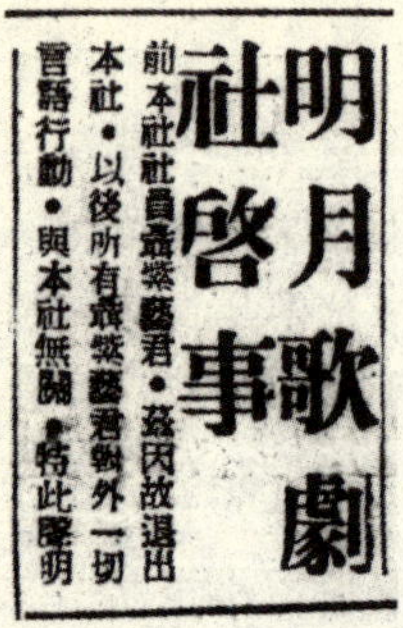
明月歌劇社啓事

前本社社員聶紫藝君・茲因故退出本社・以後所有聶紫藝君對外一切言語行動・與本社無關・特此聲明

图2　明月歌剧社1932年8月10日在上海《时报》刊登的启事

会……我知道全会完全是对付我的问题。他们要我退席，上楼拉基练。结果，请我暂时退出。”①

因此，不仅仅是“此举未能得到一些人的理解”。实际的情况应该是：此举未能得到社内多数人的理解与支持。通过这张登报声明（图2）和聂耳日记中的记载，可以知道当时社内的多数人仍然崇拜班主黎锦晖，对聂耳的思想还不能接受，聂耳的退出也是迫不得已。名义上是请聂耳退出，其实就是变相的开除。

七、原文：“回上海不久，即进入联华影业公司工作”。

聂耳回到上海后的工作单位应该是“联华影业公司下属的‘一厂’”，而不是“联华影业公司”。聂耳离开“明月社”后，去北平生活了3个月。于1932年11月8日返回上海后，即到金焰所在的“联华影业公司一厂”工作。聂耳日记11月9日所记：“早上取行李，到‘联华’，等好久金焰才来，他愿意我到这一块干。”② 当时金焰的工作就是联华影业公司一厂的演员。1933年3月22日日记：“三月二十一日起搬到主任室（聂耳此时任联华一厂音乐股主任）办公。近来差不多每天都在过开会生活，单‘联华’方面就有什么航空救国会、俱乐部会、话剧剧本讨论会，前天从早晨到深夜一时。‘联华’航捐会执委、话剧剧本起草委、音乐股主任、联华一厂俱乐部执委、秘书、中国电影组织部秘书、电协组长、电游艺会筹备委员、中国新兴音乐研究会发起人。戏剧方面，公司工作，自己练琴、看书、运动、作曲、教唱歌、写信等。”③ 在1933年5月8日聂耳给母亲的信中也提到过这个一厂：“再回想我几年的奋斗，真是如做梦一般！联华公司的薪水比较一切影片公司都底，尤其是第一厂。”④

《联华画报》民国22年第2卷第2期（见图3），第1页每周情报的第4条登载有：“联华一厂，爱好音乐之聂耳，同人因其姓名共‘四耳’故皆以

① 李辉：《聂耳日记》，大象出版社，2004年，第348页。
② 李辉：《聂耳日记》，大象出版社，2004年，第396页。
③ 李辉：《聂耳日记》，大象出版社，2004年，第410页。
④ 《聂耳全集》下卷，文化艺术出版社、人民音乐出版社，1985年，第139页。

‘四耳先生’呼之。日前百代公司音乐主任任光君约四耳先生至公司灌了一张《南洋矿歌》据闻成绩颇佳。”这则联华本公司刊登的消息，也印证了聂耳从北平回来后是在“联华影业公司一厂”工作的准确性。

聯華畫報

民國廿二年七月九日（星期日）
第二卷 第二期
本期零售大洋兩分（逢星期日出版）

每週情報

1. 人們都說韓蘭根是副瘦猴臉，近來再看他，胖多了，一雙面頰肥而且胖，把眼睛顯得更小，時常捂着面頰喊「牙痛。」

2. 聯華一廠近因「母性之光」攝製完竣，同人中由洪偉烈，吳寫生，蘇怡等發起組織參觀團，擬利用此餘暇較多之時間赴本埠各大工廠或農場參觀，藉資增進知識，以廣見聞。現正籌備中，加入者極踴躍。

3. 聯華二廠，自七月一日起，工作

4. 時間改為上午七時半至十二時，下午二時至六時半。聯華一廠，愛好音樂之聶耳，同人因其姓名共「四耳」，故皆以「四耳先生」呼之

5. 。日前百代公司音樂主任任光君約四耳先生至公司灌了一張「南洋礦歌」，據聞成績頗佳。日前，聯華一廠籃球隊與白隊做友誼賽於中華籃

銀海零星

△一個劇本被採取製成了影片，至……。如果電影批評家能知道它爲什……，便會有正確的批評文字寫出了……

△什麼是好影片？什麼是藝術品？……使觀眾的精神始終不懈，不能離……好影片——藝術品。

△提起演員的生活令人要發出一種……睡在暖和和的被窩裏，他們便多……多去兜風涼，他們卻多在強烈的……戲。如果一部戲因爲時季關係，……服，夏天穿上皮棉，那簡直更苦……

△銀幕上演員的接吻，不像觀眾們……時他們所嘗到的，只不過是一種……

图 3 《联华画报》1933 年第 2 卷第 2 期每周情报中有一厂聂耳被称“四耳”之消息

八、原文：“在繁忙中，他仍坚持学习音乐业务，除继续从普杜什卡学小提琴外，从 1933 年 12 月起，每周都去参加上海工部局由司劳特斯基指挥的交响乐队的排练和演出。”

上海工部局交响乐队当时是号称“远东第一”的专业乐队，成员全都是外国人，乐队指挥也是由梅百器而不是司劳特斯基担任。最早进入该乐队的中国人，是 1938 年才考入的谭抒真、陈又新等 4 人（此前曾有个别人是该乐队无工资的实习生）①，并没有聂耳。当时聂耳演奏小提琴的技能还达不到进入此乐队的水平。

聂耳刊登在 1935 年 1 月 6 日的《申报》之《一年来之中国音乐》一文中有：“暑天里工部局乐队时常要在本埠各公园里举行演奏，音乐专家们也间或有开音乐演奏会的，别处学校里的学生们也间或有到本埠来开演奏会

① 姜椿芳总编《中国大百科全书·音乐舞蹈卷》，中国大百科全书出版社，1989 年，第 571 页。

的。工部局交响乐队在本埠素来很有名，每年要举行几届音乐季，最近的一次是从十月二十一日起，地点在法租界兰心大戏院，时间在星期日晚间。十一月底开映描写十九世纪大音乐家休勃德氏情史的《想思曲》（Love Time）时，该队也曾莅场演奏过的。”从这段文中我们不难品味到在聂耳心目中的上海工部局交响乐队，在当时的上海是具有很高地位的音乐团体，也表明他对这些乐队成员十分的敬佩和尊重。如若是他自己所在的乐队或曾在的乐队介绍的语言就不应如此。

在聂耳致友人张庚侯的信中有：“法租界工部局主办的交响乐队，在大音乐家Maestro Sloutsky（司劳特斯基）领导下，我是经常的小提琴手，这里连我只有两个中国人（全队50人）”。① 另外，在聂耳1934年4月4日日记中有：“交响乐队开过两次演奏会，我对于这乐队的兴趣更浓，每礼拜二次夜工，不论怎样疲倦我都不愿缺席。最近又练的是Tschaikowsky和Gluck的Symphony，技巧比较难，Sloutsky（司劳特斯基）预备以两月功夫练熟”。② 以上的文字记载也说明，聂耳所在的乐队并非专业的乐队，首先《一年来之中国音乐》文中记“经常在本埠各公园举行演出”，而在给张庚侯的信中则为“开过两次演奏会”。显然是相互矛盾的。再有，聂耳所在乐队每周只有“两次”的排练，且都为晚上。专业乐队则应该把乐队排练工作作为每天的主要工作。

那么他所在的乐队又是什么乐队呢？实际上聂耳参加的是上海法租界公董局法文学会组织的业余乐队③，是个不能固定时间排练也不经常有演出的业余乐队。这个乐队的指挥正是司劳特斯基。并不是专业的上海工部局交响乐队。

九、原文：“1934年，聂耳进百代唱片公司，与任光共同主持音乐部”。

聂耳1934年4月4日的日记记载：“四月一日起入‘百代’工作，第一次和厂长谈话，使他非常满意。他要我做的工作是帮助任光的一切收音工

---

① 《聂耳全集》下卷，文化艺术出版社、人民音乐出版社，1985年，第151页。

② 李辉：《聂耳日记》，大象出版社，2004年，第432页。

③ 与上海英租界的“工部局”不同，上海法租界的行政机构名为“公董局”。见费成康：《中国租界史》，上海社会科学院出版社，1991年，第246页。

作，经常地教授歌者，抄谱，作曲。”①

当时任光作为百代公司音乐部主任，由他主持该部的工作，他比聂耳年长12岁，又有留学法国学习音乐的资历。即使聂耳后来升任该部副主任也仍然只是帮助其工作，达不到共同主持工作的地步。只是后来任光去香港录音时，才由聂耳临时负责上海的事务（另外歌词作家安娥也是百代公司音乐部的副主任）。

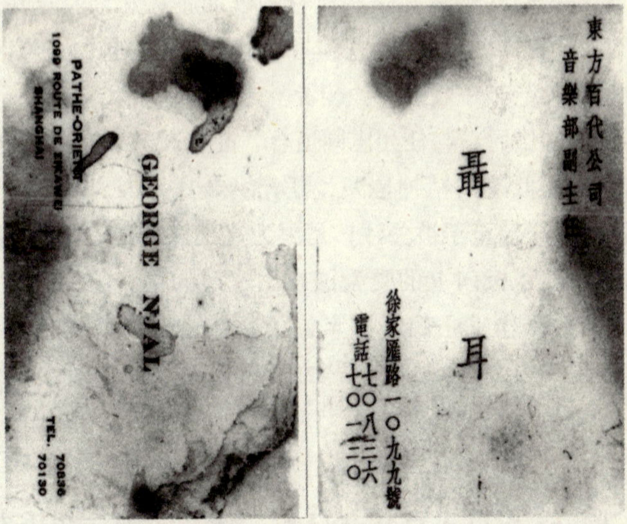

图4　聂耳百代名片

徐嘉瑞先生曾在《聂耳的一生》中介绍了聂耳当时的情况，他说：“二十三年四月一日起，入‘百代’工作……从这一天起，他每日六时左右起床，开始练习，又恢复以前的工作，每天有弹琴的机会，可以研究对位法，及继续研究声学。后来任光到香港收音，上海的事务，全由他负责。”② 徐先生在文中更加详细地介绍了他入百代工作的这段经历，更为客观和准确。

十、原文：“他借‘百代新声会’音乐会上的演出扩大革命歌曲影响。”

1934年10月13日由百代公司在上海举办的“百代新声会”，只是播放

---

① 李辉：《聂耳日记》，大象出版社，2004年，第432页。

② 《聂耳专辑》（三），中国音乐学院、中国音乐研究所编辑出版，1964年，第109页。

百代公司新录制发行唱片的音乐欣赏会，并非音乐会演出。这点在聂耳刊载于1935年1月6日的《申报》之《一年来之中国音乐》一文中已说明得很清楚："最后，我还得把十月间百代公司的'新声会'第一次的唱片试听提一提。这是灌音片的试听而不是演奏会，但我取其类似之处，不想另立标题，就只好在这里谈到它。这次听到的几个歌曲是《大路歌》、《开路先锋歌》、《毕业歌》和新歌剧《扬子江暴风雨》中歌曲。这些歌曲我们现在都能听到，它给予我们的感觉和一些流行的歌曲不大相同，这里没有'靡靡之音'，有的却仅是雄劲和壮健。歌词和曲调，不论是在内容上和形式上都配合得很为恰当，绝非一般善于抄袭者所能办得到的。"

自聂耳进入百代后，与任光志同道合、配合默契。为了抵制靡靡之音给社会和大众带来的低迷的精神摧残，任光、聂耳等人一起筹备举办了"百代新声会唱片试听"。至于被关注，是因为这次试听的音乐都是与靡靡之音背道而驰的进步、积极向上的受爱国志士欢迎的革命歌曲，如《大路歌》、《毕业歌》等。左联作家张鹤（笔名虹子）1934年10月19日在上海《中华日报》发表的《参加"新声会"的感想》一文，论述了这次新声会的意义。

十一、原文："自入百代之日起，他又向国立音乐专科学校外籍教授阿克沙可夫学习作曲理论。"

据聂耳的书信和日记，他进入百代公司是1934年4月1日。但向阿克沙可夫学习作曲理论应是在3个月之后，在聂耳1935年4月1日的日记中说："在Aksakoff（俄籍教授阿萨柯夫）家习钢琴及theory（理论），自一九三四年八月十日起至一九三五年四月一日。"① 非常详细的说明了学习的时间等情况。在1934年8月28日致二哥聂子明书信中写道："从上月起，我从一位有名的作曲家（俄人Aksakov）学习钢琴。"② 这封信不仅佐证了聂耳并不是自入百代之日起就向国立音乐专科学校外籍教授阿克沙可夫学习作曲理论和弹奏钢琴，也恰恰证实了聂耳日记中所记录的1934年8月10日至1935年4月1日向阿克沙可夫学习的经历。

① 李辉：《聂耳日记》，大象出版社，2004年，第436页。

② 《聂耳全集》下卷，文化艺术出版社、人民音乐出版社，1985年，第147页。

十二、原文："日益严重的白色恐怖迫使他决定出国，拟经日本前往苏联学习。"

20世纪80年代初，《聂耳全集》的执行编辑向延生先生采访《聂耳全集》的顾问夏衍先生时，询问了聂耳赴日的计划和行程。20世纪30年代夏衍先生是中共地下党电影小组的组长，又是聂耳的上级领导人，所以聂耳出国的计划当时是经过夏衍批准的。聂耳经日本去欧洲的意大利、法国、德国和苏联学习考察，也是夏衍与他共同策划的结果。

1935年底在日本出版的《聂耳纪念集》，收录了聂耳在日本的日记。1935年7月10日的日记有一句为："郊外散步，和李梓人谈恋爱观。他主张不结婚，也想到欧美去游历。"① 其中一个"也"字，说明聂耳同样有去欧美的想法。

在《聂耳纪念集》中有一篇每戡、新珉的《伤逝二章——悼聂耳君》，其文中有："他意未定，拟在东京勾留些时再到法国去专学音乐"②。这段话已经指明了聂耳计划要去的国家里有法国。

另外，聂耳在第4个"三月计划"中写道："除继续第三外，便是俄文学习。整理作品，欧游准备。"③

因此聂耳去日本不只是要去苏联。准确的表述应是"聂耳计划经日本去欧洲的意大利、法国、德国和苏联学习考察。"节选的聂耳日记片段，印证了夏衍先生说法。

十三、原文："在日本，聂耳考察了日本音乐、戏剧、电影等方面的动态，向日本文艺界介绍了中国音乐的新发展"。

聂耳在日本主要是向中国的进步留日学生介绍了中国音乐的新发展。在

---

① 张鹤、蒲风编《聂耳全集》，中国留日学生集资出版，东京崛川印刷所印刷，1935年，第14页。

② 张鹤、蒲风编《聂耳全集》，中国留日学生集资出版，东京崛川印刷所印刷，1935年，第37页。

③ 张鹤、蒲风编《聂耳全集》，中国留日学生集资出版，东京崛川印刷所印刷，1935年，第24页。

伊文的《记聂君》一文中："第二次是在中国留学生艺术界聚餐会上，我便深深的感到他对于现在中国音乐界的正确见解和他的才能。在当时，他一连报告了两个钟头关于中国音乐界的分析与批评，最后还唱了他的杰作《大路歌》，《开路先锋》，《进行曲》等几首名歌给我们听，他那激荡的洪亮的歌声和那带有煽动性的歌词与节奏，啊！真把全场五六十人吸住了，谁也没有发出别的声音，只是每个人的心房在突动，血流在加紧奔跑。从此我们都说，聂耳之来，赋与我们一个新的活跃的生命。"①

杜宣《永别了聂耳》一文中也叙述了聂耳在艺术界聚餐会上讲演的情况："直到他以两个多钟头的时间来检讨中国乐坛以后，我们立刻觉到他不但是一个进步的音乐家，还是一个大演说家，一个社会运动者。"②

蒲风《"天才损失年"悼聂耳》一文就更加详致的叙述了艺术界聚餐会上，聂耳报告的轰动场面和给到场的所有留学生带来的积极的、进步的影响，还简单介绍了他之后参加诗歌座谈会的情况："六月十六日，聂耳同志非常早的就出现在我们的座谈会上。连我们指定的届时去他寓里，同他一道前来的朋友，也后了一脚。那一天，中心的题目是关于抒情诗。因为抒情诗跟音乐有密切关系，他于发表意见后，动议了下次应该研究的题目，"诗歌与音乐的关系"，这动议，马上得到了大家的赞同。这一次的会场上他唱一些民间的情歌。而一次二次应我们要求而唱的是《码头工人歌》。那时有两个日本朋友，经过了小小的解释后，也听得兴致勃然。"③

是有一些日本文艺界人士参加了中国留日学生的某些活动，聆听了聂耳的讲演，但是要说聂耳向"日本文艺界"介绍了中国音乐的新发展，就显得有些夸大。他主要是考察了日本的音乐、戏剧、电影等现状及动态，并向中国的进步留日学生以及一些参加了这些活动的日本文艺界人士，介绍了中国音乐的新发展。

---

① 张鹤、蒲风编《聂耳全集》，中国留日学生集资出版，东京崛川印刷所印刷，1935 年，第 21 页。

② 张鹤、蒲风编《聂耳全集》，中国留日学生集资出版，东京崛川印刷所印刷，1935 年，第 19 页。

③ 张鹤、蒲风编《聂耳全集》，中国留日学生集资出版，东京崛川印刷所印刷，1935 年，第 25 页。

十四、原文：“聂耳一生共创作了37首歌曲（包括歌剧《扬子江暴风雨》中的4首歌曲）”。

1985年与2011年版的《聂耳全集》，都收录了聂耳的35首歌曲，而并非37首。

聂耳听到著名电影演员阮玲玉自杀的消息时，1935年3月8日在日记里写有“《静夜》应该成为纪念她的曲子了”。① 但是此曲是否是聂耳写作的？仅以这句话还难以确定，而且此曲的曲谱一直没有见到。

曾任音乐研究所顾问的吉联抗先生，在《音乐研究》1958年第3期上登载过《聂耳早期作品〈静夜〉的疑似谱》一文。说他曾在一旧歌本中发现了一首《静夜曲》，因为残破又没有曲作者的署名，且定其为《静夜》的疑似谱，并发表了以上文章。后来有人又在聂耳的遗物里发现了一首没有署名也没有曲名的歌曲手稿，歌词开头是“雪茫茫……”，怀疑是遗失的聂耳歌曲《雪》。如果以上两曲可以确定，我分析郭乃安先生可能就是加上了《静夜》和《雪》这两首歌曲，成为了37首的总数。

但这两首歌曲的曲名或者是曲谱，至今也没有得到它们是由聂耳作曲的充分依据，所以《聂耳全集》就没有把它们纳入聂耳的作品之列。但是在《聂耳全集》里聂耳歌曲手稿的部分，刊出了没有曲名（歌词起始句是“雪茫茫……”）的这首歌曲的照片；这次《聂耳全集》增订版下卷的资料编里，收录了吉联抗先生写作的那篇文章。

《中国大百科全书》的编辑准则，同样是不收纳没有定性的结论。因此聂耳所创作的音乐作品的总数，在《音乐卷》里也应该是35首。

十五、原文：“在1934年元旦首映的影片《大路》里，又创作了《开路先锋》（孙师毅词）和《大路歌》（孙瑜词）。这两首歌以鲜明的典型形象和富于独创的艺术形式，表现出聂耳创作技巧的成熟，是两首成名之作”。

影片《大路》的歌曲《大路歌》、《开路先锋》，是1934年9月26日在

① 李辉：《聂耳日记》，大象出版社，2004年，第435页。

百代公司录制的唱片，向延生的文集《乐苑史迹》里的《聂耳歌曲创作编年考》已有论述。① 10月中旬，上海联华影业公司二厂的《大路》剧组在孙瑜导演的率领下赴无锡拍摄外景②。聂耳1934年的日记中有“十二月做《大路》配音工作，新年开映，批评甚佳”的记载③。因此，影片《大路》是拍摄于1934年秋冬，首映的时间是1935年元旦（另有多种当时报纸上的电影广告可以佐证），而不是1934年元旦。

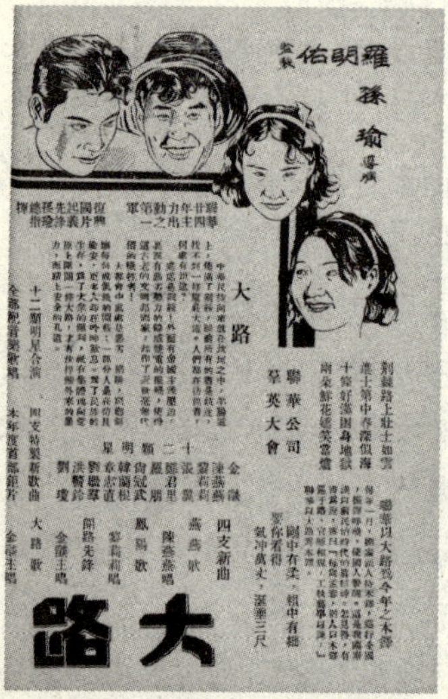

图5 《联华画报》1935年第1期刊登《大路》上演之宣传版

联华影业公司自己创办的刊物《联华画报》，是当时上海电影业的中心刊物，此刊1935年第1期中刊有《大路》上映的介绍文章（如图），因此可以证实《大路》首映的日期应该为1935年元月。

虽然影片《大路》的上演引起了社会的强烈反响，但是该片中的这两首歌曲并不是聂耳的成名之作。聂耳的成名之作应为1934年6月30日演出的新歌剧《扬子江暴风雨》里的《码头工人》等歌曲。在电影《大路》首映的半年前，《扬子江暴风雨》已经在麦伦中学公演，并获得观众的热烈掌声和很高的评价。

当时丹枫、白薇、黄起都为之写了观后感。丹枫说：“无疑的是开始了中国歌剧之活动，而且是采取了新的内容和形式。……无论是导演，布景，灯光以至于音响效果都获得极大成功。”④ 白薇写道：“像彗星拖长着光辉的尾巴在空中，歌剧《扬子江暴风雨》正拖着骄傲的荣光，在中国幼年的舞台上……好听的音乐帮助了剧的优美，后台的效果增进了演出的成功。”⑤黄起也说：“新的歌剧在中国的舞台上虽然还是一个试验，但意外的获得了

① 向延生：《乐苑史迹》，山东文艺出版社，2002年，第32页。
② 详见无锡《人报》1934年10月20日—29日的报导。
③ 李辉：《聂耳日记》，大象出版社，2004年，第434页。此日记未注“月、日”。
④ 《聂耳专辑》（油印本），中国音乐家协会、中国音乐研究所编印，1959年，第281页。
⑤ 《聂耳专辑》（油印本），中国音乐家协会、中国音乐研究所编印，1959年，第282页。

成功。这成功不仅是因为歌词的动人，实在是作者和演员双方面的力量。”①当时的演出取得了轰动效应，给观众都留下了强烈的印象。苏联驻上海的记者到场观看后，在该国的《国际艺术》杂志上发表了报道与该剧的照片②。歌剧《扬子江暴风雨》里的4首歌曲都很有特色，特别是《码头工人》与《苦力歌》(后名《前进歌》)，更是成为了具有经典性的历史名作，它们才是聂耳真正的成名之作。

因此，原“聂耳”条目中的所谓成名作从时间到歌曲都不对。

十六、原文：“《码头工人》(蒲风词)”。

歌曲《码头工人》的词作者究竟是谁这个问题，向延生先生在《拨开历史的迷雾——关于〈码头工人〉〈打砖歌〉〈打桩歌〉词作者的订正》一文中提出并进行了论证③。关于这一问题，向先生将凡与《码头工人》有关的人物与文献都努力去进行查找，追根溯源，任何线索都不肯放过。他甚至找到了著名的歌词大家、新歌剧《扬子江暴风雨》之作者田汉的信件；采访了很多当事人，对中国诗歌会有深入了解和研究的北京师范大学中文系的蔡清富教授，音乐出版社的负责人潘奇、孙慎、章枚以及《聂耳歌曲集》的责任编辑，孙石灵的妻子、女儿等人。他查找了大量的历史文献与证人，最终得出了相互吻合、互为印证的结果：《码头工人》的歌词是选自1933年3月1日出版于上海《新诗歌》之1卷3期的《码头工人歌》，文献记载词作者为百灵。又经知情人士证实词作者百灵即是孙石灵。④

蒲风的《“天才损失年”悼聂耳》一文中有这样一段话，我们通过它来分析一下，“说到他自己的作曲，最先就提起了‘中国诗歌会’主编出版的《新诗歌》旬刊上的《码头工人歌》，使我心里感到兴奋的跃跳，想着：‘原来，这就是我们的《码头工人歌》的作曲家呵！’”。⑤ 向先生是从“我”和“我们”来分析它不是蒲风的作品，当然这可以作为一个很好的质疑点。可

---

① 《聂耳专辑》(油印本)，中国音乐家协会、中国音乐研究所编印，1959年，第284页。
② 《聂耳全集》下卷，文化艺术出版社、人民音乐出版社，1985年，第148页。
③ 刊《人民音乐》1986年第3期。
④ 向延生：《中国音乐学研究文集——乐苑史迹》，山东文艺出版社，2002年，第92页。
⑤ 张鹤、蒲风编《聂耳纪念集》，中国留日学生集资出版，东京崛川印刷所印刷，1935年，第25页。

在文中也清楚的写明了是“《新诗歌》旬刊上的《码头工人歌》”。如若是蒲风本人作词的，他应该不会这样叙述。

因此《码头工人》的词作者应为：“孙石灵“或“百灵”，而不是“蒲风”。遗憾的是1989年出版的《大百科》仍然沿用旧的错误说法，没有采用1986年就已经公开发表的新结论①。

十七、原文：“聂耳创作的歌曲中……《前进歌》（亦名《苦力歌》田汉词，歌剧《扬子江暴风雨》插曲、《自卫歌》（唐纳词，影片《逃亡》主题歌）”。

1934年聂耳给歌剧《扬子江暴风雨》写作了终曲《苦力歌》等4首歌曲。②

因此，《大百科》的词条里，这两首歌曲首先都应该列出《苦力歌》和《逃亡曲》的原名，然后再写出它们的后名或现名，而不是亦名，更不应该略去了原名。此外，《苦力歌》是《扬子江暴风雨》的终曲而不是插曲。

十八、2009年版与1989年版《音乐卷》聂耳词条的异同哪些内容仍然延续了1989年版的错误

《中国大百科全书》1989年和2009年出版了两版。2009年版中，此条目做了一些调整，但只是回避了上一版的某些错误的历史记载，并没有准确地、客观地进行更正，还是存在很多错误或不准确的释义。从字数上比较，1989年版“聂耳”条目总字数为2700多字，而2009年版则减至1600多字。

从内容上进行比较，2009版在1989版基础上删减了很多信息点。比如第一“弟兄4人”的介绍索性全都删减了，一起删减的还有聂耳父母以及

① 1985年版的《聂耳全集》里已夹有关于此事的勘误表。

② 它们不应该像话剧、电影片里的歌曲那样被称呼为插曲。聂耳逝世后，上海群众歌咏团体的负责人根据抗日救亡歌咏运动的需要，在1936年一次联席会议上，决定把《苦力歌》改名为《前进歌》；把影片《逃亡》的主题歌《逃亡曲》，以歌词里的核心字句改名为《自卫歌》。当群众队伍上街游行示威与中外当局进行抗争要高唱此歌时，《逃亡曲》的原歌名与当时的环境和形势显然不协调。参见《聂耳全集》第41页和第87页里这两首歌曲的题注。

家族从事的中医兼药铺事业的介绍。再如第六“退出明月社”的介绍也被删除。此外还有“聂耳从军经历”、“借‘百代新声会’扩大革命影响”以及聂耳之所以赴日的原因和历史背景等等，20多个信息点在2009年版中都被省略。

而“聂耳”的条目里，关于1928年聂耳在昆明秘密加入青年团、1930年11月在上海加入反帝大同盟、1933年加入中国共产党这些重要的史实，不知为何竟然都没有表述（“冼星海”的条目里就有1939年“在延安加入了中国共产党”的词句）。这些都是聂耳人生中的重要经历和影响他人生转折的重要因素。

聂耳加入共青团在此文第3条中已经说明。《聂耳全集》之“聂耳年谱”中不但记有1928年在昆明秘密加入共青团，也记有他1933年秘密加入共产党的重要历史事件。根据田汉的《聂耳胜利的道路——纪念聂耳逝世二十周年》的记载：“聂耳加入中国共产党是我介绍的，由夏衍同志监誓。我们无限荣幸地能为党吸收这样一位青年有为的音乐战士”①。又据夏衍的《永生的海燕——纪念聂耳同志逝世二十周年》，“他奋不顾身的工作，为了要求自己能有一个‘稳定的、正确的立足点’，他在白色恐怖最严重的一九三三年加入了中国共产党”②。两文均对“聂耳年谱”做了有力的印证。

除此之外，2009年版也均未提及1931年聂耳考取“联华影业公司音乐歌舞学校”练习生之事（图6），当时“联华影业公司音乐歌舞学校”曾登载招生广告。关于考入该校之事，在1931年3月底至4月初的聂耳日记中均有记录。此外，黎锦晖先

图6 “联华影业公司音乐歌舞学校”招生广告

① 《聂耳专辑》（三），中国音乐学院、中国音乐研究所编辑出版，1964年，第155页。
② 《聂耳专辑》（三），中国音乐学院、中国音乐研究所编辑出版，1964年，第158页。

生在《聂耳同志在明月社时期事迹的片断资料纪略》一文中，也详细地讲述了聂耳考入“联华影业公司音乐歌舞学校”乐队练习生的情况。① 当时黎锦晖先生是此校的校长，所以他的讲述应该是准确的。

结　语

我认为《音乐卷》里“聂耳”词条错误之多，没有达到提供“史实”的目的，不仅没有起到“工具书”的作用，还会为日后的读者和研究者制造若干检索误导。2009 年版中对此条目仍然没有认真仔细地进行修订，这些都是极其不应该的。

据了解，1989 年版《大百科 · 音乐卷》的词条多是由社会各界的专业人士撰写，虽然是首次编辑出版，仍然达到了较高的学术水平。但是其中的“聂耳”的词条作者，由于时任领导职务并挂名为 1985 年版《聂耳全集》的副主编，并没有参与该书的实际编辑工作。撰写此词条时可能又没有仔细查对《聂耳全集》以及其他一些相关的资料，因而出现了一些不应有的错误。

2009 年版的《大百科 · 音乐卷》“聂耳”的词条，则是由中国大百科全书出版社本社的人员，在 1989 年版的基础上删减而成。虽然减少了一些错误，但也失去了一些史实，而且仍然保留了许多不应有的错误，丝毫没有对条目中的错误进行更正。2009 年版的《大百科 · 音乐卷》虽然也聘请了社会上的一些专业人士担任学科主编，但只是名义上的设置。

有着极高权威性和知名度的《大百科全书》，几乎位居中国工具书之首，最不能缺乏的要素是准确、细致和慎重。当然其他刊物也应如此。书中的所有条目都很可能被肯定或引用的，其中的错误也会被无限的传递或放大。例如我在很多的学生或研究者的论文中都可见“以某某文献为准”的字样，这部如此著名的工具书更会有更多的人把它作为理论依据。因此，为了我国音乐事业的健康发展，出于对读者负责，作为一名图书馆馆员，我认为：应该及时地对以上错误进行校正，这也是我们不容推卸的责任。实事求是地反映历史，这是学术工作的基础和前提。因此，《中国大百科全书》及其他工具书的出版单位，对自己的出版物不仅要认真细致地校对，还要请有

① 《聂耳全集》（增订版）下卷，文化艺术出版社，2011 年，第 187 页。

关专业专家进行核实，让出版物成为广大读者信任的检索工具。

此文部分首刊于《中国音乐学》2012年3期，本次收录时有改动

参考资料

1. 姜椿芳总编《中国大百科全书·音乐舞蹈卷》，中国大百科全书出版社，1989年。

2. 《中国大百科全书》，中国大百科全书出版社，2009年。

3. 张鹤、蒲风编《聂耳纪念集》，中国留日学生集资编辑出版，日本东京崛川印刷所印刷，1935年。

4. 聂叙伦：《少年时代的聂耳》，新蕾出版社，1989年。

5. 周巍峙主编《聂耳全集》，文化艺术出版社、人民音乐出版社，1985年。

6. 中国聂耳、冼星海学会编《永生的海燕》，人民音乐出版社，1987年。

7. 《聂耳专辑（三）》，中国音乐学院、中国音乐研究所编辑出版（内部资料），1964年。

8. 《聂耳专辑》（油印版），中国音乐研究所编印（内部资料），1959年。

9. 向延生：《乐苑史迹》，山东文艺出版社，2002年。

10. 冯光钰主编《聂耳音乐研究文集》，中国文联出版社，2006年。

11. 《电通》，1935年。

12. 《申报》，1935年。

13. 《聂耳日记》，大象出版社，2004年。

14. 《聂耳全集》（增订版），文化艺术出版社，2011年。

15. 《中国租界史》，上海社会科学院出版社，1982年。

16. 中国艺术研究院藏聂耳手稿。

中国音乐图像学的先驱——袁荃猷先生

图1　1989年袁荃猷在办公室工作，张振华摄

说起袁荃猷先生，许多年长一些的音乐研究者都很熟悉。她是中国艺术研究院音乐研究所资料室的老前辈，她教我工作，更教我做人，是我一生敬仰的导师。她为中国艺术研究院图书馆事业作出了卓越贡献，我们都尊称她为袁先生。先生早年就读于燕京大学教育系和北京辅仁大学教育系，新中国成立前曾师从汪孟舒、管平湖先生，学习国画和古琴，也与张伯驹、管平湖、王世襄（袁先生之夫）等一同发起组织北平琴学社。她与杨葆元、关仲航、溥雪斋等琴学名家经常琴会雅集。新中国成立后，她在中央音乐学院民族音乐研究所（中国艺术研究院音乐研究所的前身）工作，她是“文革”后第一批审核评定的研究馆员。袁先生为中国音乐及音乐史研究作出过非凡贡献。最为要者，是为中国音乐图像学研究奠定了坚实的学术基础。

一、建立了中国第一个音乐图像中心

20世纪50年代，袁先生在音乐研究所资料室牵头组建了音乐图片组，开始了图片的整理、分档、制作样片本等工作。她从音乐研究对资料的实用性出发，编制了音乐研究所图片分类法（参看下表），类别清晰，使用、查找方便，并配有图片小样供使用者翻看选择。虽然现在看来这种分类还不尽全面，但在当时只有一部西方的萨克斯乐器分类可供参考的年代，她的图片分类表为学者们提供了极大的方便。

音乐图片分类表

序号	一级分类	二级分类	备注说明
1	音乐史	从远古到清	按朝代
2	音乐家	近现代音乐家	按汉语拼音顺序排列
		当代音乐家	
3	图、画	敦煌壁画	只列举部分类别
		龙门石窟壁画	
		古画类	
4	乐器	吹奏乐器	另有口簧类等
		弹奏乐器	
		拉弦乐器	
		弹拨乐器	
		打击乐器	
5	少数民族音乐	蒙古、维吾尔、侗族等55个少数民族	按地域排列
6	东方音乐	东方各国家	按国名排序
7	西方音乐	西方各国家	按国名排序
8	音乐演出	国内音乐演出	按时间顺序
		国际音乐演出	
9	音乐会议	国内音乐会议	按时间顺序
		国际音乐会议	
10	乐谱	音乐家顺序	音乐家手稿为主
11	专题	有关音乐活动专题图片	如本所工作等

图片资料组必须有丰富的图片资料，收集图片的工作极其艰辛。袁先生为了国家级研究课题所用资料的权威性，常常自付资金，并利用家人、朋友的人脉关系去收集，可谓不遗余力。故宫博物院藏有大量珍贵乐器以及演唱演奏的相关图像，能够将这些归入我所的馆藏是她多年的心愿。经过一次次努力（王世襄先生也参与其中），终于取得了国家文物局、故宫博物院有关

领导的大力支持，于1989年9月至11月对故宫收藏的音乐文物进行了系统整理。

故宫博物院藏品浩瀚，从中挑出与音乐有关的文物，要通过大量的登记册一件件梳理，有时必须见到实物方能定夺，工作量可想而知。为了防止车辆震动对文物的影响，故宫内不允许使用任何机动车辆。近七旬高龄且身体柔弱的袁先生进入故宫后只能步行，往往从一个部门到另一个部门中途要休息几次。她与音乐研究所摄影师董建国在故宫长达3个月的工作中，从瓷器库、书画馆转战青铜器库以及杂品库，废寝忘食地拍摄、抄写文字、绘图，鉴定、整理了音乐文物数百件，得图片数百帧，其中战国“宴乐渔猎纹铜壶”，商代“兽面纹大铙”，唐、宋时代的多张古琴，唐代乐器“小忽雷”，东汉、北魏、隋、初唐等朝代的乐俑，明、清宫廷礼典乐器等大量彩照多是首次刊布，弥足珍贵，为后人从事相关研究提供了不可多得的文献史料。

袁先生乘胜前进，又在中国历史博物馆等处进行了同样的挖掘整理，极大地丰富了音乐研究所馆藏图片影像。其后，在袁先生主持和参与下编辑出版的《中国古代音乐史图鉴》、《中国乐器图鉴》、《中国音乐文物大系·北京卷》，系统地将这些图像刊布，成为中国音乐图像学奠基之作。

袁先生倡导音乐研究者和音乐爱好者都要重视图片资料的收集工作。音研所领导非常支持她的倡议，并使之制度化：研究人员公派外出考察须上交其拍摄的影像资料，这是研究所每一个研究人员为图像资料库建设所肩负的责任和义务。如此，一批批的重要影像资料源源不断地向音乐图片组汇集。这些资料为中国音乐史研究发挥了积极的作用。比如，有关聂耳、冼星海音乐生活的图片就是学者们不断搜集的结果，它为编辑《聂耳全集》、《冼星海全集》立下了汗马功劳。各地学者在撰写相关专著时也总少不了到音乐研究所来探查。

音乐研究所从20世纪50年代成立图片资料组，有了图片分类，到80年代具备丰富的馆藏。在袁先生的带领下，音乐图片资料管理已经具备了一定的规模，也逐渐完善了收集、整理、保管、使用等一系列的规章制度，成为中国音乐学界首屈一指的图片资料中心。袁先生为音乐图像编订的分类规则几乎涵盖了音乐学可显现的所有范围，它也是中国第一部音乐图片分类法，由此构成了音乐图像资料的管理体系。当下归入中国艺术研究院图书馆馆藏的相关音乐图片资料之所以丰富、精彩，它凝聚了音研所全体工作人员的心血，这些成就当然与袁荃猷先生数十年如一日的率先垂范和引领操劳密不可分。

图2　袁荃猷著作集影

二、充分发挥图像功能，进行音乐学研究

1. 运用图像进行音乐考古论证

袁荃猷先生不但收集、整理音乐图像资料，而且还凭借多年的实践经验来把握学界的相关研究。从这个意义上讲，袁先生是一位学者，或者说是一位学者型的音乐图像的收集、整理与管理者。1957年，考古工作者在河南信阳长台关1号楚墓中发掘出一具两虎木座、两个鼓腔残片，类似鹭鸶长腿的残件四根。陈大章、贾峨两位学者在《文物》上发表了《复制信阳楚墓出土木漆器模型的体会》一文①，他们据墓中出土的上述残余器物复原出模型（见图3），进行具体分析。袁先生看到后，认为他们的推断存在很多疑点，于是在《文物》1963年第2期发表《关于信阳楚墓虎座鼓的复原问题》，针对三点疑问，推翻了陈、贾两同志的假想图形。袁先生根据她所见到的青铜器图案，对历史博物馆复原河南信阳楚墓出土的鼓架装置提出修正意见，她先用长台关2号楚墓出土的木座图和战国椭栝刻文中的鸟座鼓图进行分析，利用图像学理论论证鼓与鸟架及其鸟座之间的相互关系，勾画出合理的图形（见图4）。

图3　陈大章、贾峨为出土乐器散件制作的复原模型

① 见《文物》1958年1期。

她不但论证了乐器的形状，还对其中的立鸟进行分析。当时有学者认为立鸟像“鹭鸶”，也有认为像“凤凰”，更有认为既非“鹭鸶”亦非“凤凰”。袁先生认为应搁置争议，以“鸟”为称，“虎座鸟架鼓”因此而得名。她的研究获得了众多考古专家的赞赏和支持，她的论证被之后出土完整的虎座鸟架得以确认（见图5），命名也沿用至今。

图4　袁先生为信阳楚墓虎座鼓勾画的复原方案草图

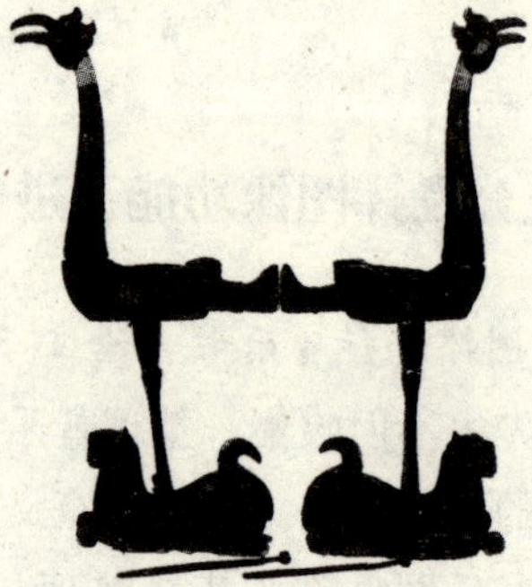

图5　1965年江陵望山一号墓出土虎座鸟架鼓，转自《中国音乐文物大系·湖北卷》。

20世纪80年代初，袁先生根据故宫藏画《塞宴四事图》中描绘的蒙古音乐“什榜”的演奏场面，参考画上题诗和《清史稿》等史料，提出该图所画系“笳吹”，并进一步考证了音乐研究所珍藏的清内府黄折抄本笳吹乐《君马黄》乐谱。她根据隋唐陶俑和石刻、敦煌壁画等图像，提出了竖箜篌的形制有别于竖琴，箜篌的音箱位于弯把部位的观点。[①] 这些都是她在音乐图像学上的研究成果。

2. 袁先生与音乐陈列室

音乐研究所成立伊始，袁先生就致力于重点研究五四运动以来中国的新音乐文化。为纪念音乐家聂耳逝世20周年、冼星海逝世10周年，当时还位于海淀区学院路十间房的民族音乐研究所，1955年即筹备设立了聂耳、冼星海纪念室。在所领导李元庆、杨荫浏的重视和大力的支持下，图片组理所当然地担负起这一重任。选片、洗片、布展等等大量工作都压在了只有二、

① 详见《音乐学术情报与通讯》，1985年第3期。

三人的图片组的肩上，而在他们之中，袁先生的工作则是最繁重的。他们最大的困难就是去收集两位音乐家的图片资料。袁先生除动员身边的音乐工作者外，就是亲自到新华社、图片社、老音乐工作者家中、聂耳、冼星海生前亲人、友人处收集。

1955 年 10 月，聂耳、冼星海两个纪念室正式开放。这两个纪念室的成功设立受到了音乐界人士的赞赏。当时的中国文联主席郭沫若为之题写了室名，文化部副部长夏衍为纪念室剪彩，音协主席吕骥在揭幕式上发表讲话，音乐界的贺绿汀、马思聪、向隅、周巍峙、马可等领导和知名人士都纷纷前来祝贺与参观。

在全所人员的共同努力下，“文革”并没有冲击到图片组和他们收集的珍贵资料，对这些得来不易的宝贵资料的保护工作反而得到了加强。“文革”之后的1980 年，我所开始恢复和充实人民音乐家聂耳、冼星海纪念室。袁先生再次与所里的研究人员一同承担起设计工作。这个展室于 1982 年正式开放。两个纪念室分别以百多幅图像，介绍了两位音乐家一生的经历和音乐创作的成就。

在恢复、充实后的“聂耳、冼星海纪念室”的基础上，袁先生还与所里中国近现代音乐史的研究人员向延生、齐毓怡通力合作，分别编辑了内容丰富的图片集《聂耳》与《冼星海》，于 1982 年和 1983 年由人民音乐出版社出版。

在同一年开展的还有中国古代音乐史陈列室和中国乐器陈列室。这些展览无不以丰富的图像来诠释各自的主题和特色。在这些展览中，袁先生承担着极其重要的选编及布展的重要工作，这是她再次运用图像为音乐做出的巨大贡献。

3. 充分发挥图像在音乐研究中的作用

袁先生在音乐研究所时多与图片为伴，她不断寻找每张图片的潜在价值。她编写并摹绘了《中国音乐史参考图片》4 期，分别于 1958 年、1959 年、1964 年、1987 年由人民音乐出版社出版。图片组曾先后编制过两部可供教学用的幻灯片，都是由她主创、选片并编写图片说明。1985 年编制的《中国音乐史幻灯片》和 1987 年我参与编制的《中国乐器幻灯片》，成为当时各大音乐院校必备音乐教材。虽然没有正式出版（当时还没有幻灯片的正式出版形式），但 500 套幻灯片很快售罄，其速度之快出乎预料，加做的 200 多套也很快售完。其中有 100 套为我国对外使馆专购特用礼品，成为我国外交部门在国际上介绍中国传统文化和中国传统音乐的教材和宣传工具，也有相当数量销往港、台地区，可以说这是我国第一部音乐图像教材。

图6　袁荃猷亲摹云冈石窟第六窟南壁伎乐人线图

为了使音乐研究所图片组积累的图片发挥更大作用，由袁先生提议，组内人员共同参与并约请音乐史学家刘东升先生加盟，于1988年11月出版了《中国音乐史图鉴》，此书出版不久即享誉国内外。这次成功尝试，也引发学界反思：应该从音乐图像学的视角更全面把握中国传统音乐文化的面貌，如此才酝酿出多家单位共同努力编撰《中国音乐文物大系》这一国家级社科重大课题，袁先生欣然担任了第一期工程中《中国音乐文物大系·北京卷》的主编。在编撰过程中袁先生不耻下问、追求完美，不管是年轻人还是年长者，只要能够解决问题她就虚心求教，此书于1996年出版，反响强烈。

她在《中国音乐文物大系·北京卷》综述中说道："图像类，上起远古彩陶，下至宋元明清历代名画，内容丰富，题材广泛，它们属于不同时代，来自不同地区和民族，描绘不同的音乐生活。有以出自杰出画家之手的写实乐舞图、演奏图等，对我国古代乐器的发展、乐队的组合、表演的形式、乐舞的变化，以及各阶层人物的音乐生活，都是真实而生动的写照。它们的特殊价值，在可以弥补文献的欠缺，考核史料的真伪，印证传说的有无，对研究音乐文化的贡献，又是任何其他种类的文物所不能替代的。"① 她强调充分利用人的视觉功能，引导人们更多地使用形象思维，激发人们深度研究的兴趣。近80岁高龄的袁先生为"北京卷"倾尽全力，这部巨作也为袁先生

① 袁荃猷主编《中国音乐文物大系·北京卷》，大象出版社，1996年。

所挚爱的音乐图像学事业画了一个近乎完美的句号。

为了使音乐图像学能够在音乐学术研究中发挥更为重要的作用，袁先生鼓励大家从图像学的视角编撰图书，在《中国音乐史图鉴》出版之后，她又计划编撰《中国乐器图鉴》。令人敬佩的是，袁先生举荐刘东升研究员和摄影师董建国等勇担重任，自己积极配合，这部著作袁先生并未署名，但她为该书出版所作的贡献有目共睹。1992 年此书正式出版，这又是一部以图像再现传统音乐文化的力作。

三、她与丈夫王世襄共同实现“音乐图像”之夙愿

袁先生一生从事音乐图像工作，给予她支持、帮助和鼓励最大的应属她的丈夫王世襄先生。王先生是我国著名的文物专家、考古专家、文物鉴赏家、收藏家，同时也是音乐考古学家。他非常注重图像的收集与研究，曾出版过《中国古代音乐史参考图片》（1—5 辑）、《明式家具萃珍》、《竹刻鉴赏》（台版）等多部以图录为主的著作。他以多年文物和考古经验帮助妻子。在采集故宫乐器图像过程中，王先生利用自己从事文物工作的人脉和对国宝的熟识度帮助袁先生完成这一心愿。袁先生的《中国音乐史图鉴》等图录中有很多考古知识都来自于王先生。

图 7　王世襄、袁荃猷夫妇

二老几十年来一起从事着图像学研究工作，共同经历沧桑岁月，始终过着朴实而又充实的生活。他们相濡以沫，勤奋博学，可谓大俗大雅。无论身处多么艰难的困境，都乐观向上地坚守。王先生在给予妻子的音乐图像研究巨大的支持的同时，也对音乐图像学科的建立起到了非常重要的指导作用。

音乐图像学在 20 世纪初由德国音乐家胡·莱希腾特里提出，是以图像学原理和方法对音乐进行研究的学科理念，凡与音乐有关的任何影像、符号和题材，诸如图画、壁画、出土文物（青铜器、瓷器等器皿）上的纹饰图案，各种礼仪场面和世俗节庆场面的图像、影像等等，都是其关注的范畴。

音乐图像学的研究既可借助也可以帮助其他学科开展深度的研究。20 世纪 50 至 60 年代，我国的音乐图像学还处于“潜学科”状态时，袁先生就开始了对这一学科的整体把握。回顾她所从事的音乐图片工作，不难发现，从 20 世纪 60 年代图片资料组成立，编制第一个图片分类法，到 80 年代音乐图片资料组发展成为中国最大的音乐图像中心；从 40 年前袁先生用图像手段进行第一个音乐考古论证的尝试，到今天在她的引领下音乐图像被音乐学理论研究普遍使用。音乐图像学的基本架构已经形成，并提升到门类学科高度，而袁先生所主导的音乐研究所音乐图像研究工作无疑至关重要。她不仅做了图片简单的梳理分类，还有系统性的从事学术研究，她站在年轻人背后默默支持，完成了非常有价值、有意义的传承工作。音乐图像学科的建立，既弥补文字记载之不足，也借助于图像的直观性揭示乐器史学、表演方法、音乐家生平和文化史等内涵，为音乐学术研究提供了更为广阔的空间。大楼需要坚实的地基，袁先生和她的团队所做的工作就是地基中的块块基石。基础坚固，方使得音乐图像学逐渐壮大和发展。袁先生所从事的音乐图像工作为“中国音乐图像学”起到了坚实的地基作用，她开辟了中国音乐图像学的先河。中国音乐图像学的奠基者非袁荃猷先生莫属。

四、音乐图像学对后人之影响

我们晚辈都佩服袁先生做事认真，也敬佩她有旺盛的精力、超人的毅力和不寻常的记忆力。回忆与袁先生共同工作的时光，我的收获绝不仅是认识了音乐图像和音乐图像学。她对事业执着和热爱，对工作勤奋和努力，她品德高尚、无私敬业，她从不追求名利和金钱，把对社会的奉献和付出认定无尚光荣。她教我认真做每一件事，从手持底片的方法到书写图片说明的格式，都一点一滴地传授。她要求我们练习书法，并在我的习作上圈阅。她说搞资料的人一定要练好字，这样才能把图片说明书写得清楚而又秀丽。她希望我每周能有一篇与专业相关的小文交与她看，若完成得好便能看到她满意的微笑。她休息时要听我“谈古论今”，说这样才能知道我懂多少历史，掌握多少音乐知识，还有哪些不足需要学习。她鼓励我学习图书馆学和计算机学，她说这是我以后工作中肯定离不开的两大学科。她要求我提前知晓音乐界的大小活动情况，以免错过拍摄资料的机会。有时摄影师人手不够她还会要求我也拿着相机担当起摄影工作。她希望我也能向董建国学点摄影和洗片工作，说一个资料工作者的文化知识或业务技术都要越丰富越好，这样今后才能独当一面……，我真的很佩服她对未来的预见。从她对后人的点滴指导，也能品味她对图像学的未来充满信心，对后人予以极大的期望。她是我一生中遇到的最博学的导师，最亲切的师长，更是我一生最敬仰的学者。2003 年，袁先生因病离我们远去，离开了她一生酷爱的音乐图像事业，这真是学界的重大损失。

图 8　1989 年作者与袁荃猷（左）在办公室整理幻灯片　张振华摄

袁先生在音乐资料管理事业上作出了重要贡献，在音乐理论研究方面也建树多多，她为国家、为后人留下了多部用音乐图像学再现音乐历史的研究著作。她一辈子虽被称为资料人员，却无怨无悔，始终把搜集、整理、保藏图片资料当做一生最重要的工作，从未停止过音乐图像学的研究。她教会我们坦坦荡荡地做人，踏踏实实地做事，她留给我们的不仅是一摞摞厚重的文字，对事业的执着和对社会的无私奉献，才是她留给后人的最宝贵的遗产。

音乐研究所图片组建于 1956 年，随中国艺术研究院体制改革于 2002 年并入全院图书馆音像部。目前图书馆的资料更加丰富，功能更加强大。合并后虽没有了“图片组”的名字，但袁先生开创的音乐图像学研究仍在延续，她亲手收集、整理的图片资料继续用于当下的音乐研究。袁荃猷先生为音乐事业而忘我奉献一生的精神永远铭记在我们心中，我们期冀由她奠基的音乐图像学在她身后继续延伸。

本文原载《传记文学》2012 年 4 期，此次发表时略有改动

参考资料

1. 袁荃猷：《关于信阳楚墓虎座鸟架鼓的复原问题》，《文物》1963 年第 2 期。
2. 《音乐学术情报与通讯》，1985 年第 3 期。
3. 袁荃猷主编《中国音乐文物大系 · 北京卷》，大象出版社，1996 年。
4. 中国艺术研究院音乐研究所编《中国音乐史图鉴》，人民音乐出版社，1988 年。
5. 刘东升主编《中国乐器图鉴》，山东教育出版社，1992 年。
6. 音乐研究所编《中国艺术研究院音乐研究所 40 年》，1994 年 3 月内刊。
7. 王子初主编《中国音乐文物大系 · 湖北卷》，大象出版社，1996 年。

琴韵乐魂演绎爱之绝唱

一部民间传说千年传唱，一首华彩乐章荡气回肠——每每听到小提琴协奏曲《梁祝》，人们不仅为它那忧伤而甜美、委婉而激昂的旋律深深陶醉，更会产生许多遐想：是什么力量使这部民间传说千百年来深深扎根于民间并家喻户晓，源远流长？是什么力量使它能穿越国界成为了响彻东方乃至整个世界的千古爱情绝唱？作曲家又是运用了什么音乐手法，用小提琴淋漓尽致地诉说了这部凄婉的爱情故事，弘扬了追求爱情解放的梦想？

一、梁祝的传说耐人寻味

《梁山伯与祝英台》是一部流传很久远的民间传奇故事，相传产生于晋代。要追溯它的起源，必须要考证关于它最早的文字记载。路工①在1955年上海出版公司出版的《梁祝故事说唱集》中说道："我们据确实可靠的材料，梁祝故事在唐代已有记载，宋代张津《乾道四明图经》上说'义妇冢，即梁山伯祝英台同葬之地。在县西十里接待院之后，有庙存焉。旧记谓二人少尝同学，比及三年，而山伯初不知英台之为女也，其朴质如此'"。另外北宋大观元年（1107）明州知府李茂诚撰的《义忠王庙记》也有记载。此《庙记》中记载道："神讳处仁，字山伯，姓梁氏，会稽人也。神母梦日贯怀，孕十二月，时东晋，穆帝永和壬子三月一日，分瑞而生。幼聪慧有奇，长就学，笃好坟典。尝从名师过钱塘，道逢一子，容止端伟，负笈担簦。渡航相与坐而问曰：'子为谁？'曰：'姓祝，名贞，字信斋。'曰：'奚自？'曰：'上虞之乡。'曰：'奚适？'曰：'师氏在迩。'从容与之讨论旨奥，怡然自得。神乃曰：'家山相连，予不敏，攀鱼附翼，望不为异。'于是乐然同往。肄业三年，祝思亲而先返。后二年，山伯亦归省。之上虞，访信斋，

---

① 路工（1920— ）：原名叶德基，又名叶枫，笔名群明。中国民间文艺研究会研究部副主任，文化部研究员，北京图书馆研究员。

举无识者。一叟笑曰：‘我知之矣。善属文，其祝氏九娘英台乎？’踵门引见，诗酒而别。山伯怅然，始知其为女子也。退而慕其清白，告父母求姻，奈何已许鄮城廊头马氏，弗克。神喟然叹曰：‘生当封侯，死当庙食，区区何足论也。’后简文帝举贤，郡以神应召，诏为贸昣。婴疾弗瘳，嘱侍人曰：‘鄮西清道源九陇墟为葬之地也。’瞑目而殂。宁康癸酉八月十六日辰时也。郡人不日为之茔焉。又明年乙亥，暮春丙子，祝适马氏，乘流西来，波涛勃兴，舟航萦回莫进。骇问篙师。指曰：‘无他，乃山伯梁令之新冢，得非怪欤？’英台遂临冢奠，哀恸地裂而埋葬焉。从者惊引其裙，风烈若云飞，至董溪西屿而坠之。马氏言官开椁，巨蛇护冢，不果。郡以事异闻于朝，丞相谢安奏请封义妇冢，勒石江左。”① 该记载丰富而完整，尤其对梁祝人物的籍贯、生卒年月、故事情节及身后的传说均作了充分的表述。这也是目前能查证的最早的民间版本梁祝故事。

近代，顾随创作的杂剧《祝英台身化蝶》四折②。剧叙祝英台母亡故，其父膝下无儿，遂将其扮成男儿送入私塾。英台曾听奶母说，母生前指腹为婚，将其许配梁山伯。恰梁山伯与其在同一私塾，朝夕相处，以兄弟相称。故英台借景说情，频频示意二人关系。山伯因父母早亡，不知此事，终不解英台之意，也不知其为女子。祝员外因梁家落魄而悔婚，将英台闭至深闺。英台闻山伯进京应举，瞒着父亲在河神庙备了酒果为山伯饯行。山伯落榜归来，路遇父亲挚友，提及早年与英台婚约之事，山伯恍然大悟，但为时已晚，此时祝员外已将英台许配马秀才，山伯因此一病身亡。祝英台夜梦山伯，山伯告诉她自己已经不在人世，他坟上开有一株红花，是从他心里生出，英台出嫁之日定开得最好，请英台亲手去摘。果然出嫁之日，行至北山脚下，见山伯坟上有一株红花，便要求亲自去摘，马秀才不得不允。英台刚摘下红花，坟墓突然裂开，英台纵身跳进，坟墓即合，正如梦中所现，梁山伯生花，祝英台化蝶。这是自白朴之后的又一杂剧剧作。

随着时代、地域的不同，以及民族、政治差异乃至人们的不同情趣和不同的文化需求，后来的故事内容也略有改动。另外，还有根据创作的不同载体而对原创进行改编的，于是又出现了很多不同版本的梁祝故事。

---

① 赵山林：《梁山伯祝英台故事的演变》，《戏曲艺术》1999年第4期，第71页。

② 顾随（1897—1960）：字羡季，号苦水，晚年号驼庵。1920年毕业于北京大学，为天津南开大学教授。所创杂剧《祝英台身化蝶》四折见王文章主编《傅惜华藏古典戏曲珍本丛刊》第116册，学苑出版社，2010年，第227页。

人们最熟悉且流传最广的越剧《梁祝》①，其原剧本的大意为：祝英台女扮男装，赴杭城求学，路遇梁山伯结为兄弟，同窗共读，三载相伴，情深意笃。祝父催女归家，在梁山伯送别途中，英台托言许婚山伯。又在送别时，假托为妹作媒，嘱山伯早去迎娶，其实暗地向山伯自许终身。山伯从师母处得知真情，赶至祝家求婚，不料祝父已将英台许婚马太守之子马文才，两人在楼台相叙，见姻缘无望，不胜悲愤。山伯悲愤成疾而亡。英台闻耗，誓以身殉，马家迎娶之日，英台花轿途经至山伯坟前，要求祭奠，霎时风雷大作，坟墓爆裂，英台纵身跃入，梁山伯与祝英台化作蝴蝶，双双自由飞舞。

总之，千百年来无论是哪一种版本的梁祝，都仿佛有着演不完的故事，说不完的意韵，道不完的感叹！

二、多种艺术演绎梁祝　彰显华夏文明

“碧草青青花盛开，彩蝶双双久徘徊；千古传诵深深爱，山伯永恋祝英台……”在历史的枝头上，梁祝的故事可谓是永远的花朵，是永远绽放的爱情的千古绝唱，也是人们赞颂的永恒主题。

作为中国四大民间传说之首，“梁山伯与祝英台”这一浪漫凄美的爱情故事之所以能流传至今并且享誉世界，很重要的原因是得益于我国有着丰富多样的民间戏剧艺术。据不完全统计，千百年来经过改编渲染它已成为小说、诗歌、电影，戏曲、曲艺等各艺术门类创作的重要题材之一，同时这个故事也曾在不同时期被多种民间剧种，如越剧、京剧、川剧、豫剧、黄梅戏、粤剧、歌仔戏、山东琴书等先后搬上舞台。中国艺术研究院就藏有大量不同剧种的剧本文献，如湖北人民出版社于1954年出版的《梁祝姻缘》（赣剧）、平原人民出版社1952年出版的《双蝴蝶》（河北梆子）、古典文学出版社1957年出版《梁祝戏剧辑存》（杂剧、明传奇、吹腔、洪洞戏、宁波戏、楚剧、川剧、定县秧歌剧、粤剧、沪剧、绍兴文戏、江淮剧）等等有关梁祝故事的戏曲文献。

最早把此故事搬上舞台的当属元代著名剧作家白朴的杂剧《祝英台死嫁梁山伯》。此剧在很多戏曲史料中均记载失传。顾随所著杂剧《祝英台身化蝶》四折，和以后民国时期艺术杂家常任侠先生创作的杂剧《祝梁怨》

① 徐进执笔：《梁山伯与祝英台：越剧》，中央文化部第一届全国戏曲观摩演出大会。

也被称为弥补此缺憾的佳作了。到了明代，戏曲的形式发展成传奇和杂剧，传奇创作和演出盛况不亚于元杂剧的鼎盛时期，而梁祝故事在传奇作品中有《英台记》、《还魂记》、《牡丹记》或《牡丹亭还魂记》、《河梁分袂》、《山伯赛槐荫分别》、《访友》等记载①。明清之后，除戏曲演绎梁祝外，弹词、三弦、木鱼书、莲花落等形式的梁祝更为广泛流传，再加上小说等文学形式在文字上的渲染，梁祝故事更是栩栩如生、委婉动人。

新中国成立后，随着我国戏曲艺术的不断发展和民族文化的迅速传播，梁祝故事作为素材在我国戏曲和曲艺艺术中更被广泛采用。特别是在"百花齐放、推陈出新"文艺方针推行后，梁祝传说又有了新的发展和创新。例如1954年文化部第一届全国戏曲观摩演出大会上，西南代表团推出了川剧《柳荫记》，华东代表团带来了越剧《梁山伯与祝英台》，北京代表团推出京剧《柳荫记》等②。据不完全统计，此故事曾被包括川剧、楚剧、豫剧、鼓词、道情、木鱼书等几十个剧种演绎过。

除戏曲曲艺形式外，这个传说还以电影、舞剧、话剧、歌剧等形式搬上舞台。第一个把此故事搬上银幕的当属天一影片公司于1926年拍摄的《梁祝痛史》（导演：邵醉翁，主演：胡蝶、吴素馨），放映后效果很好，被赞为"既得以表彰千古韵事，亦足重申当时艳迹，哀感顽艳，兼而有之"的佳作。1935年重新拍摄的梁祝故事，整体上依然保留了前作《梁祝痛史》，侧重于鸳鸯蝴蝶式猎奇性与娱乐性的特点。

1954年，根据同名越剧改编的电影《梁山伯与祝英台》是新中国成立以来的第一部彩色戏曲艺术片③，这部由桑弧导演，袁雪芬、范瑞娟主演的婉约优美的越剧，则成为这个唯美故事的最佳表现载体。导演与演员进行了许多可贵的艺术探索，使这部戏曲电影获得了1954年第8届卡罗维·发利国际电影音乐片奖，给中国电影界带来了极高的荣誉。更令人自豪的是，它作为国际交流的重要节目曾跟随周恩来总理远赴日内瓦。

1959年陈钢、何占豪共同创作的小提琴协奏曲《梁祝》，作为建国10周年献礼作品搬上了舞台。首演由俞丽拿担任小提琴独奏，全曲大约28分

---

① 钱南扬辑：《梁祝戏剧辑存》，古典文学出版社，1957年。

② 中国艺术研究院藏《中央人民政府文化部第一届全国戏曲观摩演出大会"刘本选集"》，1953年。

③ 见《中国电影年鉴·中国电影百年特刊》之陈少舟著"中国戏曲电影百年"。中国电影年鉴出版社，2005年，第357页。

钟，备受听众赞赏和好评。从此，小提琴协奏曲《梁祝》便成为中国音乐乃至中国文化的象征，给世界人民留下了深深的印象。

2003年，魔术剧《梁祝》的出炉，也给这个传奇故事增添了亮丽的一瞥，使得魔术形式从最初的杂耍和戏法变身为集魔术、舞蹈、戏剧和音乐为一体的一种高科技特效表演。观众借助梁祝传说，不仅享受了优美的音乐和迷人的舞姿，更感受到现代魔术的精彩奇妙。

2006年5月30日，在日本东京举行了《梁祝故事真实性初探》一书首发式，此书是由日本学者渡边明次用中日双语撰写的，同时首个梁祝文化研究所也宣告成立。

2009年，上海芭蕾舞团编排并推出了芭蕾舞剧《梁祝》。舞剧通过“共读”、“送别”、“抗婚”、“化蝶”四幕，细腻地揭示了梁祝千古绝唱的爱情故事。首席演员孙慎逸和范晓枫，利用优美的舞蹈语汇，揭示了剧中人物的内心情感世界，酣畅地表达了梁祝两人“生为同室亲，死为同穴尘”的绵绵情意。音乐上采用小提琴协奏曲《梁祝》为主题旋律，更有锦上添花之效果。

梁祝故事在中华民族的血脉中深深扎根，经久不衰，它那超强的感染力也感动着国门之外的艺术家和欣赏家，所以梁祝的传奇也在世界的舞台上再现精彩。1958年9月6日新加坡维多利亚剧院重建揭幕游艺会上，著名印度舞蹈家莕斯加首次在新加坡以印度式舞蹈演出了中国名剧《梁山伯与祝英台》。这个舞剧糅合了两个亚洲古国——中国与印度的优美艺术，把印度式的舞蹈与中国戏曲化妆完美地结合在一起，博得成千上万观众的一致赞许。

梁祝传说自1600年前的晋代产生以来，主要流传于宁波、上虞、杭州、宜兴、济宁、汝南等地，并向中国的各个地区、各个民族流传辐射。在流传的过程中，各地人民又不断丰富、发展传说的内容，甚至还兴建了众多以梁祝传说为主题的墓碑和庙宇等建筑，其影响之大在中国民间传说中实属罕见。2006年，江苏、浙江、山东、河南将其共同申报非物质文化遗产，现已入选第一批中国非物质文化遗产国家名录民间文学类。

中华民族的传统文化博大精深，以梁祝传奇为内容的艺术作品所展现的艺术魅力，成为中国民间文化艺术之林中的一朵奇葩。以各种艺术形式表现的梁祝传说更是声名远播，在亚洲各地及欧美大陆广泛流传。它一次次为我们揭示了生命的独特意义，为我们解读了爱情婚姻的高尚涵义；它不仅诉说了悲剧，而且展现了理想。这是一个鼓舞的力量，它推动着中华民族生存下去，生生不息，强大起来，在千百年后的今天仍极具魅力和意义！

三、小提琴协奏曲《梁祝》让人荡气回肠

1959 年，还是上海音乐学院学生的曲作者何占豪、陈刚就开始了小提琴协奏曲民族化的新尝试。这一首享誉中外的单乐章带标题的小提琴协奏曲，选择了这个千古绝唱的题材，从家喻户晓的《梁山伯与祝英台》故事中选择了"草桥结拜"、"英台抗婚"、"坟前化蝶"三个主要情节，分别为乐曲的"呈示部"、"展开部"和"再现部"内容，以表现男女主人公的忠贞爱情和对封建礼教的控诉和反抗。他们吸取我国南方地方戏曲越剧的曲调素材，运用西洋传统音乐的单乐章奏鸣曲式结构，成功地创作了这部小提琴协奏曲。

全曲紧紧把握住相爱、抗婚、化蝶三个重要的戏剧场面和故事的发展脉络，用描绘方式表现出强烈的叙事特征。此曲的开端是由竖琴、长笛奏出的引子，给人如行云流水之感，又如水中望月，雾中观花，人物景象由远及近，由模糊变得清晰。引子过后由小提琴奏出了鲜明的爱情主题，犹如主角闪亮登场一样引人注目。此时的小提琴曲绵长而又悠远，仿佛祝英台对我们诉说着昔日的故事，长笛的华彩又把我们带到了鸟语花香、春光明媚的江南美景之中。这个取自越剧唱腔的抒情主题，表现了祝英台和梁山伯纯洁的爱情。大提琴奏出潇洒的旋律来与小提琴形成"对答"。最后乐队齐奏，又一次奏出了爱情主题，这个主题的一再出现，充分揭示了梁祝真挚、纯洁的爱情形象。结束时以小提琴奏出自由的花腔尾声为连接部，导入了副部。

副部是明朗活泼的小快板，小回旋曲结构，开始时由独奏小提琴奏出"共读"的主题，这是根据越剧过门中的音调变化而来，它与主部主题有着一定的对比，但在风格上仍保持着统一性。双簧管、大管与独奏小提琴集弦乐部分与独奏小提琴的相互模仿对答，构成回旋曲的第一插段。第二插段的旋律表现得更为轻快而活跃，独奏小提琴模仿民族乐器古筝的弹奏，竖琴与弦乐的拨弦模仿琵琶的弹奏。作者巧妙地吸取了民族乐器的演奏手法来丰富交响音乐的表现力，生动地描绘出"梁祝"同窗三载、共读共嬉、追逐嬉戏的情景，非常形象化。这个主题与柔和、抒情的主部表现了梁祝爱情生活的两个方面。在弦乐颤音的背景上，出现了独奏小提琴与大提琴的"对

答”，清淡的和声与配器，描绘出梁祝十八相送、长亭惜别、恋恋不舍的动人场面。这里截取了主题首部，断断续续的音调，表现出祝英台在分别时那种有口难言、欲言又止的复杂心情。最后是弦乐轻柔的齐奏，梁祝终于在难分难离的情景下分开了。

谱例一　长亭惜别，恋恋不舍，有口难言，欲言又止。①

突然间，音乐转入低沉阴暗，好像是不祥之兆，预示了故事悲剧性的结局。这时已经开始了乐曲的中间部分——发展部。

谱例二　祝英台的悲痛与不安②

发展部一开始，先由大提琴与低音提琴奏出引子的主题音调，在配器上加用了大锣噇噇之声，显得阴沉可怕，不祥之兆即将变为事实。这一音调的节奏逐渐短促，出现了紧张不安的气氛。这时弦乐、木管、铜管先后进入，逐渐高涨，发展成为封建势力的主题，变得阴沉粗暴。发展部的中心部分分为四个阶段：抗婚、楼台会、哭灵控诉、投坟。这里有描写戏剧场面的因

---

① 何占豪、陈刚作曲：《小提琴协奏曲“梁山伯与祝英台”总谱》，上海文艺出版社，1960年，第31—33页，第244—264小节。

② 何占豪、陈刚作曲：《小提琴协奏曲“梁山伯与祝英台”总谱》，上海文艺出版社，1960年，第43—44页，第332—337小节。

素，因此发展部就具有插部的意义。

发展部第一阶段铜管乐器奏出了严峻的节奏和阴沉的音调，表现了封建势力的凶暴残酷。这时，独奏小提琴采用戏曲中“散板”的节奏形式，叙述了祝英台的悲痛与惊惶不安的心情。紧接着，乐队全奏以强烈的切分和弦奏出由副部变化而来的反抗主题，强烈的快板刻画了祝英台的誓死不从封建统治的刚烈性格。由引子变化而来的封建势力主题与由副部变化而来的抗婚音调形成了矛盾、对立的两个方面，它们在不同的调性上不断地交替出现，形成形象的冲突。最后到达了第一个矛盾冲突的斗争高潮——强烈的抗婚场面。乐队和独奏小提琴奏出了坚强有力的由惜别音调发展而来的悲愤的反抗旋律，这时，又出现了由小号与长号奏出的强大封建势力的主题。最后，在封建势力的重压下出现了楼台会的场面。

第二阶段——楼台会音调缠绵悱恻，如泣如诉。它由主部主题发展而来，与越剧音调有着更密切的联系，代表祝英台的小提琴与代表梁山伯的独奏大提琴的“对答”，表现出梁祝沉痛的对唱，他们互相倾诉，音调动人。而后两条旋律线逐渐会合，变成了二重唱。

谱例三　大、小提琴的对答①

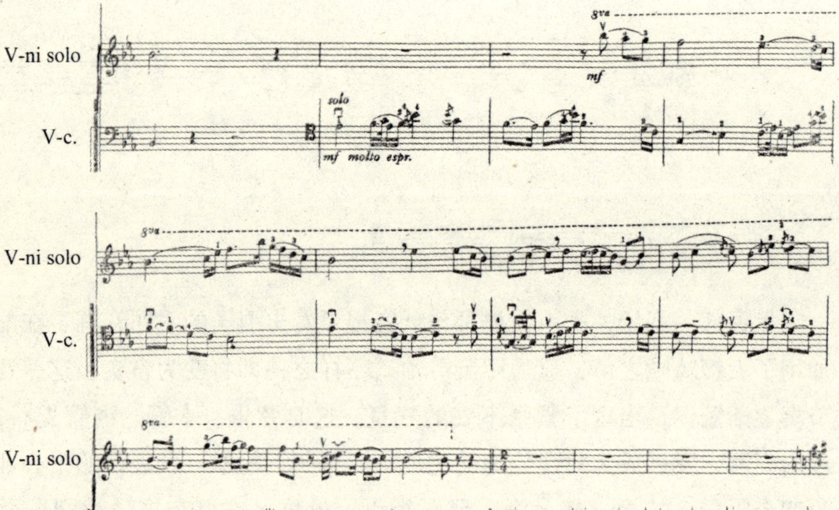

① 何占豪、陈刚作曲：《小提琴协奏曲“梁山伯与祝英台”总谱》，上海文艺出版社，1960年，第60—61页，第357—371小节。

第三阶段，音乐急转直下，变得激昂而果断。独奏小提琴的散板与乐队齐奏的快板交替出现，加上板鼓，表现出祝英台在坟前向苍天控诉的情景。这里变化地运用了京剧中倒板和越剧中嚣板（紧拉慢唱）的手法，表现出祝英台对封建势力的控诉。小提琴采用了民族乐器的演奏手法，在配器、和声以及整个处理上更多地运用了戏曲的表现手法，将祝英台的形象、悲切的心情刻画得非常深刻。

最后锣钹齐鸣，英台纵身投坟。

谱例四　对封建势力的愤恨与控诉①

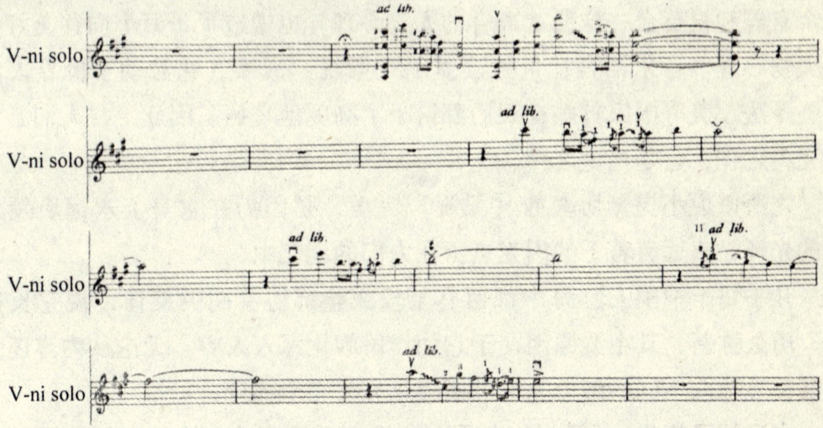

这里描写了人们对封建势力地愤恨和控诉，以及对祝英台坚贞不屈地歌颂。它采用引子的主题来发挥。从乐曲的戏剧性发展来看，此处为全曲的最高潮。

乐曲的最后部分——再现部，长笛又吹出了与乐曲开始时的华彩旋律，结合了竖琴的琵音演奏，把音乐带入神仙境界。再加上弱音器的弦乐背景，独奏小提琴重新奏出了爱情主题，然后，钢片琴在高音区轻柔地演奏华彩音型，仿佛梁祝在天上翩翩起舞，在配器上运用色彩性乐器来描述仙境有着很好的效果。再现部省去了副部。最后出现的是人们对梁祝忠贞爱情的歌颂——梁祝化蝶的场面不过是人们的想象而已，是人们对梁祝的悲惨命运寄予无限的同情与惋惜。“化蝶”极富浪漫主义色彩，反映了人民群众的愿望和理想，并给人们留下了无限的回味和遐想。曲中每个音符都在诉说，每段旋律都充满意境。

---

① 何占豪、陈刚作曲：《小提琴协奏曲“梁山伯与祝英台”总谱》，上海文艺出版社，1960年，第63—66页，第479—499小节。

四、完美的创作，艺术的巅峰

《梁祝》这部作品讲述了一个优美婉转、凄凉悲痛的爱情故事，其优美动听的小提琴旋律似浪花飞溅，似行云流水，每个音符都那么的柔情、那么的绚烂。整体的创作突出了情与景的巧妙交织与结合，令人心旷神怡、如临其境，很容易达成与观众互动的效果。音乐是没有国界的，是不需要语言沟通的。小提琴协奏曲《梁祝》不仅仅塑造了一个祝英台，同时也塑造了千万个有着和祝英台一样悲欢离合的人物心理，也塑造了千万个向往美好爱情的人物心理。音乐语言让世界读懂了《梁祝》故事，它触动了世界人民的心，令法、美等国家首脑在观后都给予了高度地赞扬。因此，在人们心中它是完美之作，也是绝世之作。

之所以说小提琴协奏曲《梁祝》完美，是因为在它身上永远焕发着不朽的光环，永远有若干的闪光点留在人们的记忆中。

几乎每个中国人脑海中都留有某段或整部协奏曲的旋律，说它长盛不衰、历久弥新，其主要原因在于它创作民族化深入人心，无论从内容还是形式都突显与众不同的魅力。它的民族化分为三个部分：

内容的民族化：《梁祝》的取材来源于我国家喻户晓的民间传说，它浪漫的爱情主题是自古至今被人们追求与赞美的，它以强烈的对封建势力控诉和抗争的精神，呐喊出了人们追求婚姻自由和平等的夙愿。它采用一种典型的“过程性”叙述方式，全曲的叙述与《梁祝》传说的情节及顺序相映，没有删减，娓娓道来，顺理成章。所以它所采用的朴素的叙事方式也是人们愿意欣赏的主要原因。

主旋律民族化：作者采用具有浓郁民族风格的越剧曲调为素材，再进行提炼加工，以民族五声调式音节构成旋律，易懂、易学、易记，它是中国的交响乐，能让那些不了解西方音乐和异域风情的人们通过它而逐渐地加深了解。

中国乐器的融入更加民族化：协奏曲中将传统的中国乐器融入其中，使用具有中国戏曲乐队所使用的演奏技巧，如京剧、越剧中常用的倒板、嚣板等演奏技法。此外，小提琴的模仿，再现了古筝、琵琶、二胡等民乐的音响效果，从而使小提琴音乐更加具有民族风格，使此曲具备了鲜明的中国特质。

小提琴协奏曲《梁祝》承载着中华民族的灵魂，乐曲在采用西洋奏鸣曲式的结构下，根据我国民族化的审美取向、审美特征，与我国民间传说梁祝故事巧妙结合，并在整个协奏曲中将中西音乐的表现形式进行完美的结合，巧妙地使中西方音乐创作技法进一步达到了融会贯通的境界，成为了我国交响乐之奇葩。

之所以说小提琴协奏曲《梁祝》绝后，是因为至今没有被超越。

随着时代的变迁，各门类艺术的蓬勃发展，再加上世界各国之间文化交流的日益增多，现代人所爱好的艺术种类也大大地丰富起来。一波又一波的新乐潮流不断冲击着我们，特别是年长一些人的欣赏情趣和审美趣味。但是，小提琴协奏曲《梁祝》却一直保持着迷人的艺术魅力，五十多年来只增未减。在它之后虽也有很多的音乐作品采用多种风格和手段进行创作，但至今还没有哪个作品能超越它，它被国人誉为“民族的交响音乐”，被国外友人称为“《蝴蝶的爱情》协奏曲”。它那美妙的音韵跨越时空之久和遍布全球之广都是世间少有的。纵览现在的众多创作，其生命力几十年来依然旺盛而且有增无减，还继续被国内外广大听众所热宠，这样的作品并不多见。所以它的完美是绝后的。

梁祝故事，家喻户晓，小提琴协奏曲《梁祝》，风靡全球。因此，小提琴协奏曲《梁祝》享有“为中国创造民族文化交响乐开拓一片绿野”的美誉。一次小提琴与中国文化的大胆融合，为中华民族交响乐开拓了未来；一次“洋为中用”的成功体现，使人永久记住了这段经典。希望能在未来欣赏到更多的类似之作。

春风拂花艳，双蝶去又还。
千年爱与怨，梁祝化诗篇。
入画凭歌舞，凝神有管弦。
但愿情真切，相伴到永年！

常任侠的杂剧、散曲创作

2003年日本友人田边秀雄先生代表他与父亲田边尚雄先生赠给中国艺术研究院一批珍贵的书籍和唱片①，大多为中国音乐、戏曲、历史类的典籍文献和戏曲唱片，总计音乐图书197册，唱片77套，特别是一些明清时期的珍贵版本，如明代的《律吕新书解》、王邦直的《律吕正书声》、黄佑的《乐典》，清代康熙敕制《律吕正义》、康亲王（爱新觉罗·杰书）《律吕原声》、徐大椿《乐府传声》、华秋苹《琵琶谱》，近代琵琶谱有《瀛洲古调》，琴谱有《琴学心声》、《琴学问答》、《琴镜》等，均具有较高的文献价值。在这些文献资料中，有一部常任侠先生在民国24年（1935）创作并付印的杂剧《祝梁怨》，更是少人知晓的作品。常任侠先生的著作中关于戏曲方面的论著很少，对照《中国近代传奇杂剧经眼录》、《晚清民国传奇杂剧史稿》等著作，可以发现《祝梁怨》这部杂剧一直没有引起学界注意。因此，本文对该著作进行介绍、评价，并对该剧及散套进行点校整理，附录于文后，以便于学术界使用。

一、近代文化史上的常任侠先生

常任侠，幼名家选，笔名季青、牧原、常征，1904年1月31日生于安徽颍上县，是我国著名的诗人、学者。常任侠于1922年入南京美术专科学校，1928—1931年就读于南京中央大学文学院，研习古典文学及日本、印度文学；后任中央大学高中部主任。1935年春赴日本留学，入东京帝国大

---

① 田边秀雄（1913—2010），生于东京。音乐评论家。是日本著名音乐家田边尚雄之子，毕业于东京庆应义塾大学法学部。他继承父业，从事音乐学研究，在东西方音乐研究方面都有颇深的造诣。曾担任东海大学教养学部教授，日本民谣文化协会会长。

田边尚雄（1883—1984），早年曾就读东京帝国大学物理学科，后以研究生专攻声学三年，同时兼学音响心理学等。毕业后研究日本传统音乐舞蹈，1936年创立东洋音乐学会，兼任会长。一生从事音乐教育和音乐研究工作。他晚年时有愿望将部分藏书赠中国。

学文学部大学院，研究东方艺术史。1936 年回国后，继续在中央大学任教。七七事变后，由田汉编剧、洪深导演的《卢沟桥》在南京中华大戏院公演，常任侠饰演该剧主角吉星文团长。他先后与田汉、廖沫沙编辑过《抗战日报》，与张曙合作过抗战歌曲《壮丁上前线》、《空军战歌》，与冼星海合写过歌剧《亚细亚之黎明》等等，始终从事爱国事业。1939—1941 年，常任侠先生到重庆中英庚款董事会艺术考古研究院任研究员。中华人民共和国成立后，先后任国务院华侨事务委员会委员、中华全国归国华侨联合会常委、国务院古籍整理出版规划小组顾问等，1996 年 10 月因病在北京去世，终年 93 岁。

常任侠先生一生热爱生活、爱好广泛、学识渊博、朴素耿直、待人诚恳，经历了近百年的人间沧桑。先生对中国古典文学与多种艺术学科有着很高的造诣，并为世人留下了大量的学术经典。其研究内容涉及面极广，如考古艺术、建筑艺术、佛教艺术、古乐器、珍宝等等，对中国美术史、服装史有着突出的贡献。

常任侠先生多才多艺，但很多人并不知道他对戏曲、戏剧也是非常通晓与热爱的。他所作南北曲集有《祝梁怨》、《田横岛》、《鼓盆歌》、《妈勒传》等等，很能展现民国时期曲学家们的古典戏曲文学创作的大体面貌。东京帝大文学部盐谷节山教授翻阅了《祝梁怨》之后大加赞赏①，称之为“可与关汉卿的作品相媲美”。虽然常先生与关汉卿处在不同时代、不同历史背景和政治背景，并不能完全相提并论，但从另一面也反映出他的创作得到知名学者的大力赞赏与鼓励，其戏曲文学创作的功底和水平实属不凡。从他给我们留下的作品中，不难窥到他对曲学的研究起到了不容忽视的推动作用。

二、《祝梁怨杂剧》

《祝梁怨杂剧》是以广泛流传的、中国古代四大民间传说之一的民间故事《梁山伯与祝英台》为题材的戏曲作品。这个故事家喻户晓，被多种文艺形式表现。常任侠创作的杂剧《祝梁怨》，其印本版框为 11cm × 9cm，半

① 盐谷温（1878—1962），号节山，日本著名的中国学家、中国俗文学研究的开创者之一。

页10行字，总计20页。封面为吴梅先生于民国乙亥（1935年）题识①：祝梁怨杂剧（附散套），另钤“瞿安”印，为吴梅先生的印章。该剧前有卢前先生所作“叙”②，还有作者“自叙”。剧本末页有题目：同学三年管鲍交；正名：痴情千古祝梁怨。正文之后附有《天台曲》、《元夜曲（演欧阳修《生查子》词意）》、《重九登高》、《杜工部观公孙大娘弟子舞剑器行》、《南吕一枝花·中秋顽月》、《一江风·读才人福传奇》共6段南北曲散套。

1. 从叙和自叙中了解《祝梁怨》创作背景

《祝梁怨》是由卢前先生为之作叙。从叙和自叙中，我们了解到常任侠此著的创作缘起，首先要归于他对杂剧艺术的热爱。常任侠先生喜爱曲学和曲学创作，自进入南京中央大学文学院后，就与吴梅先生学习剧曲（当时他学习的专业是中国文学系）。在自叙中他梳理了元杂剧这门戏剧样式，认为随着社会的发展，各个时代戏曲创作因其风格和艺术的特点各有不同，他同时也讲述了这门艺术得不到充分张扬并逐渐微势的态势。例如，叙中写道：“北曲以本色擅长。元人使用俗字俚语，雄肆无拘、魄力至大，后世遂少嗣响。明徐渭谱《四声猿》、《歌代啸》剧，号称壮阔，然动辄失律，未足为范。至于晚清，其法益式微矣。”其大意是：北曲以真切、质朴、自然的表现形式出现，元时使用俗字俚语，其特点雄壮而豪放，后期元剧就越来越衰弱。而明代的徐渭先后创作了杂剧《四声猿》、《歌代啸》等，在艺术形式上虽然具有壮阔的元人气象，但是在创作中往往不合曲律，不足以成为后世规范。到了晚清时期，这种艺术形式更加微弱了。这个描述表明了他对曲学的关注，以及对其逐渐衰弱态势的担忧。其中我们还了解到当时的研习戏剧者，以吴梅先生最为代表，能继承元曲之学，并集大成而有规模。使他能跟随吴梅先生学习剧曲，满足了自己喜好剧曲的夙愿，虽不能从事曲学事业，但也在闲暇之时尝试创作。卢前先生的叙，叙述元代白朴曾首创此剧，名为《祝英台死嫁梁山伯》，但此剧已失传。常任侠以一介热爱中国古典文学的文人，当然希望用他的创作，以杂剧艺术为这个家喻户晓的历史传说作一戏曲渲染。这即是此剧之创作缘起。

---

① 吴梅（1884—1939），字瞿安，近代著名的戏曲理论家、诗词曲家、教育家。常任侠是其门下弟子之一。

② 卢前（1904—1950），字翼野，是近代著名词曲家，他与常任侠是学友，均出于吴梅先生之门下。

两叙也让我们了解了此剧的创作过程。在辛未（1931年）之夏，京城发了大水，常任侠寄宿在成贤学舍[①]，看楼下大水没过了行人膝盖，每天因不能出行而郁郁寡欢。因此，他选择了故事题材，创作了杂剧四折，作为自我排遣。他一两天写成一折，但还没等完成杂剧《祝梁怨》，就匆匆奔赴庐山，并将这个过程告知了好友卢前先生。多年后他偶然整理出此剧的稿本，马上请吴梅先生指点，卢前先生为之作了叙，然后将修改后的《祝梁怨》出版。其中他使用了"匆匆数年"，从作者创作日期"辛未"到作序时间1933年分析，也就是两年，这也体现出作者对时间流逝的忧虑。

常任侠自叙的最后，感叹岁月流逝，同时抒发了他对家庭疏于眷顾所产生的愧疚心理。在卢前叙的最后，他对常任侠的杂剧创作和极其低迷的曲学艺术寄予了希望。如叙中"世有读任侠之词而兴起者乎，使北词终有日复也，《祝梁怨》其嚆矢焉"。即希望《祝梁怨》的面世能唤起人们对曲学艺术的重视，最终恢复曲学传统艺术的再度兴旺。他祝愿杂剧《祝梁怨》成为曲艺兴旺的最出色的开端。

两叙共同介绍了此著的缘起和创作经过，也介绍了曲学艺术的历史沿革和当时的基本态势，表达了重新唤起这门艺术再度辉煌的美好愿望。

2. 杂剧《祝梁怨》剧情简介

在以往繁多的以爱情故事为题材的戏曲中，梁山伯与祝英台的故事应该算是比较典型的传奇悲剧，相传它产生于晋代。但文字记载始见于宋代张津《乾道四明图经》，其文曰："义妇冢，即梁山伯祝英台同葬之地。在县西十里接待院之后，有庙存焉。旧记谓二人少尝同学，比及三年，而山伯初不知英台之为女也，其朴质如此。"[②] 常任侠创作的杂剧《祝梁怨》就是根据此传奇而进行艺术创作的。它以悲剧的形式实现了梁祝的美好愿望，除了歌颂梁祝的爱情，也反映了封建婚姻的罪恶，体现出主人公昂扬的反抗精神，令人倾倒和振奋。这则故事家喻户晓，此外仅作简单的说明：

第一折：祝英台介绍了自己的身世和尊父母之命乔装男儿的原由，以及与梁山伯共读多年而未被识破的同窗生活。借助优美的唱腔，渲染出她对梁山伯的敬仰之心，想与其结为连理的美好愿望。其间唱述了她被师母识破女

① 据《常任侠文集》第6卷，当时常任侠被大学聘任为教师，寄宿在学生宿舍。详见常任侠：《常任侠文集》，安徽教育出版社，2002年，第32页。

② 路江编《梁祝故事说明集》，上海出版公司，1955年。

儿身的尴尬场面、被迫还乡的无奈之举，以及与梁山伯各奔东西的凄惨情愫。

第二折：此折即是民间故事传说中的“十八相送”一段，它是整出戏最美的一节，也是此剧的发展段落。作者对沿途景色进行了渲染，一片秋日凄凉之景。接着运用【滚绣球】、【倘秀才】曲牌交换出现和多组使用，描述他们一路的风景和同行的愉悦心情。一路上通过两人的对话，很巧妙地描绘了两主人公的不同性格特点，成功地刻画出二人思维交错又无法明示的矛盾心理。作品通过祝英台对心无芥蒂的梁山伯，不断借助猜度、暗示的心理独白，刻画出梁山伯单纯、善良、醇厚的性格个性，由此反衬出祝英台尴尬而有些失望的心情。

第三折：此折通过层层渲染，讲述祝英台身居闺中，对梁山伯的深深思念之情。由于无法抵抗封建势力压迫，英台被迫许配马家。作品借助祝英台的大段曲词，诉说出万般愁苦的复杂心理，将英台与山伯分手后的百无聊赖、神无定所的心态，刻画得非常鲜明，烘托出她坚守爱情的决心。全折在描述山伯来访，知道英台是一女子后，对其怅然若失的懊恼心情和对祝英台的依恋不舍，都作了深层次的渲染。此折生动地描写了祝英台在梁山伯来祝家的前后心理状态的极大反差，例如英台与山伯生死离别的悲痛，以及在面对不可挽回的婚姻压迫之下无奈乃至誓死相从的决心，都很好地实现了全剧故事的转折。

第四折：此折描写了祝英台听到山伯死讯，决定为这个痴情郎信守诺言。她拜别了父母，毅然踏上了寻找爱情的道路。一路上随着她的回忆片段，悲痛的心情使一路风景也变得昏暗无光。借助满心愁苦、满眼凄凉和对世间的绝望，反映出英台对来世两人坚守至情寄予了无限的希望和梦想。剧中穿插了英台的三次问路的情景，通过英台的三次问路，表现她想念梁山伯的迫切心情。之后唱词有“且等俺魂兮归去些，真不信泉路果然绝”，“愿一阵风儿来迎我者”等等，表现了英台对即将与山伯黄泉相见的美好期待。剧终英台以身入墓穴来实现其诺言，同时也给这个悲凄的传奇故事划上了句号。

3.《祝梁怨》艺术特点

杂剧《祝梁怨》是一部典型的向封建婚姻挑战之作，也是一部精美的戏剧艺术佳品，具有极高的思想性和艺术性。它的思想性借助艺术的滋养充分展现。此剧人物形象刻画得栩栩如生，结构严谨。作者创作的这一凄美的爱情故事，重新表现和解读了对传统爱情观念之当代意义的探寻和思考。首先，全剧的语言风格古朴而又文雅，虽有本色之处，但更偏重文采派创作风格。如第二折中【二煞】“霎时间分散了同林鸟，空羡作鸳鸯并一巢。认西北高楼，烟锁秋峦，东南孔雀，泪湿征袍。且听他鹧鸪声断，杜宇魂消，破东西飞燕伯劳。怨遥天鹣去，空教俺弄玉自吹箫。”无论是语言的华美，辞藻的艳丽还是拟人、典故的恰当运用，都凸显了创作者的文学功底。其次，此剧在情节结构上，以传统杂剧的四折完成，矛盾集中，情节严整。剧中有情节的高潮，也有情绪的高潮，最终以感染和教化观众为目的，完成了发生、发展、高潮、结局的完整统一的结构。整剧围绕梁祝爱情而产生出浓郁的悲情意蕴。作者没有采用梁祝化蝶的情节，充分体现了文人以情动人、渲染情感的戏剧趣味。其中，山伯为情而亡和英台随山伯投坟的情节构建，更加剧了戏剧冲突和悲剧效果。在此，我们不能排除作家本身对作品的影响。作家的创作心理机制决定着文学作品的理想和艺术态度，除语言风格和情节结构的突出特点外，就是他对人物性格的刻画。在这部杂剧中，作者的文采派创作风格，更加贴切地刻画了书生才女追求爱情的传奇故事。作品的成功之处，即在于汇矛盾的人物性格于一身，在祝英台身上既有书生才气，又有男子豪气，同时也表现了旧时代的女子柔弱情肠。从开场的女扮男装，展现出知书达理、聪明好学的书生气质，到她在追求爱情的道路上逐渐显示出女子柔弱含蓄的心理特征，再到最后反抗封建礼教的斗争中又显现了她不畏生死毅然从梁山伯于地下的执着刚毅性格。性格的不断转化，情节的不断发展，封建礼教和追求爱情的矛盾冲突使得这对恩爱佳人最终选择了这个悲凉的故事结局，而人物性格的完整和充实，也被刻画得淋漓尽致。因此，笔者认为这部巨作充分地反映了民国时期社会文化、思想赋予传统创作题材日益更新的思想意蕴。也恰恰是那个时代的封建礼教和当时的文化思想，才会导致这样的悲剧故事产生。

三、南北曲散套介绍

（1）天台曲

作者采用北曲【双调】创作了此曲，描写作者重游天台的情景，前后两次身临其境的感受和不同的心境。

作者先采用【新水令】、【沉醉东风】、【乔牌儿】、【雁儿落】、【得胜令】诸曲牌，描写以往的生活环境。特别是【新水令】“记曾此地饭胡麻，任仙源溪山如画。白云迷旧燕，红树入归鸦。四顾嗟呀，痴立在夕阳下”，描写景色的美妙绚丽、宁静而淳朴。【沉醉东风】“忆相逢羞眉掩帕，照清影流水桃花。笑语温，风神雅，曳罗裙石径三叉。曲折深林趁晚霞，过幽居春风绣闼”，描写作者情窦初开的美好心境。后三个曲牌则随着“素娥青女双双嫁”而变得低沉和忧伤。往日的悲欢离合的情感故事也只留下伤感了，如：“弹奏忧伤曲、看望难忘树，抚谷口相思树，采岩前踯躅花”，非常贴切地形容了内心的境况。作者之后采用一段【梅花酒】来表现重游此地，看着熟悉的景物和欢笑的人们，不由得又回忆起了往事。如：“负深情一念差，一念差悔愤加，悔愤加泪麻沙，泪麻沙意纷杂，意纷杂走天涯，走天涯忘疲乏，忘疲乏入荒遐，入荒遐闻哀笳，闻哀笳散啼鸦。”这个曲牌的顶真续麻的表现手段，更加突出地强调了他当时心情的杂乱和愁苦。由此引出作者自身的伤感与无奈，如：“问不出旧根芽”和“无路更难达”，“又远山敛晚霞”的重复和其中的“又”字就更加突出渲染了这种忧伤的心情，只有晚霞映松影是永恒的。【尾】表现了作者整理自己心情之后的感悟：回忆过去还有什么意义？只有使自己更为伤感，借助上苍忘掉过去的一切吧。这就是作者最后发出的感慨，并以此作为此曲的结束。

这是一首意境优美、节奏舒缓、寓意深渊、感情平和雅致的曲子。整曲描述了一种宁静幽远景色变幻，山、水、云和飞燕都被作者巧妙的画入了曲中，表达了对人世间的诸多悲感——爱情幻灭的惆怅，人世如梦的感伤，国家破亡的凄怆，反衬出物是人非的伤感。

（2）元夜曲（演欧阳修《生查子》词意）

作者在题名的原注中提到“演欧阳修《生查子》词意”，《元夜曲》是根据宋代欧阳修词《生查子》而创作的。欧阳修原词是一首流传久远的词作，词曰：“去年元夜时，花市如灯昼。月到柳梢头，人约黄昏后。今年元夜时，月与灯依旧。不见去年人，泪满春衫袖。”短短的数十字描绘了前后两年的两种心情，至今脍炙人口。而《元夜曲》则用“双调”八支北曲【新水令】、【驻马听】、【沉醉东风】、【折桂令】、【收江南】、【沽美酒】、【太平令】、【鸳鸯煞】，极力渲染烘托气氛。虽然，曲文巧妙地将原词糅入其中，如【沉醉东风】“忆去年元宵欢畅，对千街灯火辉煌。柳梢头，月儿上，折鸾笺人约黄昏。臂初添夜色凉，剔牙儿支颐暗想”。但是，整曲却突破了原词简练的意象，而采取了身临其境的情境再现。例如作者在【沉醉东风】之前，即用【新水令】、【驻马听】来渲染“谁解万愁况”的慵懒和“含情独自凭栏望”的心境，这就很自然地对引发昔日情怀的回忆作了充分的渲染。而在进入回忆用【沉醉东风】刻画词意之后，又用【折桂令】等五支曲，反复渲染昔日“相伴良宵共赏”的快乐，如今独上高楼、顾影自怜的无奈，以及衣带渐宽、倚床梦荒的无聊。曲终点出的“療愁自写新词唱，却怎个人到新年还做那去年想”，用一个设问，将今昔对比而生成的情绪纠结做了总结。丰富的曲文让原词的情境得以丰满，在戛然而止的设问中又拓展了原词的情感内容，显示出散曲的独特文体特征。

（3）重九登高

作者采用南北合套的创作形式，整曲南北间错，非常整齐。第一句即用【南商调梧桐树】描写他眼中的景色，用残照、孤鸿、长啸等映射出他心境的悲凉。这正是重阳之日，作者自嘲自己的“疯癫”，如“俺狂歌披发谁曾晓”句表现出了当时的孤寂景象。然后使用北曲【骂玉郎】来嘲讽统治者的昏庸腐败，如“笑贪玩辈已盈朝”、“说公理把几案敲，到头来只爱钱和钞”，就鞭笞了当时的官宦们执政的黑暗和玩弄百姓的手段。第三段【东瓯令】和第五段【浣溪沙】都是分别用南曲讲述了官宦们的腐朽生活，贬斥他们如同披着人皮的野兽，过着莺歌燕舞的糜烂生活。而在第四段和第六段中则分别用了北曲的【感皇恩】、【采茶歌】，来描绘在昏庸统治之下的黎民百姓的痛苦挣扎以及无尽的怨恨牢骚，如：“谁曾念战骨荒郊，百姓嗷嗷”，“只道伟烈丰功管乐曹，却原来焦头上客佩金貂”，这些词句充分表现了当时百姓对统治者的不满情绪。最后的【南尾声】更体现了作者对统治者腐败与残暴的控诉和身为弱势百姓的无奈，同时也表达了他对被迫离去的亲人和英雄的怀念，如：“俺摘黄花，不插帽，也不是苦苦思亲茱萸人少，端则为遍野哀鸿止不住双泪抛。”大意是，今年的重阳也只有手持茱萸花而思念远去的亲人了。

本曲是作者借纪念重阳悼念为国捐躯的战士，慰藉因战火而流亡的百姓，充分体现出作者为国担忧的思想感情。

《重九登高》所采用的南北曲交替使用的创作手法并不鲜见，比如第一曲段用南曲【商调梧桐树】，第二曲句即换成北曲【南吕宫感皇恩】，这在南北曲创作中，颇成为一时的风尚。但其中有些曲段，也许是创作者偶一疏漏，也许是曲牌格律的差别，在运用时与南北曲标准格律有所不同。如第一段【南商调梧桐树】“秋江带暮潮，远岫容残照。风急城高，愁听孤鸿叫。

遥砧隔野烟，曲岸舒长啸，独立苍茫，又是重阳到。俺狂歌披发谁曾晓”，根据《中国曲学大辞典》所录【商调梧桐树】全曲9句格式：5，5。4，5。7，7。4，5。7。而【金梧桐】全曲同样9句：“5，5。4，5。5，5。4，5。7。”恰恰符合此句句型，以此对照，或许【南商调梧桐树】当为【金梧桐】之误。今存疑，以待专家指正。

（4）杜工部观公孙大娘弟子舞剑器行

杜工部原诗如下：

> 昔有佳人公孙氏，一舞剑器动四方。观者如山色沮丧，天地为之久低昂。霍如羿射九日落，矫如群帝骖龙翔。来如雷霆收震怒，罢如江海凝清光。绛唇珠袖两寂寞，晚有弟子传芬芳。临颍美人在白帝，妙舞此曲神扬扬。与余问答既有以，感时抚事增惋伤。先帝侍女八千人，公孙剑器初第一。五十年间似反掌，风尘鸿洞昏王室。梨园子弟散如烟，女乐余姿映寒日。金粟堆前木已拱，瞿塘石城草萧瑟。玳瑁急管曲复终，乐极哀来月东出。老夫不知其所往，足茧荒山转愁疾。

这是杜甫诗歌中久享盛誉的作品。常任侠的《观公孙大娘弟子舞剑器行》散曲即是根据此诗而创作的。他借叙述公孙大娘及其弟子舞剑器来抒发对岁月流逝、世代变迁的感慨。此曲开始是对大唐盛世的追忆。作者采用曲牌唱腔的重复手法，将今昔作了很透彻的对比，只不过第一个对比，采用【颜子乐】曲牌先说今再忆昔；而第二个对比，则采用【千秋岁】曲牌，先忆昔又论今。曲中“侍女先朝垂尽，问梨园都已成尘”是借用了原诗“先帝侍女八千人”和“梨园弟子散如烟”，由此形成较大的反差。通过强烈的对比，把五十年来的巨大变化很自然地展现。其次是作品叙写了公孙大娘武、舞的神韵和由此而来的巨大声誉。最后作者还是表露出对当世兴亡之忧和对以后生活的无望之情。其中“五十年间”也是借用原诗之词，而它的重复使用起到了强化作用，是暗指“安史之乱”带来的长安沦陷和玄宗奔蜀，以及百姓家破人亡、流离失所的苦难。最后一段很巧妙地呼应了此曲的开始，从感怀到感叹。曲中借用了原诗“玳筵急管”和“足茧荒山”，强烈地对比了当世官宦的腐朽和百姓生活的凄苦，由此体现出对统治者的愤慨之情。此曲把剑舞的兴衰更迭，影射到对时代兴衰的叹惋，从诗作者的流离失所影射到“安史之乱”给人民带来的苦难。常任侠在创作中对原诗的多处借用贴切而自然，特别是尾声，更启人心智、升华主题。所以曲创作在某些方面来看，对原诗有所超越。

（5）南吕一枝花（中秋顽月）

这是一首北曲，作者是在抒发一个孤寂的人在中秋月下的凄凉心境，他用【南吕一枝花】描述了中秋之夜的凄凉秋色，如用“月影斜”和“秋痕泻”等作了渲染。眼前的落叶满地，院落凄清幽怨，只听得到蟋蟀鸣叫的情景。接着用【梁州第七】感叹世上有多少英雄好汉，表达了对那些残害忠良的邪恶势力的痛恨。特别是三个“问嫦娥”句，鼎足相对，接着的两句两字的回答非常有力量地发泄了作者对当世的不满情绪。在【尾声】中，作者的心境又回到了平静和现实，他不忍再回忆悲愤往事，不愿再加重沉痛的心情使自己彻夜不眠，并对有这样美好的月色，让自己得到暂时的放纵无拘而感到欣慰。对月狂饮，心情释然，皓月的陪伴造就出如此不寻常的夜晚，岂不是更需要感恩造物么！中秋之夜本应是中华民族合家欢乐的团圆之夜，作者用独自凄处院落来影射当世的状况，那时百姓的生活没有安定、没有温饱更谈不上合家团聚，最后一段表现了作者蔑视黑暗但只能深藏豪情的无奈，末两句也是作者乐观的精神力量的体现。

（6）一江风（读才人福传奇）

《才人福传奇》是清代乾隆年间的戏曲家沈起凤创作的戏曲作品之一，此剧共有32出，中国艺术研究院图书馆现存清乾隆末古香林刻本及其他抄本。故事叙述明代书生张幼于、唐寅、祝允明等奇才之人所演绎的千古韵事。张幼于悬招牌“为诗治病”，祝允明“专认奇碑”是故事中的重要情节。在第2出中有：“百病不医，专门诗病。哈哈哈。这真正开天辟地第一个新样招牌了”，与第25出中“祝允明才优学博、能辨碑文奇字”，均围绕他们超凡的才华而创作出曲折更迭的文人轶事，借此发泄文人心中的激愤。常任侠的老师吴梅先生对《才人福》大加赞赏，并为此写了曲评称：“其事虽臆造，而文心如剥蕉抽茧。愈转愈奇，总不出一平笔。传奇至此，极才人之事矣。”① 他认为这是一出为才人吐气的好剧，给予了创作者以高度的评价：“余所最喜者，《访讹》折中自誉诗，真是异想天开，令人百思不到。《宴谑》一折，亦令人绝倒。余尝谓蕡渔之才，既不可及，而用笔之妙，尤非藏园。倚歺所能。笠翁自负科白，为一代能手。平心论之，应让蕡渔。”②

【一江风】属南曲南吕宫，《一江风（读才人福传奇）》是常任侠读

① 《吴梅戏曲论文集》，中国戏剧出版社，1983年，第459页。
② 《吴梅戏曲论文集》，中国戏剧出版社，1983年，第460页。

《才人福》后所创。此曲共四个段落，描写作者通过《才人福》这则传奇故事，品味世间百态人生的感情。在第一段中，他描写了闲唱《才人福》并赞赏剧中两位著名文人的才华，对聪明、痴情、呆笨书生能获得美好的爱情表示羡慕。第二段中，他效仿剧中情节，写道："我也要挂招牌，专治歪诗，专认奇碑，好盼上兰香嫁。俺清狂不让他，痴呆不让他，月老你开恩罢。"这也是对剧中戏剧人生的嘲讽，从另一面也映射出当时文人的生活状态。第三句即描述了作者想要追求的超脱、豪放、狂傲的文人性格，如："任凭你魂儿系定他，神儿注定他，也对俺祝踱胡须怕"，突出了作者狂傲和执着的性格。最后作者描绘了当下的凄凉与孤独，决心摆脱一切的梦幻与陈旧制度的因袭，并想抛开不堪回首的往事，回到真实的自我，用自己的努力"为世间才人吐气"，继续孤独与高傲的生活。作者在曲中暗指对科考的鄙视，对富贵的鄙视，展现出自我摆脱现实社会束缚的强烈愿望。

四、对《祝梁怨杂剧》的几点看法

常任侠先生的《祝梁怨》，虽然仅是小 32 开本、页数很少的小书，但无论从何角度来看，都属珍贵的戏曲文献。在此谨谈一谈笔者对此书的看法。

从著作本身来说，此印本品相完好无损，在诸家目录中并未著录，且少有学者留意，中国艺术研究院保存的这部杂剧作品，为了解常任侠先生的艺术创作增加了更加丰富的参证。从戏曲创作的角度而言，这部作品以成熟而鲜明的创作风格，塑造了生动的戏剧形象，同时蕴含一定的艺术高度和思想内涵，对于戏曲、曲艺和历史的研究，都是十分珍贵的资料。

此著仅有"乙亥九月付印"，没有出版信息。经查《常任侠文集》第 6 卷《常任侠年谱简编》，获知此著系南京永祥印书馆出版。

卢前先生的叙文中曾介绍，此剧之前只有白朴的《祝英台死嫁梁山伯》一剧，且已遗失。但笔者在《〈中国戏曲史资料丛刊·中国古典戏曲总录之三〉——元代杂剧全目》中，同时看到顾随先生亦创作了杂剧《祝英台身化蝶》四折。除内容结构与常任侠先生所创略有不同外，正剧的大意和结局与《祝梁怨》基本相同。虽然两剧的创作风格各有不同，但都可以看作民国时期文人杂剧创作的代表。这种同题材的杂剧创作，丰富了历史上相沿既久的梁祝题材的戏曲创作成果。

从作者的自叙中，可以窥测到19世纪20至30年代的杂剧创作情况。在那个时代，人们的眼中往往把唱曲认为是“粗俗而不入流”之业，而恰恰那时，常任侠却向吴梅等先师学习了戏曲，而且自创了很多佳作，《祝梁怨》就是其中之一。他对戏曲的热爱和不凡的创作成就，无疑给当时这个为数不多的曲学创作团体增加了新的力量。但由于后来美学和文学成为常任侠的主要事业，所以人们对他的戏曲创作和曲学贡献没有深刻记忆。而今通过此作，我们能看到常任侠并不仅仅是创作了几出杂剧和散曲，而是跟随吴梅等曲学界领军人物，一起推动了戏曲艺术的向前发展。

综合以上两篇叙言，笔者将其中的共同点作出总结。第一，卢前先生和常任侠先生师从同门，都是吴梅先生之弟子，常任侠年长卢前一岁，他们年龄相仿，都爱好制曲，互成好友。卢前对作者的生活、学习以及出行情况了解得非常清楚，可见他们之间友谊不一般，帮他作叙的行为不仅反映出他们友谊的坚固，也映衬出在这个曲学团体中互助互励的精神。第二，他们都分别叙述了学习制曲的情况。卢叙中称：“于乎！北词不作久矣。前昔年游长洲吴先生之门，尝试谱数套，流行海内。己巳以还，多为散曲。既获交于鹤亭翁。翁夙工诗，兼及倚声。初未尝制曲，及见芜词，遂成疢斋杂剧。亦以一折记一事，匪元贤常格也。”而自叙中说：“尝从瞿师问南北联套排场之法。燕闲之日，尤喜读北剧，特心知其意，而未能工”，“匆匆数年，不理此业久矣。偶检箧中，旧稿犹在，即取呈瞿师。点校一过，付之手民”。仅仅从他们各自的两叙，可以看出：一、他们的所有创作，都要请老师点校后出版，反映出当时学界对老师的尊敬和崇拜，对创作的严谨态度。《常任侠文集》中就更显示出他们师生感情的深厚与他对吴梅先生的尊重、追随。《常任侠文集·我与戏剧艺术》一文中说：“老师吴梅也对我多加指授，有时在课堂上亲自押笛正腔，讲授曲律。我写过一些散曲套曲，还写了一折的《鼓盆歌》、《田横岛》，和四折的剧本《祝梁怨》，都由吴师亲自点校、然后发表。”① 这是符合他自叙情况的。《常任侠文集》记有多篇纪念恩师吴梅的文与诗，其中有《与吴瞿安师最后晤见记》、1949年《记吴梅师》、《吴瞿安师》、《夜梦吴瞿安师》等诗篇，诗文中充满了对恩师病逝的惋惜和深深的怀念，可见他们师生的情谊是如师、如父、如友。二、由于国家局势的动荡和不稳定，他们二人所酷爱的曲学事业都不曾继续从事，至少不能作

① 常任侠：《常任侠文集》第6卷，安徽教育出版社，2002年，第196页。

为终身之业，这也充分体现了曲学创作的式微和制曲、唱曲的边缘地位。

在《祝梁怨》中作者延续了传统杂剧的创作套路，并在新的历史时期为传统题材赋予了时代内涵。作者继承了传统的元杂剧的风格，例如四折一套、旦本等传统杂剧的特点，但在剧情上有所改变。比如，他在第一折中就交代了英台被师娘揭穿的故事情节。再如他在第三折中，对情节结构与地方戏《楼台会》的处理也有很大的区别，“僮子。你且垂下帘子。俺好攀话者”，隔帘对话沿用男女授受不亲的传统，映衬出了封建礼教对妇女的约束，更加凸显中国妇女的腼腆、含蓄，也更加贴近传统生活。当然我们不能回避杂剧的演唱形式对于刻画人物方面具有很大的局限性，特别是一人主唱的表演形式，对于更加细腻地描摹男女主人公，还是有所限制的。所以在此剧中，对梁山伯的人物刻画就略显逊色。此外，“化蝶”没有突出的表现，回避了现实生活中不能实现的传奇色彩，只用【煞】的一段“俺则愿为情蛹。同化蝶……”唱出了祝英台的美好愿望和对未来生活的憧憬，以增加剧作的悲剧色彩。

由于作者常任侠是个艺术杂家，精通诗文、美术、服装、歌曲等等，所以在创作中留下了柔美的诗韵和秀丽的景色。曲中多次使用比喻和暗示手法，如在第二折“谁承望举鞭儿同走荒山道，你看谷口新秋到”，即暗示出他们命运寒冬的即将来临。从而显示其语言驾驭能力的不凡。常任侠先生在杂剧之余，又附南北曲散套，通过这六部散套，再次展现了他在曲学方面的才能。

常任侠在这些作品中表现的几乎都是哀愁的情绪，这似乎是借助历史故事隐喻他对时政之担忧。作者所处的年代正是大革命失败后，全国各地的革命群众为了反抗白色恐怖和残酷的屠杀政策，先后发动了一百多次武装起义，但大部分因敌人的残酷镇压或准备不足而失败。那些追求真理的革命群众，即使遭遇挫折和失败，也没有停止过与白色恐怖的斗争。那时的常任侠也和他们一样投身到了革命队伍中，与我们所熟知的革命先驱田汉、张曙等一起从事爱国事业。所以，他在创作中多用比较哀婉的故事和曲调，这正切合创作时的历史背景和他自己的忧患心情。

笔者从常任侠先生这部著作里，不仅看到了别样的杂剧《祝梁怨》，知晓了另一个独特版本的梁祝故事，而且也了解了二三十年代杂剧艺术的窘境和状况。若不是日本友人田边尚雄父子赠送我院的一批图书和唱片，我们难与这部著作谋面。田边尚雄是常任侠在日本学习期间非常尊敬与崇拜的教授之一，在《常任侠文集》中记载有：“1936 年 10 月 6 日与田边尚雄先生论音乐的诗篇：田边教授擅音律，博采旁搜遍亚洲。今夜初闻西域曲，令人常忆古凉州”。这是作者聆听田边先生在日本东京帝国大学传授我国音乐、戏曲文化之后所作。但这部戏曲作品是否为常任侠亲送还有待考证。在此要特别感谢这位日本友人，他不仅为我院图书馆的馆藏和发展作出了贡献，也给中日人民的友谊作出了贡献。通过这些珍贵的文献，戏曲、音乐史上的许多细节也得到了更多的充实。

附：常任侠先生创作的《祝梁怨杂剧》并南北曲散套[①]

【叙】

祝英台死嫁梁山伯杂剧，相传为白太素朴作，顾其书早佚。《太和正音谱》评太素词：“如鹏搏九霄。又云。风骨磊块。词源滂沛”。其推许如此，读《梧桐雨》、《墙头马上》者，诵如珠之俊语，于祝英台剧文章之美。可想而得矧祝梁故事，家喻户晓。此剧之亡，亦俗乐之失也。吾友颍上常子任侠，文采秀出、习精爨弄、讲肄多暇补成四折。京口道中。与前同载，始道其事。明年，归自江户，以稿抵前，且属序。于乎！北词不作久矣。前昔年游长洲吴先生之门，尝试谱数套，流行海内。己巳以还，多为散曲。既获交于鹤亭翁。翁夙工诗，兼及倚声。初未尝制曲，及见芜词，遂成疚斋杂剧。亦以一折记一事，匪元贤常格也。今得任侠此剧，乃不觉心喜。惜辞笔久荒，翁又远羁岭南。无笙磬之音，互相答和，为可恨耳。虽然，太素之作，

① 以下所引内容均见常任侠《祝梁怨杂剧》，南京永祥印书馆，1935 年。

已不得见，得此故足以补其阙憾，抑亦盛事已。世有读任侠之词而兴起者乎，使北词终有日而复也，《祝梁怨》其嚆矢焉。民国二十四年乙亥秋日。同学弟卢前序于真如村居。

【自叙】

本曲以本色擅场。元人使用俗字俚语，雄肆无拘、魄力至大，后世遂少嗣响。明徐渭谱《四声猿》、《歌代啸》剧，号称壮阔，然动辄失律，未足为范。至于晚清，其法益式微矣。当世治剧曲者，惟长洲吴瞿安师，独振绝学、集其大成。昔年就学南雍，尝从瞿师问南北联套排场之法。燕闲之日，尤喜读北剧，特心知其意，而未能工。尝试制《鼓盆歌》、《田横岛》、《劫馀灰》等四、五剧，大学曾为刊印，自视以为芜陋，今已弃去。辛未之夏，京中大水，寓居成贤学舍。楼下行潦及膝，日凭栏观鱼，郁郁不出户。因取故事四则，拟谱杂剧四，以自排遣。一二日写就一折，甫成《祝梁怨》一剧，即赴匡庐，未能毕事。匆匆数年，不理此业久矣。偶检箧中，旧稿犹在，即取呈瞿师。点校一过，付之手民。敢云问世，聊资纪念而已。嗟乎！揽镜自窥，忽已状岁。回首前尘，有如幻觉。即此戾家生活，亦无暇更为之矣。二十二年十一月颍上常任侠识。

第一折

（祝英台巾服男装上，云）居然巾栉一男儿，咏絮清才只自知。却笑满堂酸软辈，几人辨我是雄雌。奴家祝英台是也。双亲无子，自幼命奴男装，以慰膝下，长成一十六岁。双亲命同梁家哥哥，前来高山学道，时光容易，却早又三年了也。

【双调·新水令】同来学道念文章，把一领儒衣冠早换却娇羞形状。执经同就座，问字许升堂。仪表清扬，也像个俊人样。

（英台云｛原著缺，此处增补｝）俺本是个女孩儿家，乔装个男子，同门师友，多不知晓。便是日常不离的梁哥，也被俺瞒过了也。

【沉醉东风】他傻书生端居礼让，俺更不须格外周防。笑你忒聪明，也是糊涂帐，数年来共榻同窗。只把子曰诗云细品量，可算是思无邪真空色相。

（英台云｛原著缺，此处增补｝）可喜这几年不曾露出马脚来。俺同梁哥，真如手足一般的相敬相爱。早晚多亏着他扶助来。俺的同学每轮流着替师娘担水吃，轮到俺来，可怜俺一个弱女子，那里经得起这重担子。到是梁哥他见俺吁喘喘的提不起桶来，赶忙的替了俺也。

【乔牌儿】忽剌剌乍冲开萍底浪，急煎煎担不起双肩膀。扑通通的小鹿心头撞，谢知交殷勤提满缸。

（英台云｛原著缺，此处增补｝）到是师母看出俺的玄虚来，他将俺用酒哄醉，脱下外面的衣履，把本来的面目一齐露出，真正羞杀人也么哥。

【雁儿落】他觑着俺朦胧醉倚床，偷把人解去罗衣望。却道是婷婷倩女魂，怎学出楚楚斯文相。

【得胜令】呀、一剪剪鬓云香，一弯弯秀黛扬。一对对莲钩小，一簇簇玉筍长。娇也么娘，是谁家的冤孽障；乔也么装，被清查出人共脏。

（英台云｛原著缺，此处增补｝）俺醒来好不羞人也。这里再也不能住下去，等待梁哥来，俺誓必请他同伴回去者。

【梅花酒】梁哥也你是个忠厚郎，性格温良，品德端方，气度轩昂。学富缥緗，妙善词章，誉满胶庠，独立高冈，比凤朝阳，假使你早赋求凰，俺则愿鸿案相庄。青山常伴读，红袖细添香，奇书列两厢，卷卷自丹黄，新诗满锦囊，佳画列千箱，绝业百年藏，白头莫相忘。莫相忘，细思量。细思量，倚匡床。倚匡床，月如霜。月如霜，思还乡。思还乡，自回肠。自回肠，意纷忙。意纷忙，步空廊。步空廊，露微凉。露微凉，湿罗裳。湿罗裳，对寒簧。对寒簧，影彷徨。影彷徨，倚幽篁。倚幽篁，见萤光。见萤光，听啼螀。听啼螀，泪盈眶。泪盈眶，入空房。

【收江南】呀、入空房早则是漏声长，梁哥也他深宵还自在前厢，无明无夜诵琅琅。听深宵吠乱尨，深宵吠乱尨。知他剪灯花犹兀自校丹黄。

（英台云｛原著缺，此处增补｝）外面脚步声音，想是梁哥来也，俺且一看者。

【煞】早向他装下迷离状，这蜜意也只好向心头埋葬。俺去也要同向老师娘，扑朔迷离圆个谎。

（下）

第二折

（梁山伯、祝英台巾服同上。英台云）小径羊肠信步寻，与君把臂入深林。

（山伯云）此行不为溪山好，且唱新歌寄此心。早离别了师父师母同学每，下了山也。看这一派风景，畅好是十分动人哩。

【正宫端正好】（英台唱）曲折折数峰青，苦凄凄哀猿叫，忽喇喇半空中风递松涛。谁承望举鞭儿同走荒山道，你看谷口新秋到。

（山伯云）我每二人同在高山学道，你为何必须回去者。（英台云）心念俺的高堂也。

【滚绣球】他老年人是风烛残，俺少年人作风絮飘，伤身世登楼独眺，念慈亲啮指多劳。看败叶下梧桐，又冷雨打芭蕉，动乡愁予怀渺渺，感离情归梦迢迢。虽则是青灯有味依书卷，可奈他白发无依感纬萧，真个是客子心焦。

(英台背语云) 俺虽是思念老亲，却另有一腔心事。他哪里知道哩。我看梁哥为人，诚恳老成。俺狠愿以终身相托，在途中且透与他一些消息者。

【倘秀才】作弄的颠颠倒倒，认不出俺婷婷袅袅，翻惹得师母疑猜作戏嘲。俺待把心肺语，话根苗，说什么便好。

(英台云) 梁哥我每走了不少路程也。(山伯云) 是也。

【滚绣球】肩囊过陇冈，前途问牧樵，一家家槿离围绕，一弯弯野水通桥。开遍了紫牵牛，结满了绿葡萄，古朴的是舍前村老，天真的是溪上垂髫。则见他鸡鸣户外炊烟起，犬吠林中树影交，且听讴谣。

(英台云｛原著缺，此处增补｝) 梁哥，行得来好辛苦也。村子里人都唱歌，俺也唱一支山歌解一解疲倦者。(唱云) 走一庄来又一庄，庄庄小狗吠汪汪。不咬前头好男子，单咬后面女娥皇。(山伯云) 贤弟，你男儿家怎去学女子每的口吻也。(英台背语云) 他自不省得也。

【倘秀才】他识不透个中机窍，俺苦心肠枉然费了。他秀才每也许是自装乔。他像鼓儿里坐，俺好似隔靴儿搔。懊恼!

(英台云｛原著缺，此处增补｝) 梁哥，你看到了河边也。你且背转身去，待俺脱去鞋袜，好涉水过去者。(山伯背身科。英台脱履科，自语云) 呀! 你看他真的背过身去。这人好志诚也。

【滚绣球】看得来像糊涂，一些儿不蹊跷，认不出凌波步小，几曾知解珮江皋。缓缓的涉浅波，稳稳的无浪潮。一群群鹅儿影照，一对对燕子斜飘。俺则见晚风菰叶生秋怨，隔水芙蓉去路遥，自照窈窕。

(英台云｛原著缺，此处增补｝) 梁哥，这渡得河来，俺再唱一支山歌你听者。(唱云) 眼前一道河，河中一阵鹅。前头公鹅打出浪，后头母鹅紧跟着。你我二人好一比，好比母鹅随公鹅。梁哥，你道是好也波。

(山伯云) 这风景却是好也。(台英故出绣鞋科。山伯云) 你读书人不该藏着妇人家的私物哩。(英台云) 又是俺的错也。

【倘秀才】他吃下了迷魂药料，糊住了聪明孔窍，将儿女痴情一例抛。也应是缘分浅，系难牢，罢了。

(英台云) 走得太困乏了，且稍休息者。(山伯云) 是也。(英台背语云) 俺再唱一支山歌试试看，看能打动他的心也未。(向梁云) 你看一路庄家甚好。我再唱一支山歌者。(唱云) 走一洼来又一洼，洼洼里头好庄家。高的是秫秫，低的是棉花，不高不低是芝麻。芝麻科里种小豆，小豆科里种打瓜。有心摘给梁哥吃，俺梁哥也，恐怕你吃得滋味连根拔。(山伯云) 庄家是好哩。贤弟，且再走一程者。(英台背语云) 他又不省得也。

【滚绣球】俺近乡关，仔细瞧，这野塘中莲房半老，茅檐外酒望还招。问村翁，岁丰饶，是来时长亭古道，似旧日弱柳长条。梁哥也你看那葵花向日痴心切，红豆垂枝费泪抛，你竟不睬分毫。

（英台云｛原著缺，此处增补｝）梁哥也，俺行来口渴哩，且在井边饮一些泉水者。（英台再唱山歌云）走一井来又一井，井井里头柏木桶。三尺麻绳垂下去，俺的梁哥也，千提万提也提不醒。（山伯云）贤弟，你只是唱歌，你看家园正已不远了。（英台云）是近了哩。

【倘秀才】俺这形装故园重到，怕不被邻翁笑倒，浑似他雌兔迷离走一遭。梁哥也俺管鲍谊，比同胞，离别恨早。

（山伯云）贤弟，这三岔路口，那一边往你家，这一边是我家，只好就此拜别。（英台云）俺好凄凉也。（山伯云）莫云前路无知己。（英台云）别后思君恐断肠。（山伯云）俺也难舍贤弟，早晚必来探望者。（下。英台含泪云）你看他径自去了也。

【二煞】霎时间分散了同林鸟，空羡作鸳鸯并一巢。认西北高楼，烟锁秋峦，东南孔雀，泪湿征袍。且听他鹧鸪声断，杜宇魂消，破东西飞燕伯劳。怨遥天鹅去，空教俺弄玉自吹箫。

【一煞】他书生生就个冬烘脑，算啼笑皆非自解嘲。俺一片痴心，一抹清愁，一双泪眼，一段情苗。看云封巫峡，水淹蓝桥，珠落海鲛。叹华年绮梦，自减了小裙腰。

【尾】这空山人影稀，只抱树的哀蝉叫。可怜俺女孩儿翻自谱求凰调。任你弹断了心弦也只得自家晓。

第三折

（祝英台上云）日暮空歌懊恼词，不堪瘦损细腰枝。斜风细雨重门闭，正是回肠欲断时。俺自从还家，又回复了女儿的本相，并由高堂作主将俺许配马家。这事由于父母之命，媒妁之言，俺虽满心不愿，但却难于出口。马郎虽富，其浊在骨。梁哥虽贫，其清在神。我爱梁哥，梁哥爱我，只是未曾说明就里，却教误了姻缘。回想高山学道、朝夕同窗，惓惓深情，永在肺腑，令人好生苦闷也。

【南吕一枝花】楼高欲断魂，酒薄难消闷。萧疏怜远树，惆怅望秋云。炉火香温，心字烧成烬，闲愁未许陈。拈红豆清泪还多，对明镜瘦腰渐损。

【梁周第七】没心绪调朱施粉，甚情怀理线牵针。俺瑶窗独坐闲装盹，想起了听泉竹畔，把卷松根。推敲写韵，晓夜论文。俺则愿隐青山相聚无分，谁则料怅秋河相见无因。梦儿到山涯水滨，眼儿望鸿书雁信，神儿黯月夕风晨。

泪痕，满巾。有时自检宫砂印，未许娇红褪。月姥啊你莫把朱丝错系人，梁哥也愿为你守定坚贞。

（英台云｛原著缺，此处增补｝）俺且去小眠一会者（下。梁山伯上云）俺自与祝家贤弟，负笈同归，一日不见，如隔三秋。回想同窗伴读，朝夕论文，煞是思念，今日特来探他一遭者。来此已是祝弟门首，不免径入。（僮上去，云｛原著缺，此处增补｝）官人，你待会谁来。（梁云）会你家府上的相公也。（僮云）俺只有一位姑娘，并无相公哩。（梁云）奇也，奇也，你且通报者。（独自徘徊惊异科。祝英台上云）开我东阁门，坐我西间床。当窗理云鬓，对镜贴花黄。出门看伙伴，梁哥也你应认不得俺旧时装。僮子，你且垂下帘子，俺好攀话者。（见梁科）梁哥，你来的迟了也。（梁云）祝弟如何是一女子？俺日在梦里，如今方觉。愿结丝罗，求为伴侣。（祝云）堂上已将奴许配马家，你我今生休矣。

【牧羊关】难挽回今生愿，且种下再世因。谁甘承错结朱陈。早拼个草草良时，绵绵此恨。俺无方全友爱，未许负亲恩。只泪湿香罗袖，愁煎白练裙。

（祝云｛原著缺，此处增补｝）梁哥梁哥，奈何奈何。（梁泣云）俺深爱贤弟，有如骨肉。同学数年，心心相印，彼此情怀，可以共晓。若婚姻不成，俺也只有一死。（祝泣云）梁哥若有不测，奴亦必定以死相从。俺早知你情痴也。

【四块玉】郎意真，从郎殉，荒草离离共一坟，磷磷短碣铭幽愤。寂寞春，窈窕魂，眠睡稳。

（梁起云）祝弟祝弟，就此惨别。（祝云）梁哥你且住者，你死必葬西山之下，大道之旁。不久马家前来亲迎，奴彩舆经过其地，当相从于地下。

【骂玉郎】俺黄泉相见还合卺，同度夜台春，残山剩水埋长恨。下有陈死人。相伴影倍亲。永世情无尽。

（梁云）生人作死别，此恨那可论。俺去也（掩泣下。祝云）这情况使人肝肠寸断也。

【玄鹤鸣】天啊、你缘何摆就迷魂阵，难离苦恼门。道钟情惟我辈，这惨痛向谁云。任阑杆拍遍，坐到黄昏。望疏林晚来风紧。地回楼高合断魂。听遥天鹤唳，没入江云。

【乌夜啼】思量往事萦方寸，不思量仍自伤神，素面溶溶界泪痕，想一盏论文，一榻同温。那闲情似梦何堪认，闲情似梦何堪认。想也曾深宵伴读和衣盹。那些时，形忘尽，是聪明一世，耽误终身。

【尾】到而今应交入离鸾运，强学他并命鸳鸯死不分。把血泪班班化作点点燐，叹相逢未真，拚相依共殡，任地老天荒，这一点儿痴情也终不损。

（下）

第四折

（祝英台乘舆随鼓乐上云）天上人间怨别离，双飞双宿更无期。招魂剪纸西风里，惟问梁郎知未知。闻道梁哥果死，葬于西山之下。似此痴情，义当守信。俺拜辞高堂，上得车来，五内神伤，肝肠寸断。鼓乐每你不要吹奏，俺心儿里好难受哩。正是死别已吞声，生别常恻恻。高堂养育之恩，俺也顾不得了。这一路上霜风败叶，倍显得凄凉也。

【商调集贤宾】看寒林索索的飞黄叶，白日又西斜。行得来曲径纡折，甚秋山隐隐叠叠。傲孤標野菊新花，下西风败翅残蝶。俺触景伤怀惨欲绝。望迢迢去路还赊，泪淋淋盈翠袖，软设设倚香车。

（英台云）舆夫，前面是何处也？（舆夫云）这里是古树村了。

【逍遥乐】认竹篱茅舍，旧时黄犬，还吠门橛。记与郎惨别，那些时绿荫浓遮，闲唱山歌成数叠，听一派哀蝉哽咽。至如今心情撩乱，风景凄凉，世事咋嗻。

【挂金索】本来是花发连枝，忽的被风吹折；本来是月满如轮，忽的被云吞灭；俺也曾心似金钿，怎冲不破人天劫；只如今泣向穹苍，泪比清泉洁。

（英台云）前面是不是西山也。（舆夫云）一些时间即到哩。

【金菊香】看凄凉古道音尘绝，向何处新坟认短碣，西风里树下招魂牒。让泪尽声歇，石烂海波竭。

【醋葫芦】纵不能生同寝，也则愿死同穴。秋坟同唱月昏斜，把苦趣痴情还细说。胜人间良夜，更筹坐尽自装呆。

（英台云）这里是不是西山也。（舆夫云）是也。（英台云）你且把车子停下者，俺好到梁哥的坟前，祭他一番，也不负同学数年之谊。（至坟前科）呀！你看一抔黄土，三尺孤坟。梁哥梁哥，埋骨此中，好不凄凉啊。

【么】任你是大英雄。任你是大豪杰。让心肝呕尽成夭折。也补不上情天终古缺。待寒宵荒野。漆灯儿同照上香车。

【梧叶儿】俺梁哥啊，你精爽还如在，且等俺魂兮归去些。真不信泉路果然绝。云奄奄灵将下，影憧憧其是耶，神恍恍抑非耶。愿一阵风儿来迎我者。

（祝云｛原著缺，此处增补｝）梁哥梁哥，魂兮有灵，墓其速开，侬当相从于地下。

【浪里来煞】俺则愿为情蛹，同化蝶，对西风同唱个解脱偈。在夜台同绾个相思结。无明无夜，将万缕痴情抛赠与大千也。

（墓门忽开英台急入科，下。众舆夫及挽不见科，众云）罢了罢了。一场好事，翻变成一幕悲剧也。且回去报知者。（尽下）

题目　同学三年管鲍交

正名　痴情千古祝梁怨

《附南北散套》

天台曲

【双调·新水令】记曾此地饭胡麻，任仙源溪山如画。白云迷旧燕，红树入归鸦。四顾嗟呀，痴立在夕阳下。

【沉醉东风】忆相逢羞眉掩帕，照清影流水桃花。笑语温，风神雅，曳罗裾石径三叉。曲折深林趁晚霞，过幽居春风绣闼。

【乔牌儿】十年丹灶下，熬尽相加寡。素娥青女双双嫁，梦魂儿在你家。

【雁儿落】浓情难更加，胜日同游耍。愁听杜宇啼，甘受鹦哥骂。

【得胜令】俺不合苦思家，弹别意上琵琶。抚谷口相思树，采岩前踯躅花。离他，劝告个凄凉假；哄咱，待归来万事差。

【梅花酒】谁曾料嗑呀，故里重踏，细认桑麻，甫道根芽，妇孺喧哗。俺彷徨如梦觉，匆急更回槎。负深情一念差，一念差悔愤加，悔愤加泪麻沙，泪麻沙意纷杂，意纷杂走天涯，走天涯忘疲乏，忘疲乏入荒遐，入荒遐闻哀笳，闻哀笳散啼鸦。

【收江南】呀、散啼鸦问不出旧根芽，访仙居无路更难达，空对着斜阳两眼望巴巴。又远山敛晚霞，又远山敛晚霞，映千株松影势腾拿。

【尾】旧欢重忆真无价，搔短发伤情无那，那里向俊神仙把红尘销假。

元夜曲【演欧阳修生查子词意】

【双调·新水令】轻寒薄煖换春裳，控金钩绣帘低敞。思往事，惜流光。清夜初长，谁解万愁况。

【驻马听】小小轩窗，竹影摇摇风弄响。垂垂罗帐，花阴隐隐月窥窗。遥听箫鼓正悠扬，含情独自凭栏望。今夜爽，正花灯幻出鱼龙样。

【沉醉东风】忆去年元宵欢畅，对千街灯火辉煌。柳梢头，月儿上，折鸾笺人约黄昏。半臂初添夜色凉，剔牙儿支颐暗想。

【折桂令】道风流宋玉东墙，倚马才情，绣虎文章。誉满胶庠，名高厨顾，价重璆琅。相伴良宵共赏，更兼胜地排当。压笛倾觞，自按红牙，缓度新腔。

【收江南】从来好梦易收场，只今顾影暗悲凉，月儿依旧照南厢。听急管幽簧，又鱼龙漫衍正酣狂。

【沾（沽）美酒】俺黄昏独上楼，寂寞自添香，泪湿春衫结作霜。叹欢情未忘，忆往事怕临妆。

【太平令】束裾带腰围渐广，对菱花黛痕换样，问消瘦谁怜薇恙，但病酒悲秋难状。看旧裳满箱，漫忖量暗伤，怕夜凉整妆。待处方自尝，奈面庞半黄，忆粉郎断肠。忽月光照廊，又上窗过墙。听乱庞鼓梆，料夜长未央。这桩那桩，这厢那厢，一双眼张，倚床梦荒，纵有好元宵，还消不得那时惆怅。

【鸳鸯煞】俺从今不画宫眉样，拼得个一春常是耽清恙。唱道人老春灯，花发春香，红豆垂垂，东风惘惘，療愁自写新词唱，却怎个人到新年还做那去年想。

重九登高

【南商调·梧桐树｛存疑｝】秋江带暮潮，远岫容残照。风急城高，愁听孤鸿叫。遥砧隔野烟，曲岸舒长啸，独立苍茫，又是重阳到。俺狂歌披发谁曾晓。

【（北）骂玉郎】眼前世事真堪笑，笑贪顽辈已盈朝，沐猴冠高唱升平调。讲正谊把唇舌摇，说公理把几案敲，到头来只爱钱和钞。

【南东甄令】拥佳丽，醉芳醪，珠箔银屏金步摇，香车油壁驰长道。灯焰暖，春歌俏，玉人相伴画眉娇，那管他四野哭声高。

【北感皇恩】呀，谁曾念战骨荒郊，百姓嗷嗷。无家别，新昏别，葬蓬蒿。你看败荷衰柳，破屋危桥。满村虚，人绝种，地无毛。

【南浣溪沙】新鬼号，新官笑，尽繁华城市逍遥。这壁厢六街灯火花如锦，那壁厢千里烽烟草尽焦。请画幅流民稿，送与他安乐宫舞筵前，一桩桩权贵亲瞧。

【北采茶歌】说不尽话牢骚，铲不断恨根苗，奶腥乳臭尽雄豪。俺只道伟烈丰功管乐曹，却原来焦头上客佩金貂。

【南尾声】俺摘黄花，不插帽，也不是苦思亲茱萸人少，端则为遍野哀鸿止不住双泪抛。

杜工部观公孙大娘弟子舞剑器行

【颜子乐】【泣颜回首至四】垂老苦吟身，感沧桑坠欢重论。俺杜陵野叟，空追念太平金粉。【刷子序五至合】声吞。侍女先朝垂尽，问梨园都已成尘。

【普天乐八至末】说不尽开天遗恨，【合】难重见华年往事，妙艺如神。

【前腔】在昔有佳人，舞浑脱名闻州郡。四方来观，道仿佛飞琼临阵。其名曰公孙。一舞春霆为震，闪罗襦摇荡乾坤。敛翠袖江潮初稳，【合】细思量华年往事，妙艺如神。

【千秋岁】尚记得粉痕新，浏漓动心魂，翩若游龙鹰准。看散乱天花，散乱天花，香馥馥早遮却蛾眉蝉鬓。其弟子还聪敏，传绝技成逸品。幸再见钧天韵，俺则待曲终话旧，无限辛酸。

【前腔】问前因，抚事泪沾巾，彩袖朱唇杳冥。这五十年间，五十年间，早惹得莽河山风尘混沌。看汝貌朱颜损，余华发增穷困。感慨可能忍，更莫念西河剑器，且重举广座金樽。

【尾声】这玳筵急管难消闷。俺金粟堆南望暮云，可怜我足茧荒山何处奔。

南吕一枝花【中秋顽月】

【一枝花】空庭月影斜，满地秋痕泻。溶溶垂玉露，皎皎耀银蛇。清怨些些，又是中秋节，闲愁一万叠。看兔魄玉宇空明，听蛩吟花阴警切。

【梁州第七】淅飒飒风儿不歇，孤另另影子清绝，梧桐金井飘残叶。想青天碧海，多少离别。今来古往，多少豪杰。闹嘈嘈儿辈奸邪，乱纷纷世事咋嗻。问嫦娥银汉谁通，问嫦娥玉阙谁借，问嫦娥丹桂谁折。幻耶，梦也。闷葫芦未许从头说，便月亦圆还缺。千秋事谁叩荒台榭，往事堪嗟。

【尾声】闲情悟透还成拙，永夜迟眠更着呆。银海澄澄光更澈，俺与赊，脱靴，敬谢冰轮照床也。

一江风【读才人福传奇】

【一江风】按红牙，低唱帘儿下，这丽句真无价。看才人，绝世聪明，绝世痴呆，艳绪传佳话。心中羡慕他，口中忌妒他，忍不住摊着书儿骂。

【前腔】俺空折梦中花，到手来原都假，谁赏识穷酸大。我也要挂招牌，专治歪诗，专认奇碑，好盼上兰香嫁。俺清狂不让他，痴呆不让他，月老你开恩罢。

【前腔】弄琵琶，浪说风情话，终不信婆能化。费工夫，自谱新词，自度新腔，便足消长夏。任凭你魂儿系定他，神儿注定他，也对俺祝踱胡须怕。

【前腔】算年华，往事真无那，空打鸳鸯卦。冷清清，别院哀筝，隔座空樽，又早是暮雨潇潇下。从今莫念他，从今莫恨他，还守我鳏鱼寡。

有关聂耳的著作、文章篇目索引

1. 凡已收于《聂耳全集》（增订版）的文章，本索引一律从略。

2. 有索引收录1999年之前所有中文版有关聂耳的著作、文集和文章。

3. 本索引以专著、文集、纪念文章作为排列顺序。其中每项又以出版时间顺序排序。

纪念著作			
	书　名	作者	出版者及出版时间
一	聂耳画传	吉联抗	音乐出版社，1958年7月
二	少年时代的聂耳	聂叙伦	新蕾出版社，1981年12月
三	聂耳（图片集）	音乐研究所	人民音乐出版社，1982年1月
四	聂耳传略	史君良	香港上海书局有限公司，1982年7月
五	聂耳的创造	李业道	人民音乐出版社，1984年3月
六	聂耳全集	编辑委员会	文化艺术出版社、人民音乐出版社，1985年
七	聂耳纪念明信片	向延生	人民音乐出版社，1986年1月
八	聂耳评传	汪毓和	人民音乐出版社，1987年9月
九	聂耳与国歌	崎松、伊人	云南民族出版社，1990年9月
十	聂耳传	王懿之	上海音乐出版社，1992年5月
十一	从滇池飞出的旋律	谷　应	（台北）天卫文化图书有限公司，1993年
十二	聂耳	谭话浸	中国国际广播出版社，1996年
十三	聂耳：国歌作曲者	王之平	上海教育出版社，1999年5月
十四	聂耳与玉溪	崎　松	北京民族出版社，1999年7月
十五	从云南大山走出来的音乐大师——聂耳	存文学、冯德胜	云南人民出版社，1999年9月
十六	聂耳：匆匆却又永恒	刘　琼	大象出版社，2002年9月
十七	聂耳音乐作品	汪毓和	湖南文艺出版社，2003年2月
十八	聂耳——闪光的生涯	（日）齐藤孝治著；庄丽译	上海音乐出版社，2003年2月

续表

	书　名	作者	出版者及出版时间
十九	国魂聂耳	崎　松	远方出版社，2003 年 4 月
二十	聂耳日记	李辉 编	大象出版社，2004 年 4 月
二十一	人民音乐家聂耳（画册）	云南聂耳音乐基金会	云南美术出版社，2005 年 6 月
二十二	聂耳之路——聂耳生平及音乐创作历程	崎　松	云南民族出版社，2006 年 12 月

纪念文集

	书　名	作者	创作时间、地点	出版者及出版时间
一、	**聂耳纪念集**	**天虚、黄风编**		**日本东京崛川印刷所 1935 年 12 月 31 日**
1	聂耳传纪	承　箕	1935 年 9 月，于东京	
2	聂耳论	天　虚	1935 年 7 月，于保田	
3	革命歌人	皮　雨		
4	纪念聂耳的意义	林　蒂	1935 年 10 月 28 日	
5	关于聂耳	维　华		
6	记聂君	伊　文	1935 年 10 月 30 日，于东京	
7	致亡友	新　波	1935 年 7 月 23 日	
8	并非照例	柳　岸	1935 年 10 月 29 日，于东京	
9	致死者	陈学书	1935 年 7 月 29 日，于房州	
10	纪念聂耳	洪　干	1935 年秋，东京	
11	毛毛雨、渔光曲、大路、开路先锋	阿　非	1935 年，于东京	
12	致亡者	洪为济		
13	忆聂耳	侯　枫	1935 年中秋节后，于东京	

续表

	书　名	作者	创作时间、地点	出版者及出版时间
14	吊聂耳先生	杨仁寿		
15	孩子聂耳	何　亏		
16	海约暴君！——为纪念聂耳写（诗）	黄　风		
17	凭吊（诗）	溅　波		
18	眺海凭吊聂耳	魏　晋		
19	吊聂耳（诗）	焚　蒂		
20	怀聂耳（诗）	林　林		
21	纪念聂耳（诗）	阮　夫		
22	忆聂耳（诗）	紫　秋		
23	悼大众的诗人聂耳（诗）	丁　克		
24	无言的挽歌（诗）	亚　生		
25	悼聂耳（诗）	骆驼生		
26	悼聂耳（诗）	流　冰		
27	纪念聂耳（诗）	秋田雨雀		
28	悼聂耳君（诗）	张斟滋		
二、	**聂耳逝世一周年纪念特刊：聂耳周年祭**			**上海《立报》1936年7月19日**
三、	**聂耳逝世二周年纪念特刊**	**上海《立报》**		**1937年7月17日**
1	革命歌人聂耳	易文		
2	战斗的歌声	钢鸣		
3	把我们的生活严肃起来	麦新		
4	纪念的意义	孙慎		
四、	**聂耳纪念集**	**东北鲁迅文艺学院图书馆资料室编**		**1950年7月17日（内部资料）**
1	聂耳生平的回忆	彤　声		《新华日报》1949年7月17日
2	纪念新音乐的开路先锋——聂耳同志	瞿　维		《人民日报》1949年7月17日

续表

	书　名	作者	创作时间、地点	出版者及出版时间
3	聂耳遗作给我们的启示	联抗		《大公报》1949年7月17日
五、	**聂耳星海纪念文选**	**上海纪念音乐会筹备委员会编印**		**1955年11月（内部资料）**
1	纪念聂耳、学习聂耳	李康生	1995年	《重庆日报》1955年7月17日
2	学习聂耳的光辉榜样	周小燕	1995年	《新民报》1955年7月31日
3	聂耳作品的影响、特点和现实意义	吉联抗		《解放日报》1955年7月31日
4	向聂耳学习，发扬音乐艺术中社会主义现实主义的光荣传统	夏　白	1995年	《解放日报》1955年8月4日
5	沿着聂耳、星海的道路前进	丁善德	1995年	《人民音乐》1955年10月号
6	沿着人民音乐家聂耳、冼星海的道路前进	程　云	1995年	《长江日报》1955年10月
六、	**纪念人民音乐家聂耳逝世二十周年专集**	**湖北省文联、武汉市文联编**		**1955年（内部发行）**
1	从《新女性》一歌所学习到的	孟文涛		
2	我对《梅娘曲》的一点体会	魏开泰	1995年	
3	聂耳的歌声永远活在人民的心里	胡　曼	1995年	
4	我是唱着《义勇军进行曲》长大的	陈堂明	1995年	
七、	**聂耳专辑**	**中国音乐家协会、中国音乐研究**		**1959年5月（内部资料）**
1	纪念聂耳先生	秋山	1938年7月	
2	他活在大众心中	秋帆	1938年7月	
3	聂耳歌曲的划时代意义	季生	1938年	

续表

	书名	作者	创作时间、地点	出版者及出版时间
八、	聂耳——从剧本到影片			中国电影出版社编辑出版 1963 年 11 月
1	聂耳（电影文学剧本）	于伶、孟波、郑君里	1959 年 9 月，于上海	
2	聂耳（分镜头剧本）	郑君里		
3	从创作《聂耳》剧本得到的启发	于　伶	1960 年	《人民日报》1960 年 7 月 19 日
4	影片《聂耳》导演后记	郑君里	1963 年 4 月	
5	扮演苏平的一些感受	江俊		
6	《聂耳》摄影创作的一些体会	黄绍芬		
7	《聂耳》布景设计一得——布景与场面调度	韩尚义		
8	影片《聂耳》音乐创作随感	葛炎		
9	祝故事片《聂耳》上映	解放日报	1960 年 7 月	
10	从一个人表现一个时代——《文艺报》座谈彩色故事片《聂耳》		1960 年 10 月 13 日	
11	《电影艺术》杂志《聂耳》笔谈			《电影艺术》1960 年第 11 期
12	欢呼聂耳在银幕上再生	蔡楚生	1960 年	《文艺报》1960 年 20 期
13	无产阶级音乐家的光辉道路——评电影《聂耳》的艺术成就	李洪辛		《文汇报》1960 年 7 月 17 日
14	影片《聂耳》的音乐处理	夏白		《电影艺术》1962 年第 4 期
九、	聂耳专辑（三）	中国音乐学院中国音乐研究所编印		1964 年 8 月（内部资料）
1	一封未寄的信	吕　骥	1935 年 6 月	《电通》1935 年第 8 期
2	学习聂耳先生	徐迈进		《新华日报》1938 年 7 月 17 日

续表

	书　名	作者	创作时间、地点	出版者及出版时间
3	聂耳的一生	徐嘉瑞	1943年，于云大	《中原》1945年2卷2期
4	纪念聂耳同志	吕　骥		《东北日报》1948年7月18日
5	聂耳是怎样加入共青团的？（摘录）	郭辉南	1955年5月30日	
6	影事春秋——访阳翰笙、于伶同志	丁小逖		《解放日报》1962年8月26日
十、	**纪念聂耳诞辰七十周年文集**	**聂耳、冼星海学会编印**		**1982年**
1	走聂耳路　创新乐风——纪念我国无产阶级革命音乐家的开路先锋、人民音乐家聂耳	程　云	1982年2月15日	
2	云南省《聂耳音乐周》开幕词	王　甸	1982年	
3	给云南省音乐工作者的一封信	李　坚	1982年	
4	继承新音乐运动的革命传统	陆万美	1982年	
5	学聂耳精神　走聂耳道路	张　维	1982年	
6	伟大的起点　正确的方向	李佺民	1982年	《光明日报》1982年2月15日
7	循着革命音乐家的道路前进	陈　沂	1982年	
8	在聂耳开辟的道路上前进	瞿　维	1982年	
9	开路先锋聂耳	王云阶	1982年	
10	纪念聂耳七十诞辰	刘良模	1982年2月15日，于上海	
11	继承聂耳的光荣传统，学习聂耳的战斗精神	林　路	1982年	
12	大众都爱你的新声	常苏民	1982年	

续表

	书　名	作者	创作时间、地点	出版者及出版时间
13	纪念聂耳　学习聂耳 振兴中华　造福人民	丁　鸣	1982 年	《音乐生活》1982 年 3 期
14	继承发扬聂耳的革命音乐传统　创造出代表我们时代最美的音乐	朱之谦	1982 年	
15	黄浦江边的联想——纪念人民音乐家聂耳同志	韩冈觉		
16	沿着聂耳的创作道路前进	沙　青	1982 年	《音乐舞蹈通讯》1982 年 1 期
17	走聂耳的路，唱四化的歌	储声虹	1982 年	
18	继承和发扬聂耳的革命音乐传统	平　静		《乐坛》1982 年 4 月
19	推动群众音乐生活的健康发展	李爱华	1982 年	
20	纪念聂耳　学习聂耳	马　桦	1982 年	《青海歌声》1982 年
21	聂耳墓前（诗）	光未然	1981 年 11 月	《边疆文艺》1982 年第 1 期
22	谒聂耳墓（诗）	朱　绛	1982 年	
23	聂耳七秩诞辰感怀（诗）	储祖怡	1982 年 2 月 15 日，于上海	
24	纪念声中忆亲人	聂子明、聂叙伦	1982 年	《聂耳音乐周》会刊 1982 年
25	我的回忆	李同生	1982 年	
26	有意义的欢迎晚会	聂叙伦		
27	聂耳与玉溪	崎　松		《聂耳音乐周》会刊
28	给聂耳拍照	周伯勋		《舞台与观众》1982 年
29	聂耳同靡靡之音的斗争	周伯勋		1982 年《艺术世界》
30	“卖报小行家”忆聂耳——访第一个唱《卖报歌》的杨碧君同志	周玉明		《文汇报》1982 年 8 月 18 日
31	聂耳纪念碑——访日杂记	蒋孔阳		《解放日报》1982 年 2 月 17 日

续表

	书名	作者	创作时间、地点	出版者及出版时间
32	聂耳是日本人民喜爱的音乐家	聂叙伦		《玉溪文化》1982年4期
33	革命歌曲大师——聂耳	竹风、唐远如		《音乐研究》1982年3期
34	迎着暴风雨翱翔的海燕——聂耳略传	向延生	1981年8月29日，于北京	
十一、	**论聂冼**	**中国聂耳、冼星海学会编印**		**1985年（内部资料）**
1	在聂耳、冼星海音乐创作学术讨论会上的讲话	吕骥		
2	发扬革命传统　创造人民心声——在纪念聂耳逝世50周年、冼星海诞辰80周年、逝世40周年大会上的讲话	周巍峙	1985年	
3	聂耳、冼星海给我们的启示	瞿维	1985年	
4	革命精神、服务精神、创造精神的光辉榜样——聂耳、冼星海	丁鸣	1985年7月17日，于沈阳	
5	继承发扬革命音乐传统、努力提高音乐创作质量	邱仲彭	1985年	
6	坚定的革命音乐家、勇敢的音乐革新家——纪念聂耳逝世五十周年，星海逝世四十周年	王霭林	1985年	
7	歌唱的艺术与艺术的歌唱——听全国聂耳、冼星海声乐作品演唱比赛随感	晨耕	1985年8月30日，于北京	
8	创作更多的振奋民族精神的歌曲	管平		
9	革命现实主义创导者聂耳、冼星海	冀洲、家浚		

续表

	书　名	作者	创作时间、地点	出版者及出版时间
10	聂耳、冼星海歌曲的文学形象	李正忠	1958 年秋，于北京	
11	纪念我国无产阶级革命音乐的先锋，伟大的人们音乐家聂耳、冼星海	马惠文		
12	音乐的革命化、民族化、群众化——论聂耳、星海创作的时代精神	鲁　特		
13	祝愿中国革命音乐蓬勃发展	（日）岩崎富久男 韩刚觉译	1985 年 7 月 7 日	
14	聂耳在艺术创作上的大胆创新	汪毓和	1985 年 6 月 2 日	
15	继承聂耳的传统，沿着聂耳的道路继续前进——纪念聂耳逝世 50 五十周年	崔其焜、罗小平	1985 年	
16	建国之初我为中华人民共和国“代国歌”——《义勇军进行曲》和声、配器的感受	陆华柏	1985 年 8 月 29 日，于广西	
17	他的歌曲永远荡漾在人民心中——学习聂耳的创作经验	姚以让		
18	人民爱唱聂耳的歌——纪念聂耳逝世五十周年有感	韩立文		
19	从《校歌》到《国歌》	聂丽华	1985 年 11 月，于昆明	
20	时代的鼙鼓，革命的号角——评人民音乐家聂耳及其创作的歌曲	陈　芳	1985 年	
21	自学成才的典范——纪念人们音乐家聂耳逝世五十周年	崎　松	1985 年	

续表

	书　名	作者	创作时间、地点	出版者及出版时间
22	论聂耳歌曲的艺术特色及历史功绩	张铜柱	1985 年	
23	学习聂耳同志的革命精神，为祖国四化建设贡献力量——纪念聂耳逝世五十周年	祁文源	1985 年	
24	他与人民同在——聂耳逝世五十周年祭	方惠生	1985 年	
25	战斗的历程，光辉的一生——重温影片《聂耳》有感	叶　语	1985 年	
26	聂耳研究述评	冯伯阳、吕金藻、韩冈觉	1985 年 9 月，于吉林	
27	乐思漫笔——纪念聂耳逝世五十周年	陈堂明	1985 年	
十二、	**永生的海燕——聂耳、冼星海纪念文集**	**聂耳、冼星海学会编**		**人民音乐出版社，1987 年 12 月**
1	聂耳创作《卖报歌》的启示	聆　群		
2	聂耳年谱	向延生		
十三、	**国歌历程**	**郭超编**		**中国国际广播出版社，2002 年 2 月**
1	《义勇军进行曲》的来历	夏　衍	1983 年 1 月 27 日	
2	开国大典与《义勇军进行曲》	罗　浪		
3	《义勇军进行曲》永远鼓舞我们前进——我移植管乐曲《国歌》的感受	程义明		
4	使用正确的《国歌》版本刻不容缓	于　海		
5	聂耳生平	汪毓和		

续表

	书　名	作者	创作时间、地点	出版者及出版时间
十四、	**聂耳——玉溪人民的骄傲**	**王志雄、郭凌**		**中国民族摄影艺术出版社，2006年3月**
1	永载史册的人民音乐家	王志雄、郭凌		
2	为《义勇军进行曲》配器的外国人	张　伟		
3	中华民族的战歌	曹学安		
4	聂耳歌曲创作成功之道初探	蒲亨建		
5	高唱国歌向前进	本报评论员		《人民日报》1995年12月5日
6	继承和弘扬聂耳精神	徐荣凯		《人民日报》2005年7月15日
7	不朽的旋律　永生的海燕	胡　珍		
8	弘扬聂耳精神　发展音乐事业	丹　增		《云南日报》2005年7月18日
9	聂耳时代精神永驻故乡	孔祥庚		
十五、	**聂耳音乐研究文集**	**云南聂耳音乐基金会、玉溪聂耳音乐研究课题组编**		**中国文联出版社，2006年12月**
1	浪淘沙·故乡忆聂耳（诗）	孔祥庚	2005年7月17日	
2	新的阶段　新的收获	冯光钰		
3	中国少数民族音乐学会第十届（玉溪）年会暨聂耳音乐学术研讨会开幕式欢迎词	王　跃	2006年	
4	漫谈父亲冼星海对聂耳精神的继承与弘扬	冼妮娜		
5	聂耳与玉溪民间音乐	曾庆延		
6	试论聂耳音乐创作与玉溪本土文化积淀	宋佳良		

续表

	书　名	作者	创作时间、地点	出版者及出版时间
7	聂耳音乐与玉溪民族民间音乐的关系	张家训		
8	“大众都爱你的新声”——聂耳音乐创作与民间音乐	王桂芹		
9	略谈聂耳的个性对他的生活、创作道路的影响	秦　序		
10	义军一曲奋全民——试论聂耳在抗日救亡运动中的生命历程及其意义	潘　勇		
11	对聂耳歌曲创作与人格魅力的逆向思考	关素镅		
12	用音乐的语言描绘女性的内心世界——谈聂耳以女性内容为表现对象的音乐创作	任秀蕾		
13	生，如昙花之绚烂——从聂耳的爱情观观照其人生观	叶新英	2005 年	
14	中国的天才　玉溪的天才	刘　蓝	2006 年	
15	浅析聂耳音乐才华的形成	许建民		
16	从聂耳音乐思考学校音乐教育	程冰玲		
17	抗战时期广西桂林出版、演唱、纪念聂耳活动综述	王小昆		
18	聂耳之父聂鸿仪出生年考	聂士谦		
19	新平县漠沙镇的彭氏家族谱系调查	杨建周	2006 年	
20	聂耳外祖母身世考	柏　叶		
21	聂耳精神的继承弘扬	李安明		

续表

	书名	作者	创作时间、地点	出版者及出版时间
22	继承民乐优秀传统　弘扬聂耳爱乐精神	傅晓	2006年	
23	聂耳生平史料的收集与研究	崎松	2006年	
24	玉溪的聂耳研究工作述评	李美		
25	李岚清为聂耳音乐课题组指明研究方向	矣顺文、潘泉		
26	“孙女”记忆中的奶奶彭寂宽——“聂耳音乐研究”课题组采访纪行之一	张亚林、朱丽云		
27	太湖之滨览英魂——“聂耳音乐研究”课题组采访纪行之二	曾庆延		
28	我们见到了“小毛头”——“聂耳音乐研究”课题组采访纪行之三	曾庆延		
29	侄女的怀念——“聂耳音乐研究”课题组采访纪行之四	李安明、黄富	2006年	
30	采访彭寂宽的外孙女纪要——“聂耳音乐研究”课题组采访纪行之五	曾庆延、朱丽云	2006年	
31	一步步走近聂耳	张亚林		
32	“义军”一曲传五洲——我国老外交家谈国歌在世界上的传播及影响	崎松		
十六、	**人民日报上的聂耳**	**玉溪市图书馆编**		**云南人民出版社，2008年6月**
1	纪念聂耳同志　学习聂耳同志	吕骥		《人民日报》1950年7月17日
2	纪念聂耳	马思聪		《人民日报》1950年7月17日
3	开拓者的聂耳——纪念聂耳同志逝世15周年	赵沨		《人民日报》1950年7月30日

续表

	书　名	作者	创作时间、地点	出版者及出版时间
4	聂耳年谱初稿	孙　慎		《人民日报》1950年7月30日
5	评聂耳、冼星海纪念音乐会的演出	郭乃安		《人民日报》1955年12月15日
6	五四以来音乐艺术的光辉	杨　琦		《人民日报》1956年8月26日
7	悼彭寂宽有感	王　晋		《人民日报》1957年2月7日
8	重映《风云儿女》的几点感想	许幸之		《人民日报》1957年12月26日
9	聂耳的战友拍《聂耳》	上海记者站		《人民日报》1959年7月2日
10	风云雷电谱雄歌——评彩色故事片《聂耳》	陈　默		《人民日报》1960年7月17日
11	回忆聂耳、星海	田　汉		《人民日报》1960年10月29日
12	聂耳、冼星海不朽	夏　衍		《人民日报》1960年10月29日
13	无产阶级革命音乐的先锋	吕　骥		《人民日报》1960年11月2日
14	《扬子江的暴风雨》观后感	王　晋		《人民日报》1960年11月11日
15	学习革命歌手的革命精神——听聂耳、冼星海逝世纪念音乐会之后	李焕之		《人民日报》1965年11月6日
16	高唱国歌　阔步长征	唐　诃		《人民日报》1978年3月28日
17	聂耳“终焉之地”	何　平		《人民日报》1978年7月17日
18	海的怀念——日本朋友热爱聂耳	车承丕		《人民日报》1980年7月26日
19	他的进军号	何　为		《人民日报》1980年12月6日
20	学习聂耳精神　繁荣音乐创作	孙　慎		《人民日报》1981年8月1日
21	聂耳故乡的纪念	张殿光		《人民日报》1982年2月14日
22	我们万众一心，前进！——夏衍谈《义勇军进行曲》	邹爱国		《人民日报》1982年12月5日
23	革命斗争的号角	王永安		《人民日报》1982年12月6日

续表

	书　名	作者	创作时间、地点	出版者及出版时间
24	《义勇军进行曲》诞生的前前后后	丛　雪		《人民日报》1982年12月17日
25	努力提高歌曲创作的质量	孙　慎		《人民日报》1983年9月6日
26	歌声与心声	舒　展		《人民日报》1983年9月29日
27	时代歌者的墓碑——聂耳50周年祭	赵淮青		《人民日报》1985年7月17日
28	发扬革命传统　创造人民新声——纪念人民音乐家聂耳、冼星海	周巍峙		《人民日报》1985年10月21日
29	“我一定努力演好聂耳!”——访《翠湖春晓》中聂耳的扮演者潘军	海　天		《人民日报》1987年7月10日
30	音乐文化的丰碑	丁言昭		《人民日报》1987年7月24日
31	共和国的华诞	林玉华		《人民日报》1989年9月24日
32	有碑共识终焉地——谒日本鹄沼海岸聂耳纪念碑	张颂甲		《人民日报》1991年5月3日
33	翠湖聂耳塑像（诗）	张永权		《人民日报》1992年11月2日
34	义勇军歌祭	钟　灵		《人民日报》1995年2月28日
35	唱出人民心声　激发民族浩气——首都纪念《国歌》创作60周年	曲志红、李战吉		《人民日报》1995年12月2日
36	奏响民族的最强音	林玉华		《人民日报》1995年12月6日
37	《义勇军进行曲》的一个故事	向延生		《人民日报》1996年6月16日
38	高唱国歌振精神	姚柏林		《人民日报》1996年10月2日
39	不屈的怒吼——观影片《国歌》	龚政文		《人民日报》1999年9月3日
40	聆听玉溪——写在聂耳诞辰90周年之际	巴　文		《人民日报》2002年2月21日
41	几度沧桑话国歌	吴北光		《人民日报》2004年3月31日

续表

	书　名	作者	创作时间、地点	出版者及出版时间
十七、	**永恒记忆——云南日报上的聂耳**	**王志雄、郭凌编**		**云南人民出版社，2008 年 6 月**
1	云南纪念人民音乐家聂耳逝世四十五周年	杨伊达		《云南日报》1980 年 7 月 17 日
2	做新时期人民群众的知音	李　坚		《云南日报》1980 年 7 月 20 日
3	《聂耳音乐周》在昆明隆重开幕	杨伊达		《云南日报》1982 年 2 月 21 日
4	聂耳写的第一支歌	聂丽华		《云南日报》1982 年 2 月 24 日
5	云南第二届《聂耳音乐周》隆重开幕	杨伊达		《云南日报》1985 年 7 月 17 日
6	聂耳铜像由江苏靖江启运将树立在玉溪市	朱荣康		《云南日报》1985 年 7 月 17 日
7	在聂耳的故乡谈音乐——访中国音乐家协会主席李焕之	李伊达		《云南日报》1985 年 7 月 18 日
8	聂耳，春城人民永远怀念您	方学东		《云南日报》1985 年 7 月 18 日
9	在爱国主义的歌声中前进——听聂耳、冼星海作品专题音乐会有感	李德熙		《云南日报》1985 年 7 月 18 日
10	聂耳的“特技”	马子华		《云南日报》1993 年 5 月 29 日
11	历史的人和艺术的人	李　骞		《云南日报》1999 年 12 月 6 日
12	写实的文学与文学的写实	朱　曦		《云南日报》1999 年 12 月 6 日
13	聂耳，一个真实的血肉之躯	晨　宏		《云南日报》1999 年 12 月 6 日
14	《聂耳》一本好书	彭荆风		《云南日报》1999 年 12 月 26 日
15	依托丰富资源　繁荣云南音乐　推进民族文化大省建设	丹　增		《云南日报》2004 年 5 月 27 日
16	玉溪各族人民永远弘扬聂耳精神	中共玉溪市委、玉溪市人民政府		《云南日报》2005 年 6 月 7 日

续表

	书　名	作者	创作时间、地点	出版者及出版时间
17	聂耳的爱国之思	侯瑞云		《云南日报》2005年7月15日
18	不朽的丰碑　人民的楷模——纪念人民音乐家聂耳逝世70周年	白恩培		《云南日报》2005年7月17日
19	聂耳精神永远激励我们——访聂耳侄女、云南民族电影制片厂二级作曲聂丽华	李悦春		《云南日报》2005年7月17日
20	在国歌声中成长	蒋贵有、贾云巍、何廷玉		《云南日报》2005年7月18日
21	聂耳墓旁的心声	万迎春、李开义		《云南日报》2005年7月18日
22	学习聂耳的时代精神	孔祥庚		《云南日报》2005年8月4日
23	先贤“聂耳”这样造就——二十集电视剧《聂耳》投拍的台前幕后	熊玲、张伟		《云南日报》2006年1月27日
24	聂耳纪念日系列活动在聂耳音乐广场开幕	蒋贵有等		《云南日报》2006年7月18日
25	聂耳始终之地——聂耳诞辰95周年记	张昆华		《云南日报》2007年2月16日
十八、	**国魂颂——纪念聂耳散文集**	**崎松编**		**云南民族出版社，2008年10月**
1	学习聂耳的革命精神	夏　衍		《人民音乐》1980年第7期
2	巍巍然其与国族并寿之歌——田汉《义勇军进行曲》的创作和聂耳谱曲的史略	于　伶		《中国电影年鉴》1983年
3	郭沫若的聂耳情和国歌情	崎　松		《玉溪日报》2006年5月12日
4	江泽民同志谈聂耳与国歌	崎　松		《红塔宣传》2001年第3期
5	从《马赛曲》《国际歌》到《义勇军进行曲》	崎　松		《云岭歌声》2005年第2期

续表

	书　名	作者	创作时间、地点	出版者及出版时间
6	我心中的歌——聂耳50周年祭	赵淮青		《大西南文学》1985年第7期
7	把我们的国歌记在心底	苏叔阳		《人民日报》2007年10月12日
8	精神不死天难夺	黄安榕		《红塔宣传》2001年第4期
9	祭聂耳	于　伶		《文汇报》1949年7月17日
10	聂耳日记里的世界——为纪念聂耳逝世20周年而作	何　为		《临窗集》1955年7月1日
11	聂耳笔名浅谈	崎　松		《云南文物》1984年总15期
12	聂耳在北平	刘岳、李淑文		《党史月刊》1993年第2期
13	记聂耳在东京的一次讲演	魏　晋		《滇池》1980年第3期
14	日本藤泽聂耳墓前的追悼	龙世华		《九龙池》1997年第3期
15	日本作家著的《聂耳——闪光的生涯》出版发行	崎　松		《玉溪日报》2003年3月
16	纪念时代的歌手聂耳——聂耳诞生70周年	吕　骥		《民族音乐》1980年第2期
17	玫瑰田的梦——聂耳的初恋	崎　松		《春城晚报》1998年11月14日
18	聂耳墓前种树记	于　伶		《欢笑与沉思》1962年7月16日
19	参加聂耳公园落成典礼有感	孟　波		《文化资料》1988年7月1日
20	要坚持聂耳的方向，要走聂耳的道路	沙　莱		
十九、	**亲人心中的聂耳**	**王志雄、郭凌编**		**中国民族摄影艺术出版社，2008年11月**
1	真实生动的成长历程	汪毓和		
2	激励国人的音乐创作	汪毓和		

续表

	书　名	作者	创作时间、地点	出版者及出版时间
3	胞弟聂耳的少年时代	聂叙伦		
4	我的叔叔聂耳	聂丽华		
5	祭聂耳	孔祥庚		
6	永恒的纪念	王志雄、郭凌		《人民日报》2007年7月14日

纪念文章

	篇　名	作　者	首次刊载处及出版时间
1	悼聂耳先生	苏　风	上海《晨报》1935年7月27日
2	悼聂耳先生	郑君平	《电通》1935年第7期
3	追怀聂耳先生	馥　心	《电通》1935年第7期
4	悼毕业歌作曲者	陈波儿	《电通》1935年第7期
5	悼聂耳	许幸之	《电通》1935年第7期
6	悼聂耳殉浪（诗）	剩　人	《电通》1935年第7期
7	悼聂耳——一个时代的歌手	旅　冈	《电通》1935年第7期
8	哀聂耳（诗）	溅　波	《电通》1935年第7期
9	一别竟成永别	明　霄	《电通》1935年第7期
10	兄弟，这全是你错了（诗）	柳　倩	《电通》1935年第7期
11	追悼我的朋友聂耳	孙　瑜	《联华画报》1935年6卷4期
12	忆聂耳	沈西苓	《联华画报》1935年6卷4期
13	悼聂耳先生	佚　名	《明星》半月刊1935年2卷3期
14	从大众歌曲讲到民众歌咏团	陶行知	《生活时报星期增刊》1936年第1卷第4号
15	聂耳回忆杂写	梁　月	《唐闸报》1936年11月5日
16	献给中国新音乐的奠基者——故聂耳先生	一群音乐工作者	《大众歌声》1936年第1集
17	战争中的歌人——纪念聂耳（诗）	覃子豪	《新华日报》1938年7月17日
18	聂耳何以是伟大的？	高　寒	《云南日报》1938年7月17日
19	反抗火苗的培育者（诗）	江　溯	《云南日报》1938年7月17日

续表

	篇 名	作 者	首次刊载处及出版时间
20	祭聂耳（诗）	饶 阳	《云南日报》1938年7月17日
21	歌咏行列里的聂耳	聂柴铭	《歌咏岗位》1940年第3期
22	关于聂耳	李家鼎	《歌咏岗位》1940年第3期
23	友情与悼念	张天虚	《歌咏岗位》1940年第3期
24	我们的歌手死在海底	焕 之	《新音乐（月刊）》1940年第2卷第3期
25	聂耳先生的学习和工作	矣 之	《新音乐（月刊）》1940年第2卷第3期
26	聂耳先生的音乐	程 平	《新音乐（月刊）》1940年第2卷第3期
27	聂耳先生遗作目录	志音	《新音乐（月刊）》1941年第3卷第2期
28	聂耳的道路	仁 苏	《正义报》1944年7月17日
29	如果真是爱聂耳	白 浪	《正义报》1944年7月17日
30	几个生死关头	聂子明	《正义报》1944年7月17日
31	忧忿何以抒?	马子华	《正义报》1944年7月17日
32	新中国的号手	金 华	《正义报》1944年7月18日
33	纪念民族的歌手聂耳（诗）	常任侠	《正义报》1944年7月18日
34	呼唤聂耳时代	光未然	《扫荡报》1944年7月18日
35	向聂耳学习——漫谈中国音乐	赵 沨	《扫荡报》1944年7月18日
36	聂耳——新音运的“开路先锋”	白 澄	《音乐艺术丛刊》副辑1945年7月第3辑
37	向聂耳学习	孟 波	《解放日报》1946年7月19日
38	踏着聂耳的道路前进	紫 光	《解放日报》1946年7月19日
39	是什么使他这样伟大的?	赵楚迁	《新音乐月刊》（华南版）1946年第1卷第4期
40	聂耳——我们的先驱	孙 慎	《新音乐（月刊）》1947年第7卷第1期
41	聂耳……	夏 白	《新音乐（月刊）》1947年第7卷第1期
42	忆聂耳	明 敏	《新音乐（月刊）》1947年第7卷第1期
43	纪念聂耳先生	墨 辛	《星岛日报》“音乐副刊”1948年7月22日
44	聂耳的道路	章 枚	《文汇报》1949年7月17日
45	我们写您没有写完的歌	宗 群	《文汇报》1949年7月17日

续表

	篇名	作者	首次刊载处及出版时间
46	呵！聂耳，我们的好兄弟	姚牧	《文汇报》1949年7月17日
47	为什么聂耳伟大	董源	《新闻日报》1949年7月17日
48	忆“四耳”先生	吴伧	《大公报》1949年7月17日；7月23日
49	略谈聂耳在上海自学音乐的一段生活	洪遒	《人民音乐》1954年8月号
50	杰出的战士和歌手	吕骥	《工人日报》1955年7月17日
51	纪念聂耳、学习聂耳	舒模	《光明日报》1955年7月17日
52	学习聂耳的战斗精神	文音	《云南日报》1955年7月21日
53	在聂耳开辟的道路上前进	王云阶	《新民报晚刊》1955年7月31日
54	要认真地学习他	沙梅	《新民报晚刊》1955年7月31日
55	聂耳年表初稿	洪遒	《人民音乐》1955年8月号
56	纪念聂耳、星海	马思聪	《人民音乐》1955年10月号
57	发扬聂耳、冼星海的战斗传统	李凌	《人民音乐》1955年11、12月号
58	纪念聂耳向聂耳学习	费克	《音乐通讯》1955年第3期
59	聂耳——我们学习的榜样	李淦	《音乐通讯》1955年第3期
60	聂耳——献身革命的音乐家	刘雪庵	《音乐通讯》1955年第3期
61	国歌的创作者	许幸之	音乐研究所资料1955年
62	人民音乐家——聂耳	小草	《音乐学习》1957年7月第1期
63	回忆聂耳青少年时期的生活	耀辰	《音乐研究》1958年总6期
64	革命歌手聂耳叔叔	金近	《儿童音乐》1958年7月
65	学习聂耳、红透专深	周戊	《人民音乐》1958年7月
66	一个又红又专的音乐家	马可	《北京晚报》1958年7月17日
67	纪念聂耳	江群英	《浙江日报》1959年7月17日
68	聂耳	何为	《中国青年》1959年12月

续表

	篇　名	作　者	首次刊载处及出版时间
69	对聂耳、冼星海和黄自的新的认识	赵宗信	《中央音乐学院院刊》1960 年第 10 期
70	聂耳，我们的榜样	应诗真	《中央音乐学院院刊》1960 年第 10 期
71	回忆《大路》的创作	孙　瑜	《电影艺术》1960 年 5 月
72	聂耳与国乐	胡江非	《新民晚报》1960 年 7 月 16 日
73	纪念聂耳，学习聂耳，继承和发扬音乐艺术的革命战斗传统	本刊评论员	《会刊》（成都）1960 年第 27 期
74	纪念聂耳，歌唱我们伟大的时代——谈聂耳作品中的革命浪漫主义的表现	李康生	《会刊》（成都）1960 年第 27 期
75	崇高的精神，光辉的榜样——纪念中国人民音乐家聂耳逝世二十五周年	林福本	《黑龙江音讯》1960 年第 7 期
76	纪念人民音乐家聂耳逝世二十五周年，冼星海逝世十五周年		《新疆音乐通讯》1960 年总 5 期
77	聂耳的道路——纪念聂耳逝世 25 周年	高士杰	《西安音专》1960 年第 21 期
78	纪念聂耳，遵循着聂耳的道路大步前进	赵福泉、王明朗、张执中	《西安音专》1960 年第 21 期
79	《金蛇狂舞》和《翠湖春晓》	周　皓	《新民晚报》1960 年 10 月 26 日
80	更好地发扬聂耳、冼星海革命音乐的战斗传统	本刊编辑部	《人民音乐》1960 年 10 月号
81	要像聂耳那样战斗和生活	肖　黄	《人民音乐》1960 年 10 月号
82	聂耳同志永远是我们学习的榜样	王云阶	《人民音乐》1960 年 10 月号
83	聂耳、星海作品演出述评	李　凌	《人民音乐》1960 年 11、12 月号

续表

	篇名	作者	首次刊载处及出版时间
84	日本聂耳纪念碑重新建成	新华社讯	《人民音乐》1965年第6期
85	人民音乐家聂耳	石 桑	《音乐辅导》1978年2月创刊号
86	忆聂耳	李华飞	《音乐·舞蹈研究》1978年总3期
87	聂耳和他的《义勇军进行曲》	乔书田	《音乐·舞蹈研究》1979年总8期
88	聂耳（新音乐运动的开路先锋）	蓝泽众	《音乐·舞蹈研究》1979年总13期
89	聂耳亭与《大路歌》	许墨林	《音乐爱好者》1979年总1期
90	聂耳在故乡	聂丽华	《音乐·舞蹈研究》1979年总16期
91	《义勇军进行曲》的由来	周伯勋	《文汇报》1980年1月6日
92	叶山峻先生与聂耳纪念碑	沈尊光	《人民音乐》1980年第6期
93	忆聂耳两三事	周伯勋	《音乐·舞蹈研究》1980年总31期
94	要多做些踏实的工作——纪念聂耳逝世四十五周年有感	向延生	《中央音乐学院学报》1980年创刊号
95	沿着聂耳、星海的道路前进	寄明、瞿维	《通讯》1981年7月第1期
96	聂耳和《金蛇狂舞》	金建民	《音乐爱好者》1982年总10期
97	关于聂耳诞生日期核实情况	云南分会	《音乐通讯》1982年总18期
98	学习聂耳，为时代谱新曲——上海音乐界纪念聂耳同志诞生70周年	李国卿	《上海音讯》1982年总2期
99	《卖报歌》——人民音乐家聂耳的心声	杨碧君	《上海音讯》1982年总2期
100	学习聂耳　繁荣音乐创作	曾雨音	《八闽乐坛》1982年总2期
101	在聂耳故乡——参加昆明《聂耳音乐周》有感	程茹辛	《江苏音乐》1982年第4期

续表

	篇　名	作　者	首次刊载处及出版时间
102	走聂耳的路	孟波、乔书田	《音乐·舞蹈研究》1982 年总 59 期
103	聂耳复活了——看聂耳设计像的展出	瞿　维	《人民音乐》1983 年第 7 期
104	“起来！不愿做奴隶的人们”	刘良模	《人民音乐》1984 年第 12 期
105	聂耳的《翠湖春晓》与《老挂腔》	桑　任	《人民音乐》1985 年第 4 期
106	忆我的弟弟聂耳（写在聂耳逝世五十周年之际）	聂叙伦	《音乐·舞蹈研究》1985 年总 98 期
107	聂耳逝世五十周年祭	瞿　维	《音乐·舞蹈研究》1985 年总 98 期
108	在聂耳精神鼓舞下勇攀高峰——在聂耳塑像揭彩仪式上的讲话	许　川	《音乐探索》1985 年总 8 期
109	中华民族振兴之歌——纪念人民音乐家聂耳、冼星海	李焕之	《人民音乐》1985 年第 10 期
110	聂耳的民族器乐创作	安　平	《人民音乐》1985 年第 12 期
111	国歌的历史回顾和歌词欣赏——纪念《义勇军进行曲》诞生五十周年兼聂耳逝世五十周年	朱　绛	《上海音讯》1985 年总 12 期
112	聂耳及其音乐创作（中国近现代音乐史漫话）	孙继南	《群众乐坛》1985 年总 7 期
113	新歌剧《扬子江暴风雨》及其歌曲《码头工人》	向延生	《音乐生活》1985 年第 12 期
114	聂耳、冼星海研究的新篇章	王　晡	《天籁》1986 年总 4 期
115	聂耳的笔名浅谈	刘本学	《上海音讯》1986 年总 14 期
116	略论聂耳对黎锦晖创作经验的吸取	项　阳	《音乐艺术》1986 年总 25 期
117	聂耳歌曲的词作者简介	聂　丁	《上海音讯》1986 年总 14 期
118	聂耳创作中的音乐形象	汪毓和	《中央音乐学院学报》1987 年总 26 期

续表

	篇　名	作　者	首次刊载处及出版时间
119	聂耳歌曲创作的风格和特征	高奉仁	《乐府新声》1990 年总 27 期
120	聂耳	吴景廉	《中华音乐文化教育杂志》1990 年第 28 期
121	继承革命传统弘扬民族文化——为纪念聂耳逝世五十五周年，冼星海逝世四十五周年而作	梁　光	《交响》1990 年总 50 期
122	论音乐的审美价值与社会政治功利的有机统一——在纪念聂耳逝世五十五周年、冼星海逝世四十五周年座谈会上的发言	翟　咏	《交响》1990 年总 50 期
123	关于《聂耳于 1932 年写给“老宋”的信》的一些说明	向延生	《新文化史料》1992 年第 2 期
124	聂耳性格特征中的批判精神	郭树群	《音乐研究》1992 年总 65 期
125	国歌琐谈	廖辅叔	《中央音乐学院学报》1993 年总 52 期
126	聂耳故乡的保护与修缮	李美	《云南文物》1992 年第 32 期
127	聂耳的生平与创作	向延生	《中国近现代音乐家传》，春风文艺出版社，1994 年
128	聂耳的意中人——袁春晖	解玉泉	《音乐生活》1995 年总 272 期
129	贺绿汀同聂耳最后相处的日子	贺绿汀口述，李华钰整理	《音乐生活》1995 年总 277 期
130	奋发的鼓角　光辉的象征——《中华人民共和国国歌》音乐分析	周荫昌	《中国音乐教育》1996 年总 43 期
131	纪念聂耳	李业道	《音乐研究》1996 年总 82 期
132	今天纪念聂耳仍然有着十分重大的现实意义——在纪念国歌发表 60 周年纪念会上的发言	赵　沨	《音乐研究》1996 年总 82 期

续表

	篇　名	作　者	首次刊载处及出版时间
133	聂耳研究的回顾与展望	崎　松	《音乐·舞蹈研究》1997年总218期
134	访聂耳临终之地——日本鹄沼海滨纪行	梁茂春	《人民音乐》1997年第10期
135	周恩来——《义勇军进行曲》作为国歌的首先倡议者	向延生	《人民音乐》1999年第12期
136	访聂耳终焉地	黄中海	《音乐生活》1999年总325期

此索引首发于《聂耳全集》增订本

中国艺术研究院图书馆藏中国近代歌曲索引（音乐期刊部分）

史婕　钟声

说明：

1. 本索引收入中国艺术研究院图书馆藏1908—1949年出版的音乐期刊所刊载的歌曲。

2. 本索引著录项目分别为：歌曲名称、曲作者、词作者、记谱形式、曲目来源和出版日期。内容按原书实际著录项目著录。

3. 本索引中“歌曲名称”项目著录歌曲的名称，凡是歌曲的副标题或与歌曲有关的说明文字一律置于“（）”中。

4. 本索引中“词、曲作者”项，著录歌曲、词曲作者。凡是原刊中注明国籍的均置于“[]”中。索引后将可以确定为同一人的名字制表，以作对照。

5. 所收歌曲按歌曲名称的汉语拼音字母顺序排列。若歌曲名称相同者则依次按“曲作者”、“词作者”、“曲目来源”以及“出版日期”顺序排列。歌曲名为英文的按英文字母顺序排列于中文之后。

6. 为了索引简单便于检索，编者将出版机构名称进行了省写。如下：

晋察冀音乐社简写为：晋察冀；华北联大文艺工作团简写为：华北联大；华东军区政治部简写为：华东军区；广州基督教青年会合唱团简写为：基督教；天津人民音乐社简写为：天津；平津唐新音乐歌咏团体联谊会简写为：平津唐；音乐艺文社简写为：艺文；国乐改进社简写为：国改；北京大学音乐研究会简写为：北大。另外，“华南版”、“重庆版”、“沪版”、“上海版”、“渝版”等都是因发刊地而定。

歌曲名称	曲作者	词作者	记谱形式	曲目来源	出版日期
A					
阿拉木寒			简谱	《歌曲月刊》第一期	1948 年 9 月
阿拉木汗	老志诚		简谱	《新音乐》（平津唐版）创刊号	1948 年 2 月
阿拉木汗	谢功成		五线谱 简谱	《新音乐》第七卷第五期	1948 年 12 月
阿那曲	艺琴	厂父	简谱	《歌与诗音乐月刊》第六期	1945 年
哀歌	石林	石林	简谱	《新音乐》第五卷第四期	1943 年 5 月
哀挽一位民族解放的战士	陈田鹤	陈梅魂	五线谱	《音乐教育》第四卷第十期	1936 年 10 月
爱	肖友梅	任陈衡哲	五线谱	《音乐杂志》（国改版）第一卷第一号	1928 年 1 月
爱	翟立中	刘大白	简谱	《音乐世界》第二卷第十、十一、十二合刊	1939 年 12 月
爱国不比男儿弱	杨友立	沙梅	简谱	《歌曲创作月刊》第一卷第六期	1941 年 6 月
爱国的小姑娘	张天虹	程刚	简谱	《每月新歌选》第九期	1940 年 9 月
爱国歌	邱望湘		简谱	《歌曲创作月刊》新第一卷第一期	1942 年 11 月
爱护难民歌	钱仁康	常任侠	简谱	《乐风》新一卷第十一、十二合刊	1941 年 12 月
爱护难民歌	钱仁康	常任侠	五线谱	《乐风》（副本）第一卷第三期	
爱护伤兵歌	姚以让	马祖武	简谱	《歌曲创作月刊》第一卷第四期	1941 年 4 月
爱护胜利品	刘凤锦	海田	简谱	《歌与剧》（战时版）第九期	1947 年 5 月
爱护主力	黎明	黎明	简谱	《大众歌选》第二期	1943 年 6 月
安眠吧勇士！	范继森	田汉	五线谱	《音乐月刊》（重庆卷）第一卷第四五合刊	1942 年 7 月
俺送哥哥上战场	水金	昂歌	简谱	《大众歌声》第十四期	1945 年 8 月
B					
八杯酒	田保惠	憨兵	简谱	《每月新歌选》第十一期	1941 年 5 月
八点钟歌	王沛纶	刘大白	简谱	《儿童音乐》第六期	1947 年 12 月

续表

歌曲名称	曲作者	词作者	记谱形式	曲目来源	出版日期
八段锦		张蔚瑜 黎锦晖	简谱 工尺谱	《音乐杂志》（北大版）第二卷第三、四合刊	1921年4月
八路好	徐署		简谱	《群众歌声》第十期	1945年9月
八路军纪律歌			简谱	《解放歌声》（晋察冀版）第二集	1945年11月
八路军纪律歌（三大纪律八项注意歌）			简谱	《连队歌唱》第十八期	
八路军进行曲	律成	乔木	简谱	《群众歌声》第十期	1945年9月
八路军开盐田	荣堂	吴荣	简谱	《大众歌声》第八期	1944年6月
八一三	陈砚方	陈厚庵	简谱	《救亡歌声》创刊号	1938年8月
“八一三”九周纪念歌	作猷	爱化跛人	五线谱	《音乐杂志》第二期	1946年12月
八营壮丁对口曲	席零 家特	谢莹	简谱	《音乐哨岗》第三卷第一期	
八月的乡村	钟琪	雷因士	简谱	《每月新歌选》第六期	1940年6月
巴什基里亚进行曲	陈穆·伯尔吉		简谱	《人民音乐》（东北版）第一卷第二、三合刊	1949年3月
芭蕉夜雨	陈振铎		简谱	《乐风》新一卷第四期	1941年4月
把革命进行到底	郝汝惠	霍希扬	简谱	《人民音乐》（东北版）第一卷第二、三合刊	1949年3月
把鬼子赶出鸭绿江	林簃		简谱	《歌曲半月刊》第一卷第三期	1941年6月
把国旗高高举起	黎观暾	巴栖	简谱	《儿童音乐》第二期	1947年5月
把侵略者永远埋葬	艾力	鲁岩	简谱	《大众歌声》第八期	1944年6月
把胜利的旗帜插遍全中国	李群	贾克	简谱	《解放歌声》第七集	1949年8月
把自由还给我们	徐焱	陶行知	简谱	《新音乐》（华南版）第一卷第三期	1946年
爸爸出征我看家	江定仙	江伯素	简谱	《乐风》新一卷第十一、十二合刊	1941年12月
爸爸出征我看家	江定仙	江伯素	五线谱	《乐风》（副本）第一卷第三期	

续表

歌曲名称	曲作者	词作者	记谱形式	曲目来源	出版日期
爸爸那天得回家	宋军	郭英	五线谱 简谱	《新音乐》第六卷第五期	1947年4月
霸王卸甲	王露		工尺谱	《音乐杂志》（北大版）第一卷第七号	1920年9月
白草山（王大娘据大缸）	李荣寿		五线谱	《音乐杂志》（北大版）第二卷第一号	1921年1月
白兰花	陈歌辛	吴村	简谱	《音乐世界》第二卷第五期	1939年5月
白玫瑰	高中立	赛德尔	五线谱	《音乐教育》第五卷第四期	1937年4月
白雪歌	聂尔	聂尔	简谱	《歌咏岗位》第三期	1940年7月
白雪歌	聂尔	聂尔	简谱	《新音乐》第三卷第二期	1941年9月
白雪公主			简谱	《音乐世界》第一卷第一期	1938年8月
白云故乡	达琳	韦瀚章	简谱	《歌与诗音乐月刊》创刊号	1944年9月
白云故乡	李中和	韦瀚章	简谱	《乐风》新一卷第五、六合刊	1941年6月
白云故乡	沙梅	施谊	简谱	《新音乐》第三卷第六期	1942年1月
百灵庙	刘天浪	卢翼野	五线谱 简谱	《乐风》第十八号	1944年6月
百万大军过长江	舒铁民	程荒	简谱	《解放歌声》第四集	1949年3月
百万雄兵打进关	巩志伟	关晓达	简谱	《人民音乐》（东北版）第一卷第二、三合刊	1949年3月
拜新年			五线谱 简谱	《新音乐》第六卷第三期	1947年1月
搬煤歌	任光	安娥	简谱	《歌曲半月刊》第一卷第一期	1941年5月
帮助军队打胜仗	马可	马可	简谱	《人民音乐》（东北版）第一卷第二、三合刊	1949年3月
傍妆台	陈厚庵		五线谱	《音乐杂志》（北大版）第二卷第三、四合刊	1921年4月
保边疆	舒模	湘棠	简谱	《新音乐》第五卷第二期副本	1943年1月
保长劝征歌	陈召尧	陈召尧	简谱	《音乐与美术》综合月刊第十二期	1940年12月
保家园	杨白	杨白	简谱	《大众歌选》第一期	1943年3月

续表

歌曲名称	曲作者	词作者	记谱形式	曲目来源	出版日期
保卫边区	艾力	鲁岩	简谱	《大众歌选》第五期	1943 年 9 月
保卫边区	林篨	塞克	简谱	《民族音乐》第一卷第三、四合刊	1942 年 7 月
保卫滨海	叶子	王杰	简谱	《大众歌声》第十三期	1945 年
保卫大西北	方韧		简谱	《民族音乐》第一卷第五、六合刊	1942 年 9 月
保卫大西南	可诹	傅声	简谱	《歌咏岗位》第一期	1940 年 5 月
保卫大西南	陆华柏	陆华柏	简谱	《音乐与美术》综合月刊创刊号	1940 年 1 月
保卫东海岸	兵克	马旋	简谱	《大众歌声》第十三期	1945 年
保卫革命根据地	悦之 席零	悦之 席零	简谱	《音乐哨岗》第一卷第四、五合刊	1942 年 8 月
保卫根据地	加洛	杨中行	简谱	《民族音乐》第一卷第七期	1942 年 10 月
保卫和平	何安东	超武	简谱	《滨海歌集》第二期	1946 年
保卫和平	深露	何方	简谱	《大众歌声》第十七期	1946 年
保卫和平	向群	向群	简谱	《大家唱》第一期	
保卫黄河	冼星海	光未然	简谱	《每月新歌选》第六期	1940 年 6 月
保卫黄河（《黄河大合唱》之一）	冼星海	光未然	简谱	《新音乐》第一卷第五期	1940 年 5 月
保卫家乡	海沙	海沙	简谱	《滨海歌集》第二期	1946 年
保卫家乡	林枫	季纯	简谱	《音乐哨岗》第一卷第一期	1942 年 2 月
保卫解放区	张鲁	张鲁	简谱	《歌与剧》第一期	1947 年 1 月
保卫领空	刘巳明	杨真达	简谱	《乐风》新一卷第九期	1941 年 9 月
保卫陕甘宁	郝汝惠	郝汝惠	简谱	《人民音乐》（东北版）第一卷第一期	1946 年 12 月
保卫我们的家园	何方	苏东	简谱	《歌与剧》第一期	1946 年 10 月
保卫咱的好家乡	兵珂	郝毅	简谱	《歌与剧》（战时版）第一期	1946 年 11 月
保卫中华	关筑声	关筑声	简谱	《歌与诗音乐月刊》第四期	1945 年
保卫自己	焕之	白韦	简谱	《解放歌声》（晋察冀版）第三集	1946 年 7 月

续表

歌曲名称	曲作者	词作者	记谱形式	曲目来源	出版日期
保卫自己的工厂	李小才	李小才	简谱	《新音乐》第八卷第二期	1949 年 7 月
保卫自己的家乡	焕之	史行	简谱	《新音乐》第三卷第三期	1941 年 10 月
保卫自由的园地	椰波	王莘	简谱	《歌曲月刊》第二期	1940 年 10 月
保卫祖国	田风	胥树人	简谱	《人民音乐》（东北版）第一卷第一期	1946 年 12 月
保卫祖国	赵启海	一波	简谱	《诗与音乐》创刊号	1945 年 4 月
保中华	周令剑	周令剑	简谱	《每月新歌选》第二期	1939 年 11 月
报仇出气	苏风	王力	简谱	《歌与剧》第三期	1947 年 1 月
报仇出气	苏风	王力	简谱	《歌与剧》（战时版）第一期	1946 年 11 月
报血仇	梅滨	燕林	五线谱 简谱	《新音乐》第六卷第三期	1947 年 1 月
爆破英雄	管荫深	吴海若	简谱	《解放歌声》（华东军区版）第二集	1948 年 10 月
爆炸手	岳红	孙辉	简谱	《大众歌选》第六期	1943 年
悲春曲	叶添	晓帆	五线谱 简谱	《新歌丛》第二辑	1948 年 7 月
悲歌	林苇 李寒 黎震	林苇 李寒 黎震	简谱	《每月新歌选》第十一期	1941 年 5 月
悲秋	Mozart	杜豪	简谱	《美育》第一期	1920 年 4 月
北调	陈厚庵		五线谱	《音乐杂志》（北大版）第二卷第八号	1921 年 10 月
北方行	郑律成	沙旅	简谱	《每月新歌选》第二期	1939 年 11 月
北江七月	柳爽	波	简谱	《新音乐》（上海版）第三期	1946 年 6 月
北京大学校歌		吴敏	五线谱	《音乐杂志》（北大版）第一卷第一号	1920 年 3 月
北平城	董平	端木蕻良	简谱	《新音乐》第八卷第三期	1949 年 8 月
北平解放了	方仟	严辰	简谱	《解放歌声》第二集	1949 年 3 月
贝儿玛的月夜	FREDERICK FOLLANDER	ERANK LOESSER	简谱	《歌与诗音乐月刊》第二期	1944 年 11 月

续表

歌曲名称	曲作者	词作者	记谱形式	曲目来源	出版日期
奔驰着红色的马	徐徐	丁毅	简谱	《人民音乐》（东北版）第一卷第二期	1947 年 2 月
奔向吹来的暴风雨	绿永	洪遒	简谱	《新音乐》第一卷第三期	1940 年 3 月
逼上梁山（评剧《逼上梁山》选段）			五线谱 简谱	《新音乐》第六卷第三期	1947 年 1 月
比比看	劫夫	洪涛	简谱	《解放歌声》（晋察冀版）第二集	1945 年 11 月
比一比	刘天浪		简谱	《乐风》新一卷第五、六合刊	1941 年 6 月
比一比	张鲁	张鲁	简谱	《群众歌曲》第三期	1945 年 12 月
毕业歌	慨锐		简谱	《歌与诗音乐月刊》第八期	1945 年
毕业歌	聂耳	陈瑜	简谱	《新音乐》（平津唐版）第三期	1948 年 7 月
毕业歌	阮琪	萧野	简谱	《儿童音乐》第三期	1947 年 6 月
辟路的人	苏夏	放平	五线谱 简谱	《新音乐》第六卷第三期	1947 年 1 月
碧血（革命先烈纪念歌）	江定仙	卢冀野	简谱	《乐风》第三卷第一期	1943 年 1 月
碧血（革命先烈纪念歌）	江定仙	卢冀野	五线谱 简谱	《乐风》（副本）第二卷第一期	1943 年 5 月
壁画词	何安东	林瑞铭	五线谱	《广州音乐》第四卷第三、四合刊	1936 年 4 月
边区纺织工人歌	马可	马可	简谱	《歌曲旬刊》第二期	1941 年 4 月
边区妇救会之歌	芦肃	张琳	简谱	《歌曲半月刊》第一卷第二期	1941 年 6 月
边区好	宋志忠	宋志忠	简谱	《大众歌声》第十六期	1946 年 3 月
边区好	宋志忠	宋志忠	简谱	《群众歌曲》第一、二合刊	1945 年 5 月
边区政府是人民的	郭英		简谱	《群众歌曲》第三期	1945 年 12 月
扁担号子	孔健飞	孔健飞	简谱	《大众歌选》第一期	1943 年 3 月
汴水流	邱望湘	白居易	五线谱	《音乐教育》第四卷第十期	1936 年 10 月
变呵变	贺绿汀	陶行知	简谱	《新音乐》第一卷第六期	1940 年 6 月
变奏曲	悲多芬		简谱	《新音乐》第三卷第一期	1941 年 8 月
表	董林肯 徐手廉	陈志德 于同尘	简谱	《儿童音乐》第四期	1943 年

续表

歌曲名称	曲作者	词作者	记谱形式	曲目来源	出版日期
别			字母谱	《白雪》第十八号	1928年10月
别丢掉你的枪	艾力	鲁岩	简谱	《大众歌选》第六期	1943年
别了呵朋友（《最后的命令》插曲）	黄粲	叶华	简谱	《歌与剧》第一期	1946年10月
别让鬼子过黄河	马可	马可	简谱	《新音乐》第四卷第六期	1942年9月
别让它遭灾害	董源	蒙沙	五线谱 简谱	《新音乐》第六卷第二期	1946年11月
别让它遭灾害	董源	蒙沙	简谱	《新音乐》（华南版）第二卷第二期	1947年3月
别让它遭灾害	董源	蒙沙	简谱	《新音乐》（渝版）第一辑	1947年1月
别让它遭灾害	水金	蒙沙	简谱	《大众歌声》第十六期	1946年3月
别上当	寒光	惦非	简谱	《每月新歌选》第二期	1939年11月
别上当	孟波	芦甸	简谱	《解放歌声》第一集	1949年2月
别说咱们年纪小	杨戈	石丁	简谱	《解放歌声》（天津版）第二集	1949年3月
别逃学	刘郎	潘青	简谱	《人民音乐》（东北版）第一卷第四期	1949年7月
别想它	采石	鲁直	简谱	《民族音乐》第一卷第三、四合刊	1942年7月
兵车向前方开	曾一佳	臧克家	简谱	《歌曲创作月刊》第一卷第五期	1941年5月
兵工厂	龙飞	闻达	简谱	《歌与剧》（战时版）第五期	1947年
兵工厂子弟学校校歌	蒋箴予	蒋箴予	简谱	《歌曲创作月刊》新第一卷第一期	1942年11月
兵工谣	甄伯蔚		简谱	《新音乐月刊》第二卷第三期	1940年9月
兵农合一	催牛	辛生	简谱	《音乐哨岗》第二卷第五期	1944年1月
兵士	吐铁尔 白列依		简谱	《新音乐》第五卷第二期	1942年12月
并肩作战	陆华柏	吴研因	简谱	《音乐与美术》综合月刊第三卷第三期	1942年3月
病中吟	刘天华		工尺谱	《音乐杂志》（国改版）第一卷第八号	1930年1月

续表

歌曲名称	曲作者	词作者	记谱形式	曲目来源	出版日期
播谷鸟	联抗	沙鸥	简谱	《新音乐月刊》（昆明版）创刊号	1946 年 6 月
播种	杨国辉		简谱	《儿童音乐》第五期	1944 年 3 月
播种之歌	张锐	仁荪	简谱	《歌咏岗位》第一期	1940 年 5 月
播种之歌	张锐	仁荪	简谱	《新歌曲》第一卷第一期	1941 年 7 月
泊罗江上（屈原纪念歌）	李抱忱	方殷	五线谱	《音乐月刊》（重庆卷）第一卷第六期	1942 年 11 月
补缸	陈厚庵		五线谱	《音乐杂志》（北大版）第二卷第八号	1921 年 10 月
补缸			简谱	《山歌通讯》第一期	1946 年 7 月
不当糊涂兵	肖玉 冷世泽	肖玉 冷世泽	简谱	《解放歌声》第五集	1949 年 3 月
不倒翁	江定仙		五线谱	《音乐教育》第二卷第五期	1934 年 5 月
不倒翁	雷青		简谱	《山歌通讯》新三期	1947 年 12 月
不倒翁	质平		简谱	《美育》第一期	1920 年 4 月
不到黄河心不甘	李凌	柯仲平	简谱	《新音乐》第三卷第五期	1941 年 12 月
不到黄河心不甘	李凌	柯仲平	简谱	《新音乐》第五卷第二期副本	1943 年 1 月
不甘心（歌剧《白毛女》选曲）	马可 张鲁 瞿继		五线谱 简谱	《新音乐》（沪版）第六卷第三期	1947 年 1 月
不赶走鬼子不还乡	君青	君青	简谱	《新音乐》第三卷第三期	1941 年 10 月
不害怕进行曲	任光	田汉	简谱	《歌曲半月刊》第一卷第一期	1941 年 5 月
不离开共产党	王一丁	兰文波	简谱	《人民歌曲》第一期	1948 年 4 月
不买仇货	联抗	时玳	简谱	《新音乐》第一卷第三期	1940 年 3 月
不怕风雨完成任务	孙笑	林鸟	简谱	《人民音乐》（东北版）第一卷第四期	1949 年 7 月
不怕艰苦不怕难	贾一龙	贾一龙	简谱	《人民音乐》（东北版）第一卷第一期	1948 年 10 月
不让鬼子来扫荡	付泉	更生	简谱	《大众歌声》第十三期	1945 年
不让它来糟害	晓河		简谱	《大众歌声》第十七期	1946 年

续表

歌曲名称	曲作者	词作者	记谱形式	曲目来源	出版日期
不是好男不当兵	索子樵	陈醒钟	简谱	《歌曲创作月刊》第二期	1941年2月
不是没有家	杜矢甲	竟志	简谱	《新音乐月刊》第二卷第三期	1940年9月
不要打！不能打！不准打！	守廉	黎洛	简谱	《新音乐月刊》（昆明版）创刊号	1946年6月
不要假停战	水金	水金	简谱	《歌与剧》（战时版）第二期	1946年11月
不再逃亡	黄源洛	学耈	简谱	《青年音乐》第一卷第二期	1942年4月
不做寄生虫	刘天浪	老潘	简谱	《儿童音乐》第一期	1947年4月
不做事	苏克	陶行知	简谱	《儿童音乐》第二期	1947年5月
布谷	傅蒙		简谱	《儿童音乐》第一期	1947年4月
布谷			简谱	《国民教育指导月刊》音乐教材专号	1947年
布谷！布谷！			五线谱	《音乐杂志》（国改版）第一卷第四号	1928年10月
布谷鸟——春之消息	戈忻	戈忻	简谱	《新音乐》（上海版）第三期	1946年6月
步兵歌	杜矢甲	柳倩	简谱	《新音乐》第一卷第二期	1940年2月
步号进行曲	郝杰		五线谱	《音乐杂志》（北大版）第一卷第七号	1920年9月
C					
擦皮鞋	夏白		简谱	《儿童音乐》第七期	1948年3月
才知道我们狠	罗时之		简谱	《青年音乐》第一卷第五期	1942年7月
采茶	唐峰		五线谱 简谱	《新音乐》第七卷第五期	1948年12月
采茶调			简谱	《歌曲新集》第一期	1948年10月
采茶歌	聂尔	聂尔	简谱	《歌咏岗位》第三期	1940年7月
采茶歌	达心	勉夫	简谱	《每月新歌选》第十一期	1941年5月
采茶歌	聂尔	聂尔	简谱	《新音乐》第三卷第二期	1941年9月
采花香	邢稻	邢稻	简谱	《新音乐》（平津唐版）第四期	1948年10月
采莲谣（口琴曲）	刘雪厂		简谱	《上海口琴界》第一卷第四期	1939年8月
莱里少放一点盐	宋扬	王采	五线谱 简谱	《新音乐》第六卷第五期	1947年4月

续表

歌曲名称	曲作者	词作者	记谱形式	曲目来源	出版日期
菜子花儿黄	施盈		五线谱 简谱	《新音乐》（沪版）第七卷第二期	1947年9月
参加自卫团	章枚	章枚	简谱	《大众歌选》第一期	1943年3月
参军人儿多光彩	王一丁	石田	简谱	《人民歌曲》第一期	1948年4月
参军小调	吕骥	知侠	简谱	《大众歌选》第六期	1943年
蚕豆和豌豆			简谱	《国民教育指导月刊》音乐教材专号	1947年
蚕豆花开	华拓		五线谱 简谱	《新音乐》第六卷第六期	1947年6月
仓母拉			五线谱 简谱	《新音乐》第六卷第二期	1946年11月
苍苍松树			五线谱	《国立音乐专科学校校刊》第三期	1930年4月
苍蝇	谢特		简谱	《儿童音乐》第二期	1947年5月
藏粮备战	新雨	新雨	简谱	《大众歌声》第九期	1944年10月
草原哀歌	杨春曲	秦岳	简谱	《音乐教育月刊》（渝版）创刊号	1946年9月
草原，我的亲娘	克林	冯振乾	简谱	《新音乐》第三卷第六期	1942年1月
草原曲	郑律成	舒央	简谱	《民族音乐》第一卷第三、四合刊	1942年7月
草原舞曲			简谱	《音乐教育月刊》（渝版）创刊号	1946年9月
插秧山歌	幼华	晓帆	五线谱 简谱	《新歌丛》第一辑	1948年5月
插秧谣	陆云	来之	简谱	《音乐艺术》第二卷第一期	1945年3月
茶馆小调	费克	长工	简谱	《新音乐》（渝版）第一辑	1947年1月
“茶花女”拔粹曲（口琴曲）	陈剑晨		简谱	《上海口琴界》第二卷八月号	1941年8月
茶山情歌（口琴曲）	张剑辉		简谱	《上海口琴界》第一卷第三期	1939年6月
长城边谣	方冬	胡笳	简谱	《新音乐月刊》第二卷第四期	1941年1月

续表

歌曲名称	曲作者	词作者	记谱形式	曲目来源	出版日期
长城和运河	赵元任	马祖武	简谱	《歌咏岗位》第一期	1940 年 5 月
长城和运河	赵元任	马祖武	简谱	《新歌曲》第一卷第一期	1941 年 7 月
长城谣	陆华柏	陈子展	五线谱	《音乐教育》第四卷第十一期	1936 年 11 月
长江			简谱	《新音乐》（平津唐版）创刊号	1948 年 2 月
长江长	沈秉廉	胡怀琛	简谱	《儿童新歌》第一卷第一期	1947 年 9 月
长江水	唯民	唯民	五线谱 简谱	《新音乐》第七卷第五期	1948 年 12 月
长江与黄河	徐希一		五线谱	《音乐世界》第二卷第六期	1939 年 6 月
长相思	蔡继琨		五线谱	《乐学》第四号	1947 年 10 月
长相思	闫述诗		字母谱	《白雪》第五号	1928 年 4 月
长相望	洪波		简谱	《青年音乐》第一卷创刊号	1942 年 3 月
长征纪念歌	王承骏	毛泽东	简谱	《滨海歌集》第一期	1946 年 6 月
常家庄的故事三曲	劫夫	管华	简谱	《人民音乐》（东北版）第一卷第四期	1949 年 7 月
唱吧夜莺	任予流	甯策	简谱	《新音乐》（华南版）第一卷第五期	1946 年 10 月
唱不完	江定仙、		五线谱	《音乐教育》第二卷第四期	1934 年 4 月
唱春牛		登波	简谱	《歌讯》第二期	
“唱春牛”歌			五线谱	《音乐教育》第五卷第三期	1937 年 3 月
唱二十一团	张鲁	羊路由	简谱	《大家唱》第一期	
唱个摇篮歌			五线谱	《音乐教育》第二卷第一期	1934 年 1 月
唱起来	鲁橹	古柏	五线谱 简谱	《新歌丛》第一辑	1948 年 5 月
唱起山歌一条声	洛辛	胡士平	简谱	《新音乐》第八卷第六期	1950 年 1 月
唱胜利	何为		简谱	《人民歌选》第一期	1949 年 6 月
唱胜利	雪汀		五线谱 简谱	《音乐艺术》第二卷第三期	1946 年 2 月
唱胜利唱民主	联抗		简谱	《新音乐》（华南版）第一卷第二期	1946 年 5 月

续表

歌曲名称	曲作者	词作者	记谱形式	曲目来源	出版日期
唱英雄		严正 安波	简谱	《大众歌声》第十五期	1945 年
朝会歌	林声翕	芦荻	五线谱	《儿童音乐》第四期	1947 年 10 月
朝天子			五线谱	《音乐杂志》（北大版）第二卷第九、十合刊	1921 年 12 月
车水谣	苏平	佚名	简谱	《戏剧与音乐》第二期	1946 年 5 月
扯到战场上	陈绍功	陈绍功	简谱	《救亡歌声》创刊号	1938 年 8 月
彻底打垮进犯军	东峰	苏东	简谱	《歌与剧》（战时版）第五期	1947 年
晨唱歌	雨音	阿蕉	简谱	《新音乐》第五卷第三期	1943 年 2 月
晨歌	柏坚	柏坚	简谱	《新音乐》（华南版）第一卷第五期	1946 年 10 月
晨歌	田鹤	廖辅叔	五线谱	《音乐教育》第二卷第一期	1934 年 1 月
成立联合政府	劫夫	远方	简谱	《大众歌声》第十五期	1945 年
惩办战争罪犯！	安波	安波	简谱	《人民音乐》（东北版）第一卷第二、三合刊	1949 年 3 月
乘胜追击（淮海组歌之三）	亚威	韦明	简谱	《新音乐》第八卷第二期	1949 年 7 月
乘着歌声的翅膀		海涅	五线谱	《音乐教育》第四卷第六期	1936 年 6 月
乘着湘北胜利向前冲	郭远	沙梅	简谱	《新音乐》第一卷创刊号	1940 年 1 月
吃糖果	绿汀		五线谱	《音乐教育》第三卷第七期	1935 年 7 月
驰向春天的海洋	董兼济	邹狄帆	五线谱	《乐风》第十六号	1944 年 2 月
持久抗战	舒模		简谱	《新音乐》第一卷第三期	1940 年 3 月
冲锋!!!	葛焱	巩廓如	简谱	《歌选》第二期	1941 年 2 月
冲锋歌	吴伯超	朱契	简谱	《青年音乐》第二卷第一期	1942 年 9 月
重新做人	韦虹	刘佳	简谱	《解放歌声》（晋察冀版）第二集	1945 年 11 月
愁	闫述诗		字母谱	《白雪》第五号	1928 年 4 月
愁云	闫述诗		字母谱	《白雪》第十四号	1928 年 9 月
出草歌			五线谱 简谱	《音乐教育》第一卷，第六、七合刊	1933 年 11 月

续表

歌曲名称	曲作者	词作者	记谱形式	曲目来源	出版日期
出击歌	姚以让	熊玉珍	简谱	《乐风》第三卷第一期	1944年1月
出力插秧歌	明敏	王叔惠	简谱	《音乐哨岗》第一卷第一期	1942年2月
出力插秧歌	明敏	王叔惠	简谱	《新音乐》第四卷第四期	1942年5月
出煤歌	寄明	天蓝	简谱	《人民音乐》（东北版）第一卷第一期	1948年10月
出门十年不回家	安兰	安兰	五线谱 简谱	《新音乐》（沪版）第七卷第一期	1947年7月
出钱劳军歌	贺绿汀	郭沫若	简谱	《儿童音乐》第二、三合刊	1941年9月
出钱劳军歌	贺绿汀	郭沫若	简谱	《歌曲创作月刊》第二期	1941年2月
出钱劳军歌	杨晋文	郭沫若	简谱	《歌曲创作月刊》第一卷第五期	1941年5月
出使之一（《河梁话别》第一段）	陈田鹤	卢冀野	五线谱	《音乐月刊》（重庆卷）第一卷第四、五合刊	1942年7月
出使之二（《河梁话别》第一段）	陈田鹤	卢冀野	五线谱	《音乐月刊》（重庆卷）第一卷第六期	1942年11月
出征	贺绿汀	朱偰	五线谱	《乐风》新一卷第一期	1941年1月
出征	贺绿汀	朱偰	五线谱	《乐风》（副本）第一卷第一期	1941年4月
出征	君明	开元	简谱	《每月新歌选》第二期	1939年11月
出征	刘已明	刘已明	五线谱	《音乐教育》第二卷第九期	1934年9月
出征	姚以让		简谱	《歌曲创作月刊》第二期	1941年2月
出征（得胜的神领着我们上前）	青主	青主	五线谱	《音乐教育》第四卷第一期	1936年1月
出征歌	李抱忱	朱偰	简谱	《乐风》新一卷第五、六合刊	1941年6月
出征歌	钱仁康	朱偰	简谱	《乐风》新一卷第九期	1941年9月
出征歌	钱仁康	朱偰	五线谱	《乐风》（副本）第一卷第二期	1941年9月
除夜小唱	刘天华		工尺谱	《音乐杂志》（国改版）第一卷第二号	1928年2月
除夜小唱	刘天华		五线谱	《音乐杂志》（国改版）第一卷第二号	1928年2月

续表

歌曲名称	曲作者	词作者	记谱形式	曲目来源	出版日期
楚些吟（纪念刘天华先生）	储师竹		简谱	《乐风》第二卷第四期	1942年7月
穿井曲	寄萍	寄萍	简谱	《大众歌声》第十二期	1945年5月
船夫曲（伏尔加船夫曲）			简谱	《歌与诗音乐月刊》第六期	1945年
船夫吟	叶林	谷柳	简谱	《音乐与美术》综合月刊第三卷第四、五、六合刊	1942年8月
船歌	沙海	沙海	简谱	《青年音乐》第一卷第六期	1942年8月
船娘曲	葛敏	伊湄	五线谱 简谱	《新音乐》第六卷第四期	1947年3月
创造陈毅射击手	果林	静华	简谱	《歌与剧》（战时版）第二期	1946年11月
创造我们的乐园	张文纲	张文纲	简谱 五线谱	《新歌丛》第二辑	1948年7月
创造新书本	联抗	联抗	简谱	《新音乐》（上海版）第二期	1946年5月
创造朱德射击手	小民子	小民子	简谱	《大众歌选》第四期	1943年8月
吹袋箫者			五线谱	《音乐教育》第四卷第十二期	1936年12月
春愁	储师竹	王森然	五线谱	《音乐杂志》（国改版）第一卷第三号	1928年3月
春愁	闫述诗		字母谱	《白雪》第九号	1928年5月
春愁			字母谱	《白雪》第二十五号	1929年
春到人间	舒模	钢鸣	简谱	《音艺通讯》第二期	1945年4月
春到人间	舒模	钢鸣	简谱	《音乐艺术》第二卷第一期	1945年3月
春的报晓	黄廷贵		五线谱	《音乐教育》第三卷第八期	1935年8月
春风			字母谱	《白雪》第六号	1928年5月
春风牧笛	夏白	夏白	简谱	《儿童音乐》第五期	1944年3月
春风牧笛	夏白	夏白	简谱	《音乐与戏剧》创刊号	1943年11月
春风温又暖		施盈	简谱	《南方音乐》创刊号	1948年3月
春歌	高中立	Heine	五线谱	《音乐杂志》（艺文版）第一卷第二期	1934年4月
春歌			五线谱	《音乐教育》第三卷第十二期	1935年12月

续表

歌曲名称	曲作者	词作者	记谱形式	曲目来源	出版日期
春耕	克西	山羊	简谱	《南方音乐》创刊号	1948 年 3 月
春耕歌	葛焱	洪禹	简谱	《歌选》第二期	1941 年 2 月
春耕歌	葛焱	洪禹	简谱	《新音乐》第四卷第三期	1942 年 4 月
春耕歌	孙慎		简谱	《新歌曲》第一卷第一期	1941 年 7 月
春耕歌	希贤		简谱	《歌咏岗位》第一期	1940 年 5 月
春耕曲	联抗	于逢	简谱	《新音乐》（华南版）第一卷创刊号	1946 年 4 月
春姑娘			简谱	《国民教育指导月刊》音乐教材专号	1947 年
春花秋月何时了？	陈歌辛		五线谱	《音乐教育》第四卷第八期	1936 年 8 月
春垦曲	咯海	吕庠	简谱	《音乐艺术》第四期	1944 年 11 月
春垦曲	赵启海	吕庠	简谱	《青年音乐》第一卷第四期	1942 年 6 月
春雷不雨	应尚能	韦瀚章	五线谱	《青年音乐》（基督教版）第一期	1949 年 6 月
春雷一响散东西	方英	小云	简谱	《香岛音乐》创刊号	1948 年 4 月
春暖花开草发芽	林韵	张琢	简谱	《新音乐》（华南版）第一卷创刊号	1946 年 4 月
春去了	钱君匋	钱君匋	五线谱	《音乐教育》第二卷第一期	1934 年 1 月
春日谣	聂尔	聂尔	简谱	《新音乐》第三卷第二期	1941 年 9 月
春日游	萧而化	唐韦庄	五线谱	《音乐教育》第一卷第四、五合刊	1933 年 10 月
春声			五线谱	《音乐教育》第一卷第八、九合刊	1933 年 12 月
春水	闫述诗		字母谱	《白雪》第三号	1928 年 4 月
春天	陈田鹤	廖辅叔	五线谱	《音乐教育》第三卷第九期	1935 年 9 月
春天的妇女	冼星海	塞克	简谱	《新音乐》第一卷第三期	1940 年 3 月
春天的歌	施正镐	杨琦	简谱	《青年音乐》第一卷第五期	1942 年 7 月
春天的歌	田鹤	廖辅叔	五线谱	《音乐教育》第二卷第一期	1934 年 1 月
春天的阳光（歌剧《新中国万岁》插曲）	韩悠韩	李嘉	简谱	《新音乐》第三卷第四期	1941 年 11 月

续表

歌曲名称	曲作者	词作者	记谱形式	曲目来源	出版日期
春天来了	艾力	鲁岩	简谱	《大众歌选》第二期	1943 年 6 月
春天里	王莘	姚中	简谱	《解放歌声》（天津版）第二集	1949 年 3 月
春天里菜花香		潘辉	简谱	《音乐哨岗》第二卷第二、三合刊	1943 年 10 月
春天颂		悦之	五线谱 简谱	《音乐艺术》第二卷第五期	1946 年 6 月
春天之歌	晓黄	马凡陀	五线谱 简谱	《新音乐》第七卷第二期	1947 年 9 月
春晚	江定仙	张可久	五线谱	《音乐杂志》（艺文版）第一卷	1934 年 11 月
春兴	闫述诗	怡园诗	字母谱	《白雪》第二十三号	1929 年
春绪	应尚能	应尚能	五线谱	《音乐月刊》（重庆卷）第一卷第四、五合刊	1942 年 7 月
春夜洛城闻笛	刘雪庵	李白	五线谱	《音乐教育》第三卷第一期	1935 年 1 月
春隐			字母谱	《白雪》第一号	1928 年 4 月
春游	刘雪庵	刘雪庵	五线谱	《音乐教育》第二卷第十一期	1934 年 11 月
春游	田鹤	廖辅叔	五线谱	《音乐教育》第二卷第一期	1934 年 1 月
春雨	怀玉	陶松	五线谱	《音乐教育》第三卷第九期	1935 年 9 月
春之晨			字母谱	《白雪》第二号	1928 年 4 月
春之歌	陈良		五线谱 简谱	《新音乐》第七卷第三期	1948 年 1 月
春之恋歌（口琴曲）	过祖耕		简谱	《上海口琴界》第一卷第二期	1939 年 5 月
春之舞歌（南国跳春楼舞曲）	李凌	林予	简谱	《新音乐》第八卷第一期	1949 年 6 月
春之消息一——冬风雨合唱	陈歌辛	陈歌辛	简谱	《新音乐》第四卷第一期	1942 年 2 月
春之消息二——风雨中的摇篮歌	陈歌辛	陈歌辛	简谱	《新音乐》第四卷第一期	1942 年 2 月
春之消息三——布谷	陈歌辛	陈歌辛	简谱	《新音乐》第四卷第一期	1942 年 2 月
春之消息四——冬之葬曲	陈歌辛	陈歌辛	简谱	《新音乐》第四卷第一期	1942 年 2 月

续表

歌曲名称	曲作者	词作者	记谱形式	曲目来源	出版日期
椿糕歌			简谱	《新音乐》（平津唐版）第二期	1948 年 5 月
慈母曲	石林	星岗	简谱	《新音乐》第五卷第一期	1942 年 11 月
辞别	陆华柏		五线谱	《音乐教育》第四卷第五期	1936 年 5 月
辞别老婆去当兵	了休	刘亮	简谱	《大众歌选》第七期	1944 年 2 月
此何声？从何处来？			五线谱	《国立音乐专科学校校刊》第三期	1930 年 4 月
此恨绵绵无绝期	黄自	韦瀚章	五线谱	《音乐月刊》（重庆卷）第二卷第一期	1943 年 5 月
次良若井（寄喇叭）			五线谱 简谱	《音乐教育》第一卷第六、七合刊	1933 年 11 月
从黑夜到天明（《最后的命令》插曲）	黄粲	叶华	简谱	《歌与剧》第一期	1946 年 10 月
从军歌	李肇南		简谱	《歌曲创作月刊》第一卷第六期	1941 年 6 月
从军歌	柳占青	柳占青	简谱	《歌曲创作月刊》新第一卷第一期	1942 年 11 月
从军好	杨友立	铿然	简谱	《歌曲创作月刊》第一期	1941 年 1 月
从军乐	陆华柏	赵荣珂	简谱	《音乐与美术》综合月刊第二卷第五期	1941 年 5 月
从军乐	杨明良	张恨水	简谱	《乐风》第三卷第一期	1944 年 1 月
从军行	徐昭裕		简谱	《歌曲创作月刊》第二期	1941 年 2 月
从这一边境到那边		抚石	简谱	《新音乐》第一卷第四期	1940 年 4 月
催眠曲	李群	钟塞	简谱	《新音乐》第一卷第四期	1940 年 4 月
催眠曲	温复生		简谱	《音乐哨岗》第一卷第二期	1942 年 5 月
翠堤春晓插曲（口琴曲）	华园		简谱	《上海口琴界》第一卷第三期	1939 年 6 月
翠黄花			五线谱	《音乐杂志》（北大版）第二卷第八号	1921 年 10 月
村东老汉吴大伯	元庆	安娥	简谱	《解放歌声》第七集	1949 年 8 月
村归	鲁橹	晨野	五线谱 简谱	《新音乐》第六卷第三期	1947 年 1 月

续表

歌曲名称	曲作者	词作者	记谱形式	曲目来源	出版日期
村男村女	宋扬		简谱	《新音乐》第六卷第一期	1946 年 10 月
村童之舞	黄廷贵		五线谱	《林钟》创刊号	1939 年 6 月
村选小调		白丁	简谱	《大众歌选》第三期	1943 年 7 月
D					
搭锟伙		杨白	简谱	《大众歌声》第十二期	1945 年 5 月
打草鞋	张狂	张狂	简谱	《每月新歌选》第十一期	1941 年 5 月
打草鞋	张狂	张狂	简谱	《新音乐》第三卷第二期	1941 年 9 月
打长江	聂耳	田汉	简谱	《新音乐》（平津唐版）第三期	1948 年 7 月
打打打	粤海	项字	简谱	《新音乐》第三卷第六期	1942 年 1 月
打大哨			简谱	《大众歌声》第九期	1944 年 10 月
打倒法西斯	李伟	李伟	简谱	《歌曲半月刊》第一卷第六期	1941 年 7 月
打倒奸商	K. R		简谱	《歌与诗音乐月刊》第七期	1945 年
打倒日本	陆华柏	王光莹 王光瑜	简谱	《乐风》新一卷第十期	1941 年 10 月
打倒汪精卫	星海	萧三	简谱	《新音乐》第一卷第二期	1940 年 2 月
打倒汪精卫	星海	小三	简谱	《每月新歌选》第三期	1939 年 12 月
打倒制造内战的狗东西	沙飞	张茜	简谱	《大众歌选》第五期	1943 年 9 月
打到敌人心脏去	陈志昂	往烟	简谱	《大众歌声》第十二期	1945 年 5 月
打到鸭绿江大合唱（原名：九一八大合唱）	冼星海	天蓝	简谱	《新音乐月刊》第二卷第一、二合刊	1940 年 8 月
打得好	践耳	王杰	简谱	《解放歌声》第四集	1949 年 3 月
打得好（淮海战役组歌）	践耳	王杰	简谱	《新音乐》第八卷第三期	1949 年 8 月
打东洋	刘雪厂	秦侠侬	简谱	《新音乐》第一卷第六期	1940 年 6 月
打东洋	洛茜	原宾	简谱	《每月新歌选》第九期	1940 年 9 月
打东洋	韦简明、欧阳维鑫	韦简明、欧阳维鑫	简谱	《音乐与美术》综合月刊第二卷第九期	1941 年 9 月
打独裁	黄商		简谱	《香岛音乐》创刊号	1948 年 4 月

续表

歌曲名称	曲作者	词作者	记谱形式	曲目来源	出版日期
打厄嘲	曾宪	曾宪	简谱	《新音乐》（华南版）第一卷第六期	1946年12月
打风满天下	舒模	舒模	简谱	《新音乐》（华南版）第一卷第六期	1946年12月
打风满天下	舒模	舒模	简谱	《新音乐》（渝版）第一辑	1947年1月
打风满天下	舒模		五线谱 简谱	《新音乐》第六卷第二期	1946年11月
打个哈哈向前走			简谱	《儿童新歌》第一卷第一期	1947年9月
打鬼子	友立	吕庠	简谱	《歌曲创作月刊》第一卷第五期	1941年5月
打回去	牟根喜	彭子明	简谱	《滨海歌集》第二期	1946年
打井歌	朱明	李墨林	简谱	《大众歌声》第十二期	1945年5月
打亢歌			简谱	《民族音乐》第一卷第五、六合刊	1942年9月
打垮蒋介石	张达观	贾克	简谱	《解放歌声》（晋察冀版）第四集	1948年1月
打雷			五线谱	《音乐教育》第五卷第四期	1937年4月
打莲成			简谱	《新音乐》第四卷第六期	1942年9月
打锣鼓	曾雨音		简谱	《儿童音乐》第七期	1948年3月
打锣鼓	曾雨音		五线谱	《儿童音乐》第七期	1948年3月
打骆驼			五线谱	《音乐教育》第五卷第五期	1937年5月
打落水狗	罗一平	罗一平	简谱	《每月新歌选》第九期	1940年9月
打埋伏	晴钟	晴钟	简谱	《民族音乐》第一卷第八期	1942年
打麦	钟厉鸣	野草	简谱	《新音乐》第五卷第三期	1943年2月
打日本			简谱	《音乐与美术》综合月刊第十期	1940年10月
打杀汉奸	江定仙	胡然	五线谱	《音乐教育》第五卷第八期	1937年8月
打胜仗	苏风	野路	简谱	《歌与剧》（战时版）第五期	1947年
打胜仗	杨晋文	老向	简谱	《乐风》新一卷第十一、十二合刊	1941年12月
打胜仗啦！	黄凛	野明	简谱	《每月新歌选》第九期	1940年9月

续表

歌曲名称	曲作者	词作者	记谱形式	曲目来源	出版日期
打死倡议投降的人	肖枫	辛生	简谱	《音乐哨岗》第三卷第一期	
打死反动派	鹰航	力鸣	简谱	《人民歌曲》第一期	1948年4月
打他个落花流水	青水	沙萍	简谱	《大众歌声》第十二期	1945年5月
打铁歌	梁寒光		简谱	《解放歌声》第七集	1949年8月
打铁歌	林木	蒲风	简谱	《新音乐月刊》第二卷第四期	1941年1月
打铁歌	刘天浪		简谱	《儿童音乐》第二期	1947年5月
打铁谣	黎观瞰	黎观瞰	简谱	《儿童音乐》第一期	1947年4月
打铁谣	林奇	张天授	简谱	《歌曲旬刊》第二期	1941年4月
打铁谣	刘天浪	张天授	简谱	《新音乐》第四卷第二期	1942年3月
打铁谣	罗耀国 周希南	张天授	五线谱	《乐风》新一卷第三期	1941年3月
打铁谣	许萍章		简谱	《新音乐》第八卷第一期	1949年6月
打铁谣	杨友立	张天授	简谱	《歌曲创作月刊》第一卷第七、八、九合刊	1941年11月
打退敌人的进攻	陆云	李忿零	简谱	《音乐艺术》第五期	1945年1月
打退反动派	刘沛	王炜	简谱	《解放歌声》（晋察冀版）第三集	1946年7月
打下赣榆城		李世宣	简谱	《大众歌声》第八期	1944年6月
打严嵩	李荣寿		五线谱	《音乐杂志》（北大版）第二卷第五、六合刊	1921年6月
打游击	程懋筠	程懋筠	简谱	《新音乐》第一卷第五期	1940年5月
打砖歌	聂耳	田汉	简谱	《新音乐》（平津唐版）第三期	1948年7月
大乘经			五线谱	《音乐杂志》（北大版）第二卷第八号	1921年10月
大丹河	吕骥	王震之	简谱	《新歌曲》第一卷第一期	1941年7月
大丹河	吕骥	王震之	简谱	《新音乐》第一卷创刊号	1940年1月
大刀快	刘已明	老向	五线谱	《乐风》新一卷第二期	1941年2月
大道歌	谢直心	谭志勇	五线谱	《大道音乐》创刊号	1946年11月
大地的爱	陈歌辛	吴晓邦	简谱	《音乐世界》第二卷第三期	1939年3月

续表

歌曲名称	曲作者	词作者	记谱形式	曲目来源	出版日期
大地回春	舒模	钢鸣	简谱	《音艺通讯》第二期	1945 年 4 月
大反攻	泉水	王杰	简谱	《大众歌声》第十四期	1945 年 8 月
大反攻前进曲	张风	张风	简谱	《人民歌曲》第一期	1948 年 4 月
大盖枪	克林克	克林克	简谱	《大众歌声》第八期	1944 年 6 月
大个哈哈向前走			简谱	《儿童新歌》第一卷第一期	1949 年 9 月
大公鸡	张文纲	宋军	简谱	《儿童音乐》第一期	1947 年 4 月
大红花	天虹	左林	简谱	《大众歌声》第十八期	1946 年 9 月
大夥摀地	了休	阿采	简谱	《大众歌声》第八期	1944 年 6 月
大家唱	舒模	湘鏶	简谱	《儿童音乐》第五期	1944 年 3 月
大家的事大家办	水金	立田	简谱	《大众歌声》第十四期	1945 年 8 月
大家都来招待他	刘天浪	宋晓村	简谱	《新音乐月刊》第二卷第三期	1940 年 9 月
大家都抛锚（抛锚大合唱之一）	马思聪	端木蕻良	五线谱	《音乐艺术》第三卷第一期	1946 年 10 月
大家都是中国种	陆华柏	王光莹 王光瑜	简谱	《乐风》新一卷第十期	1941 年 10 月
大家都是中国种	陆华柏	王光瑜 王光莹	五线谱	《乐风》（副本）第一卷第二期	1941 年 9 月
大家看	孙慎	凡容	简谱	《新音乐》（上海版）第二期	1946 年 5 月
大家抗战	王峰		简谱	《每月新歌选》第九期	1940 年 9 月
大家来唱歌	阿细	阿细	简谱	《新音乐月刊》（昆明版）创刊号	1946 年 6 月
大家来算，大家来分	何士德	张波	简谱	《人民音乐》（东北版）第一卷第一期	1946 年 12 月
大家忙	贺撕悔 彭一叶 刘天浪	老舍	简谱	《每月新歌选》第六期	1940 年 6 月
大家齐唱			五线谱	《音乐教育》第一卷第六、七合刊	1933 年 11 月
大家生活要节省	蒋芷兰	刘百川	简谱	《歌曲创作月刊》第一卷第七、八、九合刊	1941 年 11 月

续表

歌曲名称	曲作者	词作者	记谱形式	曲目来源	出版日期
大家事情大家干	冷莽	天授	五线谱 简谱	《新音乐》第六卷第六期	1947年6月
大家笑哈哈	刘亚	刘亚	简谱	《大众歌声》第十七期	1946年
大家一起干		孟源	简谱	《儿童音乐》第二、三合刊	1941年9月
大家一起笑吧	阿特谱	李抱尘	简谱	《儿童新歌》第一卷第一期	1949年9月
大家一条心	元坚	元坚	简谱	《每月新歌选》第六期	1940年6月
大江	张文刚	罗根	简谱	《乐风》新一卷第十一、十二合刊	1941年12月
大江	张文纲	罗根	五线谱	《乐风》（副本）第一卷第三期	
大江东去	一夏		简谱	《歌曲创作月刊》第一卷第七、八、九合刊	1941年11月
大江进行曲	杜巴	耿连	简谱 五线谱	《新歌丛》第三辑	1949年2月
大进攻	深露	维璞	简谱	《解放歌声》（华东军区版）第二集	1948年10月
大军前进	林里	周行	简谱	《解放歌声》第四集	1949年3月
大量歼灭蒋家军	梅滨	梅滨	简谱	《歌与剧》（战时版）第九期	1947年5月
大路歌	聂耳	孙瑜	简谱	《新音乐》（平津唐版）第三期	1948年7月
大麦黄	胡敬熙	方殷	五线谱	《乐风》新一卷第二期	1941年2月
大母鸡	陈明	陈明	简谱	《解放歌声》（天津版）第二集	1949年3月
大钳蟹	宋军	胡明树	简谱	《儿童音乐》第三期	1947年6月
大青山	江橹	洛赛	简谱	《民族音乐》第一卷第二期	1942年5月
大日本玩具真正好	陆华柏	王光莹 王光瑜	简谱	《乐风》新一卷第九期	1941年9月
大傻瓜			简谱	《解放歌声》（天津版）第二集	1949年3月
大生产	李群	贾克	简谱	《解放歌声》第四集	1949年3月
大头娃舞曲	慨锐	曼青	简谱	《歌与诗音乐月刊》第四期	1945年
大团结	刘守义	王希坚	简谱	《人民歌曲》第一期	1948年4月
大娃娃	曾雨音		简谱	《儿童音乐》第六期	1947年12月
大娃娃	曾雨音		五线谱	《儿童音乐》第六期	1947年12月

续表

歌曲名称	曲作者	词作者	记谱形式	曲目来源	出版日期
大月亮	黄源洛	艾西由	简谱	《青年音乐》第一卷第三期	1942年5月
大灾荒	李定	田辛克	简谱	《新音乐》第六卷第一期	1946年10月
大众的歌手	何安康	荷子	五线谱	《音乐教育》第五卷第一期	1937年1月
岱崮连	李兵	李兵	简谱	《大众歌声》第八期	1944年6月
带枪的人（电影《带枪的人》插曲）	［苏］阿尔曼德	［苏］阿尔曼德	简谱	《新音乐》第三卷第四期	1941年11月
待发	杨晋文	南湖	简谱	《乐风》第三卷第一期	1943年1月
待曙	丁善德	丁善德	五线谱	《音乐杂志》创刊号	1946年7月
逮住了敌人才开枪	赵良璋	赵良璋	简谱	《音乐与美术》综合月刊第二卷第十期	1941年10月
淡淡江南月	汪秋逸	杨友群	简谱	《每月新歌选》第二期	1939年11月
淡淡江南月	汪逸秋	杨友群	简谱	《新音乐》第一卷第六期	1940年6月
淡淡江南月	汪秋逸	友群 秋逸	简谱	《新歌曲》第一卷第四期	1941年10月
当兵	继时	张恨水	简谱	《歌曲创作月刊》第一卷第七、八、九合刊	1941年11月
当兵把仇报	克林克	克林克	简谱	《大众歌选》第六期	1943年
当兵歌	刘天浪	刘天浪	简谱	《每月新歌选》第九期	1940年9月
当兵好	黄让	张恨水	简谱	《歌曲创作月刊》新第一卷第一期	1942年11月
当兵好	刘已明		简谱	《新音乐》第四卷第二期	1942年3月
当兵好	王沛纶	佚名	简谱	《乐风》新一卷第四期	1941年4月
当兵好	王沛伦	佚名	五线谱	《乐风》（副本）第一卷第一期	1941年4月
当兵号子	孔健飞	孔健飞	简谱	《大众歌选》第一期	1943年3月
当兵苦			简谱	《新音乐》（平津唐版）第四期	1948年10月
当兵去	创恒	创恒	简谱	《新音乐月刊》第二卷第四期	1941年1月
当兵谣	佚名	佚名	简谱	《大众歌选》第六期	1943年
当那燕子归去了	Franz Abt	Franz Abt	五线谱	《音乐教育》第二卷第九期	1934年9月
党中央委员会	瞿维	贺敬之	简谱	《歌曲半月刊》第一卷第五期	1941年7月

续表

歌曲名称	曲作者	词作者	记谱形式	曲目来源	出版日期
荡小船			五线谱	《音乐教育》第一卷第八、九合刊	1933年12月
岛歌海曲	复音歌		字母谱	《白雪》第二十一号	1929年
到边疆去	洪波	阙大津	简谱	《青年音乐》第一卷第二期	1942年4月
到底为的啥	达尼	胡士翔	简谱	《音乐艺术》第四期	1944年11月
到底为的啥（学习文化歌）	达尼	胡士翔	简谱	《民族音乐》第一卷第七期	1942年10月
到农村去	克明	赵启海	简谱	《新音乐》第三卷第五期	1941年12月
到游击队里去	林路	赵启海	简谱	《每月新歌选》第一期	1940年3月
悼歌	陈歌辛	路工忻	简谱	《新音乐》第三卷第四期	1941年11月
得胜调			简谱	《新音乐》第四卷第三期	1942年4月
得意进行曲	李荣寿		五线谱	《音乐杂志》（北大版）第二卷第三、四合刊	1921年4月
的答的	华尃	梁珍	简谱	《儿童音乐》第一期	1947年4月
登幽州台歌	翟立中	李白	简谱	《音乐世界》第一卷第四期	1938年11月
狄克斯兰陀变奏曲（口琴曲）	陈剑晨		简谱	《上海口琴界》第一卷第三期	1939年6月
抵抗	陆华柏		五线谱	《音乐教育》第五卷第六期	1937年6月
抵抗	赵元任	陈礼江	简谱	《歌咏岗位》第二期	1940年6月
抵抗，前进！	张曙	田汉	简谱	《每月新歌选》第一期	1940年3月
抵住敌人的进攻（进行曲）	董兼济	李念群	简谱	《诗与音乐》创刊号	1945年4月
地雷开了花	了休	刘亮	简谱	《大众歌选》第六期	1943年
地雷埋的巧	刘宗	刘宗	简谱	《大众歌声》第十二期	1945年5月
地照到家	李尼	其明等	简谱	《人民音乐》（东北版）第一卷第一期	1948年10月
帝国主义打不长	马可		简谱	《新音乐月刊》（副刊）第一辑	
第一纵队队歌	尹挺	尹挺	简谱	《每月新歌选》第十期	1940年10月
点点虫虫飞	已明		简谱	《每月新歌选》第九期	1940年9月

续表

歌曲名称	曲作者	词作者	记谱形式	曲目来源	出版日期
点豆	陈紫	锦清	简谱	《人民音乐》（东北版）第一卷第二、三期合刊	1949年3月
点绛唇（赋登楼）	黄自	王灼	五线谱	《音乐杂志》（艺文版）第一卷第二期	1934年4月
电讯工人歌	任景平	郭炳文	简谱	《解放歌声》（天津版）第四集	1949年6月
电影生死同心主题歌	江定仙	贺绿汀	五线谱	《音乐教育》第五卷第一期	1937年1月
吊屈原一名罗江怨			五线谱	《音乐杂志》（北大版）第一卷第五、六合刊	1920年8月
吊吴淞	应尚能	韦瀚章	五线谱	《音乐杂志》（艺文版）第一卷第三期	1934年7月
调兵送郎			五线谱	《音乐教育》第五卷第四期	1937年4月
跌倒，算什么！	舒模	绿永、舒模	五线谱	《音乐艺术》第二集第二期	1945年7月
叮叮当	陈绘声	陈绘声	简谱	《乐风》新一卷第五、六合刊	1941年6月
叮叮当	舒模	阿迟	简谱	《每月新歌选》第四、五合刊	1940年3月
叮叮当当	迟俊德	郑捷	简谱	《人民音乐》（东北版）第一卷第四期	1949年7月
钉缸	沈仲田		五线谱	《音乐杂志》（北大版）第二卷第九、十合刊	1921年12月
丢下枪杆快回家	安兰	叶观	五线谱 简谱	《新音乐》（沪版）第七卷第二期	1947年9月
东北青年进行曲	刘炽	陈陇	简谱	《人民音乐》（东北版）第一卷第三期	1947年3月
东北人民子弟兵	刘洙	侯唯动	简谱	《人民音乐》（东北版）第一卷第二期	1947年2月
东北人民自卫军军歌	彦克	天蓝	简谱	《人民音乐》（东北版）第一卷第二期	1947年2月
东方红		丁里	简谱	《歌与剧》第四期	1947年6月
东方红		李增正	简谱	《解放歌声》（晋察冀版）第四集	1948年1月

续表

歌曲名称	曲作者	词作者	记谱形式	曲目来源	出版日期
东方红			简谱	《解放歌声》（天津版）第一集	1949年2月
东方红			简谱	《歌与剧》（战时版）第二期	1946年11月
东京少妇吟	万模群	李元喜	简谱	《音乐与美术》综合月刊第二卷第一、二合刊	1941年2月
东流水	黎锦晖		简谱 工尺谱	《音乐杂志》（北大版）第一卷第九、十合刊	1920年12月
东洋狗	陆华柏	王光莹、王光瑜	简谱	《乐风》新一卷第九期	1941年9月
东征进行曲	刘已明	周仁涛	简谱	《青年音乐》第二卷第四期	1942年12月
冬老人和春姑娘	徐啸涛	胡研因	简谱	《歌曲创作月刊》新第一卷第一期	1942年11月
冬夜序曲	雪箭	雪箭	简谱	《新音乐》（平津唐版）第二期	1948年5月
动物园			简谱	《国民教育指导月刊》音乐教材专号	1947年
动员起来	李尼	希扬	简谱	《人民音乐》（东北版）第一卷第一期	1946年12月
都达尔和玛丽亚			简谱	《新音乐》（上海版）第二期	1946年5月
都达尔和玛利亚			简谱	《乐坛》创刊号	1946年7月
兜督将	胡子	符公望	简谱	《新音乐》（粤中版）创刊号	1949年6月
斗争五更			简谱	《人民歌曲》第一期	1948年4月
豆蔻年华（口琴曲）	泊罗		简谱	《上海口琴界》第一卷第二期	1939年5月
读书郎	宋扬	宋扬	简谱	《新音乐》（华南版）第一卷创刊号	1946年4月
读书郎	宋扬	宋扬	简谱	《新音乐》（渝版）第一辑	1947年1月
读书乐	质平	胡朴安	简谱	《美育》第一期	1920年4月
杜鹃花	黄友棣	芜军	简谱	《青年音乐》第一卷第六期	1942年8月
杜鹃曲	刘天浪	锡英	简谱	《青年音乐》第二卷第二、三期合刊	1942年11月
杜鹃与月	田鹤		五线谱	《音乐教育》第二卷第十一期	1934年11月
杜黎子树	寒光	瞿强	简谱	《儿童音乐》第四期	1943年

续表

歌曲名称	曲作者	词作者	记谱形式	曲目来源	出版日期
杜梨子树	鹰航	翟强	简谱	《解放歌声》（天津版）第二集	1949 年 3 月
杜梨子树	鹰航	翟强	简谱	《人民音乐》（东北版）第一卷第二期	1947 年 2 月
杜黎子树（歌剧《治病》插曲）	寒光	瞿强	简谱	《新音乐月刊》（副刊）第一辑	
渡长江	何士德	赖少其	简谱	《每月新歌选》第四、五合刊	1940 年 3 月
渡过这冷的冬天	陈歌辛		简谱	《音乐世界》第二卷第一期	1939 年 1 月
渡河曲	广寒		简谱	《新音乐》第四卷第五期	1942 年 7 月
渡黄河	陆铿	陆铿	简谱	《歌与诗音乐月刊》第八期	1945 年
短歌	华尼君	许崇灏	简谱	《青年音乐》第一卷第六期	1942 年 8 月
短歌	联抗		简谱	《每月新歌选》第七期	1940 年 7 月
短歌	林路	舒群	简谱	《每月新歌选》第一期	1940 年 3 月
短歌	汪秋逸	杨友群	简谱	《新歌曲》第一卷第四期	1941 年 10 月
短歌	汪秋逸	杨友群	简谱	《新音乐月刊》（副刊）第一辑	
短歌			五线谱	《音乐教育》第五卷第九、十合刊	1937 年 10 月
短剑之歌	发尔地	波里奥拉仁斯基	简谱	《新音乐》第五卷第一期	1942 年 11 月
短篱边的蔷薇	舒柏特（Franz Schubert）		五线谱	《新乐潮》第二卷第二期	1928 年 2 月
断肠红	庄宏	张生	简谱	《广播歌剧选》新歌第二期	1948 年 11 月
对花	李群	胡沙	简谱	《新音乐》第八卷第四期	1949 年 10 月
对花	沈仰田		五线谱	《音乐杂志》（北大版）第二卷第八号	1921 年 10 月
多打粮食送前方	汪清	梁泉	简谱	《大众歌声》第十四期	1945 年 8 月
多纺五斤花，多种十亩地	晨暄	张帆	简谱	《音乐哨岗》第一卷第四、五合刊	1942 年 8 月
多纺五斤花多种十亩地	晨暄	张帆	简谱	《儿童音乐》第五期	1944 年 3 月

续表

歌曲名称	曲作者	词作者	记谱形式	曲目来源	出版日期
多捉俘虏多缴枪	孔平	周音	简谱	《大众歌声》第十四期	1945 年 8 月
朵朵红花向谁送	白宁		简谱	《新音乐》第八卷第二期	1949 年 7 月
E					
儿女英雄（《新儿女英雄传》主题歌）	林路	田汉	简谱	《每月新歌选》第二期	1939 年 11 月
儿童节，好春天	劳舟	劳舟	简谱	《解放歌声》第六集	1949 年 4 月
儿童节歌	江定仙	陈果夫	简谱	《歌与诗音乐月刊》第三期	1944 年 12 月
儿童节歌	马思聪	宋军	简谱	《儿童音乐》第一期	1947 年 4 月
儿童节歌	马思聪	宋军	五线谱	《儿童音乐》第一期	1947 年 4 月
儿童节歌	莎莱	莎莱	简谱	《解放歌声》（天津版）第二集	1949 年 3 月
儿童节歌	张鲁	唐因	简谱	《解放歌声》第六集	1949 年 4 月
儿童节歌			简谱	《国民教育指导月刊》音乐教材专号	1947 年
儿童进行曲	刘炽	大化	简谱	《人民音乐》（东北版）第一卷第三期	1947 年 3 月
儿童进行曲	罗耀国	蒋逸之	简谱	《乐风》新一卷第四期	1941 年 4 月
儿童哨	麦新	高峰	简谱	《儿童音乐》第五期	1944 年 3 月
儿童哨	麦新	高峰	简谱	《歌曲旬刊》第三期	1941 年 4 月
儿童团	吕骥	塞克	简谱	《解放歌声》（天津版）第二集	1949 年 3 月
儿童团歌	吕骥	成仿吾	简谱	《歌曲月刊》第二期	1940 年 10 月
儿童卫生歌	鹰航	路由	简谱	《解放歌声》（天津版）第二集	1949 年 3 月
儿童小唱	华旭	张玉超	简谱	《人民音乐》（东北版）第一卷第四期	1949 年 7 月
儿童要识字	姚中达观	姚中达观	简谱	《解放歌声》（天津版）第二集	1949 年 3 月
儿童支前歌	丁辛	孙书琴	简谱	《解放歌声》（天津版）第二集	1949 年 3 月
儿童组曲一号之一	刘雪庵		五线谱	《儿童音乐》第一期	1947 年 4 月
儿童组曲一号之二	刘雪庵		五线谱	《儿童音乐》第三期	1947 年 6 月
而个的秦桧	张鲁	钟灵	简谱	《歌曲半月刊》第一卷第三期	1941 年 6 月

续表

歌曲名称	曲作者	词作者	记谱形式	曲目来源	出版日期
耳听黄牛叫	林里	朱子奇	简谱	《解放歌声》第六集	1949年4月
二部创意曲	贺绿汀		五线谱	《乐风》新一卷第三期	1941年3月
二部创意曲	贺绿汀		五线谱	《乐风》（副本）第一卷第一期	1941年4月
二胡练习曲	刘天华		简谱	《乐风》新一卷第五、六合刊	1941年6月
二胡练习曲	刘天华		简谱	《乐风》新一卷第七、八合刊	1941年8月
二十四表	李荣寿		五线谱	《音乐杂志》（北大版）第一卷第八号	1920年10月
二十四糊涂	李荣寿		五线谱	《音乐杂志》（北大版）第一卷第八号	1920年10月
F					
伐木歌	郑律成	井岩盾	简谱	《新音乐》第三卷第四期	1941年11月
伐木歌	郑律成	井岩盾	简谱	《歌曲半月刊》第一卷第六期	1941年7月
翻过山顶胜利向前	巩志伟	巩志伟	简谱	《人民音乐》（东北版）第一卷第三期	1947年3月
翻砂歌	马玉成	华林	简谱	《人民音乐》（东北版）第一卷第四期	1949年7月
翻身大合唱	陈良	端木蕻良	简谱	《新音乐》第八卷第四期	1949年10月
翻身歌	梁寒光	张世威	简谱	《解放歌声》第四集	1949年3月
翻身歌	小流	纪谱録	简谱	《解放歌声》第四集	1949年3月
翻身歌		颜一烟	简谱	《人民音乐》（东北版）第一卷第三期	1947年3月
翻身歌（歌剧《白毛女》选曲）	马可 张鲁 瞿继		五线谱 简谱	《新音乐》第六卷第三期	1947年1月
翻身花	董源	杨帆	简谱	《歌曲新集》第一期	1948年10月
翻身花	董源	杨帆	简谱 五线谱	《新歌丛》第三辑	1949年2月
翻身乐			简谱	《人民歌曲》第一期	1948年4月
翻身曲	张鲁	史德	简谱	《解放歌声》第七集	1949年8月
翻身小调	小流		简谱	《歌与剧》第二期	1947年1月

续表

歌曲名称	曲作者	词作者	记谱形式	曲目来源	出版日期
翻身秧歌		晓星	简谱	《人民音乐》（东北版）第一卷第二期	1947 年 2 月
翻身谣	鹰航	雪立	简谱	《人民歌曲》第一期	1948 年 4 月
反动派你个祸害精	张非	胡可	简谱	《解放歌声》（晋察冀版）第三集	1946 年 7 月
反动派完结了	刘郎	谭亿	简谱	《人民音乐》（东北版）第一卷第四期	1949 年 7 月
反动派真浑蛋	仲禹	非平	简谱	《大众歌选》第五期	1943 年 9 月
反对坏习惯取消搜腰包	韩瑞祥	韩瑞祥	简谱	《解放歌声》（天津版）第四集	1949 年 6 月
反对买卖婚姻	佚名	佚名	简谱	《大众歌选》第五期	1943 年 9 月
反对美国帝国主义	刘洙	克杞	简谱	《人民音乐》（东北版）第一卷第四期	1949 年 7 月
反对内战	黎里	王亚平	简谱	《新音乐》（华南版）第一卷第六期	1946 年 12 月
反对内战	向民	向人	简谱	《大众歌选》第五期	1943 年 9 月
反对内战	中大	中大	简谱	《新音乐》（华南版）第一卷第四期	1946 年 8 月
反法西斯蒂进行曲	舒模	弼昌	简谱	《新音乐》第三卷第五期	1941 年 12 月
反法西斯进行曲	麦新	朱子奇	简谱	《民族音乐》第一卷第一期	1942 年 4 月
反法西斯进行曲	麦新	子奇	简谱	《音乐哨岗》第二卷第一期	1943 年 2 月
反攻	潜泉	白薇	简谱	《每月新歌选》第十期	1940 年 10 月
反攻大进军	鹰航	雪立	简谱	《人民歌曲》第一期	1948 年 4 月
反攻歌	刘敬贤	施序	简谱	《歌与剧》第五期	1947 年 7 月
反攻要靠谁	苏风	非萍	简谱	《大众歌声》第十一期	1945 年 1 月
反蒋进行曲	小流	禾光	简谱	《歌与剧》第五期	1947 年 7 月
反摩擦对口曲	林奇	钟灵	简谱	《歌曲旬刊》创刊号	1941 年 4 月
反内战进行曲	邓放	燕红	五线谱 简谱	《新音乐》（沪版）第七卷第一期	1947 年 7 月

续表

歌曲名称	曲作者	词作者	记谱形式	曲目来源	出版日期
反内战进行曲	苏克	苏克	简谱	《新音乐》（华南版）第二卷第二期	1947 年 3 月
反侵略进行曲	达琳	高兰	简谱	《歌与诗音乐月刊》第五期	1945 年
反侵略进行曲			简谱	《新音乐》第三卷第三期	1941 年 10 月
反侵略战歌	明敏	明敏	简谱	《新音乐》第四卷第二期	1942 年 3 月
反日运动歌	宋寿昌	宋寿昌	五线谱	《音乐杂志》（国改版）第一卷第四号	1928 年 10 月
反扫荡	佚名	佚名	简谱	《大众歌选》第五期	1943 年 9 月
反投降，反告密		若望	简谱	《大众歌声》第九期	1944 年 10 月
梵音　慢鼓段一			五线谱	《乐风》第十七号	1944 年 4 月
防疫歌			简谱	《人民歌曲》第一期	1948 年 4 月
纺棉花	莎莱	骆文	简谱	《人民音乐》（东北版）第一卷第二、三合刊	1949 年 3 月
纺棉曲	佚名	佚名	简谱	《大众歌选》第二期	1943 年 6 月
纺棉小调	佚名	佚名	简谱	《大众歌选》第二期	1943 年 6 月
纺纱歌	胡周淑安	明裴彼	五线谱	《音乐教育》第三卷第八期	1935 年 8 月
纺纱歌	莎莱	孙杰	简谱	《解放歌声》（天津版）第三集	1949 年 4 月
纺纱织布歌	任青年 陈世奎	任青年 陈世奎	简谱	《解放歌声》（天津版）第三集	1949 年 4 月
纺线小组歌	新雨	新雨	简谱	《大众歌声》第十六期	1946 年 3 月
纺线谣	明明	申伸	简谱	《音乐哨岗》第二卷第五期	1944 年 1 月
纺线谣	新雨	遇明	简谱	《大众歌声》第八期	1944 年 6 月
纺线谣		白杨	简谱	《大众歌声》第十二期	1945 年 5 月
纺织工人歌	寄明	田大聪	简谱	《解放歌声》（天津版）第一集	1949 年 2 月
纺织忙	任青年	张嘉贵	简谱	《解放歌声》（天津版）第四集	1949 年 6 月
纺织娘	陈安吉		简谱	《儿童音乐》第五期	1944 年 3 月
纺织娘	绿汀		五线谱	《音乐教育》第四卷第七期	1936 年 7 月
纺织小调	亓垚	亓垚	简谱	《大众歌声》第十二期	1945 年 5 月
纺织谣	朋明	申伸	简谱	《民族音乐》第一卷第八期	1942 年

续表

歌曲名称	曲作者	词作者	记谱形式	曲目来源	出版日期
纺织英雄歌	陈世奎	任青年	简谱	《解放歌声》（天津版）第四集	1949 年 6 月
放红光	由志和	孙文吉	简谱	《人民音乐》（东北版）第一卷第四期	1949 年 7 月
放假	宗纪成	张浩	简谱	《美育》第三期	1920 年 6 月
放假			五线谱	《音乐教育》第二卷第一期	1934 年 1 月
放脚	中平	路非	简谱	《大众歌选》第六期	1943 年
放哨	谈玲	刘御	简谱	《儿童音乐》第二、三合刊	1941 年 9 月
放哨歌	刘贵仁	秦青山	简谱	《人民音乐》（东北版）第一卷第一期	1946 年 12 月
放我去吧，母亲（歌剧《静静的顿河》之曲）	德热尔仁斯基	德热尔仁斯基	简谱	《新音乐》第五卷第二期	1942 年 12 月
放下枪			五线谱、简谱	《新音乐》（沪版）第七卷第一期	1947 年 7 月
放学歌	陈伟	陈伟	简谱	《音乐与美术》综合月刊第二卷第七、八合刊	1941 年 8 月
放学歌	施正镐	施正沛	简谱	《儿童音乐》第六期	1947 年 12 月
放学歌	施正镐	施正沛	五线谱	《儿童音乐》第六期	1947 年 12 月
放羊调			简谱	《歌曲新集》第一期	1948 年 10 月
放羊女	恒之		简谱	《音乐哨岗》第一卷第二期	1942 年 5 月
放足乐（风俗小曲）				《灿花集》第一期	1908 年 12 月
飞机	陈田鹤	廖辅叔	五线谱	《音乐教育》第三卷第九期	1935 年 9 月
飞机	魏开泰	王昭硕	简谱	《每月新歌选》第九期	1940 年 9 月
飞机！你要不要收条			简谱	《解放歌声》（华东军区版）第一集	1948 年 8 月
飞艇歌	郝杰	郝杰	简谱	《音乐杂志》（北大版）第二卷第二号	1921 年 2 月
飞行爆炸	晓野	阿敏	简谱	《大众歌声》第十三期	1945 年
飞行颂	联抗	洪道	简谱	《新音乐》第五卷第二期副本	1943 年 1 月
分别进行曲	草田	符公望	简谱	《新音乐》（华南版）第二卷第二期	1947 年 3 月

续表

歌曲名称	曲作者	词作者	记谱形式	曲目来源	出版日期
粉红莲			工尺谱	《音乐杂志》（国改版）第一卷第七号	1929 年 8 月
粉碎蒋家小朝廷	林里	于雁军	简谱	《解放歌声》第一集	1949 年 2 月
奋斗	何安东	荷子	五线谱	《音乐教育》第四卷第十一期	1936 年 11 月
奋斗（改作）			简谱	《乐教》第一卷第二期	1943 年 1 月
奋斗前进	海乐	海乐	简谱	《人民歌选》第一期	1949 年 6 月
奋起救国	何安东	陈黄光	五线谱	《音乐教育》第五卷第五期	1937 年 5 月
奋勇向南进	梁寒光	敏如	简谱	《新音乐》第八卷第一期	1949 年 6 月
丰收	莫晓明	王杰	简谱	《大众歌声》第十八期	1946 年 9 月
丰收乐	沂滨	奇雷	简谱	《滨海歌集》第二期	1946 年
风		汪培元	简谱	《儿童音乐》第四期	1947 年 10 月
风			五线谱	《音乐教育》第一卷第四、五合刊	1933 年 10 月
风暴	熊克	力扬	五线谱	《音乐艺术》第二集第二期	1945 年 7 月
风暴	张文纲		简谱	《歌曲创作月刊》第一期	1941 年 1 月
风刮得好大		沈秉廉	五线谱	《音乐教育》第二卷第一期	1934 年 1 月
风雪曲	K. R	K. R	简谱	《歌与诗音乐月刊》第四期	1945 年
风雪太行山	慨锐	慨锐	简谱	《新音乐》第四卷第一期	1942 年 2 月
风雨曲	汪秋逸	杨友群	简谱	《新歌曲》第一卷第三期	1941 年 9 月
风雨中的摇篮歌	陈歌辛	洪菲	简谱	《音乐世界》第一卷第四期	1938 年 11 月
风筝			简谱	《国民教育指导月刊》音乐教材专号	1947 年
缝棉衣	林奇	团军	简谱	《新音乐》第一卷第五期	1940 年 5 月
缝棉衣	林奇	周军	五线谱	《乐风》新一卷第二期	1941 年 2 月
凤凰涅盘（序曲）	吕骥	郭沫若	简谱	《音乐艺术》第二卷第一期	1945 年 3 月
夫妻翻身对口唱	血明	孚林	简谱	《解放歌声》（晋察冀版）第四集	1948 年 1 月
伏尔加船夫曲	L. E. 卢塞特		五线谱	《音乐教育》第五卷第二期	1937 年 3 月

续表

歌曲名称	曲作者	词作者	记谱形式	曲目来源	出版日期
伏尔加之歌	［苏］亚历山大洛夫	［苏］柯里契夫	简谱	《新音乐》第三卷第四期	1941年11月
妇女对口唱	陈群	陈群	简谱	《解放歌声》（晋察冀版）第二集	1945年11月
妇女解放歌	李一鸣	吕剑	简谱	《解放歌声》第三集	1949年3月
妇女解放进行曲	周巍峙	贾克	简谱	《解放歌声》第三集	1949年3月
妇女解放小唱（一、二）	小才	唐因	简谱	《解放歌声》第三集	1949年3月
妇女生产歌	沙飞	沙飞	简谱	《人民音乐》（东北版）第一卷第二、三合刊	1949年3月
复仇	亚民	亚民	简谱	《歌曲创作月刊》第一卷第六期	1941年6月
复仇歌	胡静翔	华文宪	简谱	《歌曲创作月刊》新第一卷第一期	1942年11月
复兴歌	程懋筠	程柏庐	五线谱	《音乐教育》第一卷第六、七合刊	1933年11月
赴战	应尚能	刘雪厂	简谱	《青年音乐》第一卷创刊号	1942年3月
赴战场	高涛	洪波	简谱	《青年音乐》第二卷第一期	1942年9月
副格曲 FUGUE	巴哈（Bach）		简谱	《新音乐》第三卷第三期	1941年10月
富春江之歌	洪波	阙大津	简谱	《青年音乐》第一卷第四期	1942年6月
富春江之歌	甄伯蔚	阙大津	简谱	《新音乐》第三卷第四期	1941年11月
赋格	陆仲任		五线谱	《林钟》创刊号	1939年6月
赋格	钱仁康		五线谱	《林钟》创刊号	1939年6月
赋格曲	邓尔敬		五线谱	《乐风》第十八号	1944年6月
G					
改革歌	洪砂	马凡陀	五线谱	《新音乐》（沪版）第七卷第一期	1947年7月
改换个好政府	阮甫	非萍	简谱	《大众歌声》第十二期	1945年5月
改进操	刘天华		工尺谱	《音乐杂志》（国改版）第一卷第一号	1928年1月

续表

歌曲名称	曲作者	词作者	记谱形式	曲目来源	出版日期
改进操（纪念曲）	刘天华		五线谱	《音乐杂志》（国改版）第一卷第一号	1928 年 1 月
改组国民政府	孙前	佐长	简谱	《大众歌声》第十期	1944 年 11 月
改组统帅部		鹤童	简谱	《群众歌曲》第三期	1945 年 12 月
丐歌			简谱	《音乐与美术》综合月刊第二卷第一、二合刊	1941 年 2 月
干	周济亚	刘半农	简谱	《音乐教育月刊》（渝版）创刊号	1946 年 9 月
干的欢	由志和	孙文吉	简谱	《人民音乐》（东北版）第一卷第四期	1949 年 7 月
干干干	柏坚	柏坚	简谱	《新音乐》（华南版）第一卷第三期	1946 年
干吗要悲伤?	张寒辉	张寒辉	简谱	《每月新歌选》第二期	1939 年 11 月
赶豺狼	张曙	田汉	简谱	《每月新歌选》第三期	1939 年 12 月
赶场歌	电浪	放平	五线谱	《山歌通讯》第一期	1946 年 7 月
赶快还给我		程与松	五线谱	《音乐教育》第二卷第一期	1934 年 1 月
赶下海	君明	小鱼	简谱	《每月新歌选》第二期	1939 年 11 月
赶走美国强盗	李曦	李曦	简谱	《人民音乐》（东北版）第一卷第三期	1947 年 3 月
感怀	闫述诗		字母谱	《白雪》第三十号	1929 年
感旧	华柏	李后主	五线谱	《音乐教育》第二卷第五期	1934 年 5 月
感旧	李树化	李树化	五线谱	《音乐教育》第一卷第四、五合刊	1933 年 10 月
感旧	闫述诗		字母谱	《白雪》第九号	1928 年 5 月
感谢幸运鱼	黄洪	李仁荪	简谱	《新音乐月刊》（昆明版）创刊号	1946 年 6 月
感谢幸运鱼（童话剧《幸运鱼》插曲）	黄洪	仁荪	简谱	《新音乐》（华南版）第一卷第五期	1946 年 10 月
高尔基纪念歌	王莘	施序	简谱	《歌选》第二期	1941 年 2 月
高高山上一群羊	林枫	力生	简谱	《音乐哨岗》第一卷第二期	1942 年 5 月

续表

歌曲名称	曲作者	词作者	记谱形式	曲目来源	出版日期
高歌前进	孙慎	候甸	简谱	《新音乐》第五卷第二期副本	1943年1月
高歌胜利向前进	深露	彭彬	简谱	《歌与剧》第一期	1946年10月
高粱杆	刘懋尚	秦光银	简谱	《儿童音乐》第四期	1943年
高粱红了	任光	安娥	简谱	《歌曲半月刊》第一卷第一期	1941年5月
高粱叶	任光	安娥	简谱	《歌曲半月刊》第一卷第一期	1941年5月
高山流水	苏克	方里	简谱	《儿童音乐》第七期	1948年3月
告诉那些玩火老	刘流	曹桑	简谱	《歌选》第二期	1941年2月
告诉我，为什么玫瑰花这样苍白?	柴依可夫斯基	海涅	简谱	《新音乐》第五卷第二期	1942年12月
告状	陈厚庵		五线谱	《音乐杂志》（北大版）第二卷第八号	1921年10月
哥哥你细思量	罗一平	罗一平	简谱	《每月新歌选》第八期	1940年8月
割麦歌			简谱	《新音乐》第六卷第一期	1946年10月
割麦小调		毛叶夫	简谱	《大众歌声》第十二期	1945年5月
割麦子	鹤童	鹤童	简谱	《音乐哨岗》第二卷第二、三合刊	1943年10月
割麦子（民歌联唱）	鹤童	安波	简谱	《民族音乐》第一卷第三、四合刊	1942年7月
割小麦			简谱	《新音乐》第四卷第六期	1942年9月
割筱麦			简谱	《新音乐》（平津唐版）第四期	1948年10月
割莜麦			五线谱	《乐学》第四号	1947年10月
歌唱安平独立营		边军	简谱	《歌与剧》第二期	1947年1月
歌唱得更响亮	新生	力丁	简谱	《新音乐（华南版）》第一卷创刊号	1946年4月
歌唱东北解放	张非	流笳	简谱	《解放歌声》（晋察冀版）第二集	1945年11月
歌唱妇女解放	张鲁	严辰	简谱	《解放歌声》第三集	1949年3月
歌唱毛泽东		孙万福	简谱	《解放歌声》第二集	1949年3月
歌唱毛泽东		孙万福	简谱	《解放歌声》（晋察冀版）第四集	1948年1月

续表

歌曲名称	曲作者	词作者	记谱形式	曲目来源	出版日期
歌唱毛主席	孟贵彬	魏风	简谱	《新音乐》第八卷第四期	1949 年 10 月
歌唱人民胜利的春天	郭杰	力杨	简谱	《新音乐》（粤中版）创刊号	1949 年 6 月
歌唱我们的解放区	贺敬之	贺敬之	简谱	《解放歌声》（晋察冀版）第三集	1946 年 7 月
歌唱新中国	徐曙 佩之	胡可	简谱	《解放歌声》（天津版）第一集	1949 年 2 月
歌唱祖国的明天	大津 龙谟	大津 龙谟	简谱	《岭东音乐》创刊号	1941 年 4 月
歌唱祖国的明天	席零	大津	简谱	《新音乐》第五卷第四期	1943 年 5 月
歌华灵庙	席零	辛生	简谱	《音乐哨岗》第一卷第四、五合刊	1942 年 8 月
歌勉空军	刘雪庵	刘雪庵	五线谱	《乐风》新一卷第一期	1941 年 1 月
歌勉空军	刘雪庵	刘雪庵	五线谱	《乐风》（副本）第一卷第一期	1941 年 4 月
歌人民领袖	晓渔	林英	简谱	《戏剧与音乐》第二期	1946 年 5 月
歌声飞扬	刘恒之	王命夫	简谱	《解放歌声》第五集	1949 年 3 月
歌声响	乔谷	张嘉贵	简谱	《解放歌声》（天津版）第四集	1949 年 6 月
歌颂领袖	洪波	尼君	简谱	《青年音乐》第二卷第四期	1942 年 12 月
歌颂咱们的新中国	潘奇	劫夫	简谱	《新音乐》第八卷第五期	1949 年 12 月
歌舞引	刘天华		工尺谱	《音乐杂志》（国改版）第一卷第九号	1930 年 1 月
歌谣组曲：白眼狼·请你走·啥用处·豌豆秧	林苗	卢湛	五线谱 简谱	《新音乐》第六卷第五期	1947 年 4 月
革命的工作都重要	王久晨	王久晨	简谱	《解放歌声》（晋察冀版）第二集	1945 年 11 月
革命无不胜	焕之	吕剑	简谱	《解放歌声》第五集	1949 年 3 月
革命要进行到底	周巍峙	陈荒煤	简谱	《解放歌声》第一集	1949 年 2 月
革命要进行到底	周巍峙	陈荒煤	简谱	《解放歌声》（天津版）第一集	1949 年 2 月
个个是好汉	荫深	苏东	简谱	《歌与剧》（战时版）第二期	1946 年 11 月
给——	田鹤	陈庆之	五线谱	《音乐杂志》（艺文版）第一卷第四期	1934 年 11 月

续表

歌曲名称	曲作者	词作者	记谱形式	曲目来源	出版日期
给蝴蝶	Schubert		五线谱	《音乐教育》第二卷第一期	1934 年 1 月
给抗属拜年	徐刚	徐刚	简谱	《大众歌选》第六期	1943 年
给伤员同志们	关松	关松	简谱	《人民音乐》（东北版）第一卷第二、三合刊	1949 年 3 月
给受难的同胞报仇（献给人民解放军及南下工作同志）	周巍峙	贺敬之	简谱	《解放歌声》（天津版）第三集	1949 年 4 月
给小鬼算算帐	星华	桂枝	简谱	《大众歌选》第四期	1943 年 8 月
给小河	L. van Beethoven		五线谱	《音乐教育》第二卷第八期	1934 年 8 月
给战士	曾一佳	吕亮耕	简谱	《歌曲创作月刊》第一卷第四期	1941 年 4 月
根底浅，偏撒娇	金颖	金颖	简谱	《新音乐》第八卷第二期	1949 年 7 月
根据地里是乐园	兵毅	时戈	简谱	《大众歌声》第十二期	1945 年 5 月
跟着共产党	今之	今之	简谱	《解放歌声》（晋察冀版）第二集	1945 年 11 月
跟着领袖毛泽东	火星	轻影	简谱	《解放歌声》（天津版）第三集	1949 年 4 月
跟着毛泽东	血明	血星	简谱	《解放歌声》（晋察冀版）第三集	1946 年 7 月
跟着月亮走	夏白	夏白	简谱	《音乐与戏剧》创刊号	1943 年 11 月
耕织之歌（轻歌剧《牧童村女》）	黄源洛	张天璞	简谱	《每月新歌选》第一卷第一号	1946 年 4 月
耕种	陈歌辛	吴晓邦	简谱	《音乐世界》第二卷第三期	1939 年 3 月
工兵歌	孙介山 翟国荣	齐国忠	简谱	《解放歌声》第五集	1949 年 3 月
工厂就是战场	程思三	李士勤	简谱	《人民音乐》（东北版）第一卷第一期	1948 年 10 月
工厂女工歌（妇女解放联唱）	张鲁	吕剑	简谱	《解放歌声》第三集	1949 年 3 月
工厂是个大家庭	宋诚栋	宋诚栋	简谱	《解放歌声》（天津版）第四集	1949 年 6 月
工厂之歌	程瑞徵	程瑞徵	简谱	《解放歌声》第一集	1949 年 2 月

续表

歌曲名称	曲作者	词作者	记谱形式	曲目来源	出版日期
工农兵学商胜利向前进	杜矢甲		简谱	《解放歌声》第五集	1949年3月
工人本领高	谭凤宽	谭凤宽	简谱	《解放歌声》（天津版）第四集	1949年6月
工人大合唱（序曲）	刘恒之	赵戈枫	简谱	《新音乐》第八卷第一期	1949年6月
工人的呼声	实生	实生	简谱	《新音乐》（华南版）第一卷第三期	1946年
工人歌	徐辉才	周镕	简谱	《人民音乐》（东北版）第一卷第二期	1947年2月
工人歌咏队	高云	高云	简谱	《解放歌声》（天津版）第四集	1949年6月
工人解放大翻身（一至三）	张达观	张达观	简谱	《群众歌曲》（华北联大版）第二期	1946年4月
工人解放万万岁	周巍峙	鲁煤	简谱	《解放歌声》第一集	1949年2月
工人解放万万岁	巍峙	鲁煤	简谱	《解放歌声》（晋察冀版）第四集	1948年1月
工人进行曲	刘炽	井岩盾	简谱	《解放歌声》第一集	1949年2月
工人进行曲	刘炽	音工团歌词小组	简谱	《人民音乐》（东北版）第一卷第二、三合刊	1949年3月
工人纠察队歌	田耕	田耕	简谱	《解放歌声》第七集	1949年8月
工人劳动为人民	韩福祥	韩福祥	简谱	《解放歌声》（天津版）第四集	1949年6月
工人们最光荣（工人歌）	晨耕	胡可	简谱	《解放歌声》（天津版）第四集	1949年6月
工人武装自卫队歌	韦虹	金镜	简谱	《解放歌声》（晋察冀版）第二集	1945年11月
工人兄弟们是一家	乔谷	桑夫	简谱	《解放歌声》第一集	1949年2月
工人兄弟们是一家	乔谷	桑夫	简谱	《人民歌选》第一期	1949年6月
工人之歌	贺绿汀	欧阳予倩	五线谱	《音乐教育》第五卷第三期	1937年3月
工人之歌	吕骥		简谱	《歌选》第二期	1941年2月
工人之歌	张达观	白韦	简谱	《群众歌曲》（华北联大版）第二期	1946年4月
工人组曲（一至四）	马思聪		简谱	《新音乐》第八卷第二期	1949年7月

续表

歌曲名称	曲作者	词作者	记谱形式	曲目来源	出版日期
工作还未了	何之明	杜澄仲	简谱	《新歌选》第一辑	1949年10月
弓桥泛月	陈振铎		简谱	《乐风》新一卷第十一、十二合刊	1941年12月
公鸡叫	洛里	唐因	简谱	《解放歌声》第六集	1949年4月
公路英雄	王云阶	许建吾	五线谱	《音乐月刊》（重庆卷）第一卷第四、五合刊	1942年7月
功到自然成			简谱	《诗与音乐》创刊号	1945年4月
功劳簿上看一看	齐歆	齐歆	简谱	《解放歌声》（晋察冀版）第四集	1948年1月
功劳运动歌	沈亚威	赖少其	简谱	《新音乐》第八卷第四期	1949年10月
攻大城	吕骥	晓星	简谱	《人民音乐》（东北版）第一卷第一期	1948年10月
攻坚英雄歌	叶枫	方杰	简谱	《人民音乐》（东北版）第一卷第四期	1949年7月
攻坚战歌	于奋芳	王军	简谱	《人民音乐》（东北版）第一卷第一期	1948年10月
恭贺新禧	董源	仁苏	简谱	《儿童音乐》第四期	1943年
巩固和平全靠咱		进生	简谱	《大众歌声》第十六期	1946年3月
巩固统一	苏崖	张元群	简谱	《新歌曲》第一卷第三期	1941年9月
巩固统一歌	陆华柏	汪辟疆	简谱	《音乐与美术》综合月刊第四期	1940年4月
共产党领导咱们求解放	马可 刘炽 关鹤童	肖磊	简谱	《解放歌声》（晋察冀版）第四集	1948年1月
共产党是大救星			简谱	《人民歌选》第一期	1949年6月
共产国际进行曲			简谱	《歌曲半月刊》第一卷第六期	1941年7月
狗儿			五线谱	《音乐教育》第二卷第二期	1934年2月
狗急还要跳墙——河南人口诗之一	金颖	李根红	五线谱 简谱	《新音乐》第六卷第五期	1947年4月
狗娃的家	苏风	汝俊	简谱	《大众歌选》第六期	1943年
狗仔小调	金清	流汗	五线谱 简谱	《新音乐》（华南版）第二卷第三期	1947年8月

续表

歌曲名称	曲作者	词作者	记谱形式	曲目来源	出版日期
狗子小调	佚名		五线谱	《新音乐》（沪版）第七卷第一期	1947年7月
咕咕	爱高罗夫	拉吉奥诺瓦	简谱	《诗与音乐》创刊号	1945年4月
咕咕			五线谱	《音乐教育》第二卷第一期	1934年1月
孤胆英雄	晓星	苏璋 晓星	简谱	《人民音乐》（东北版）第一卷第一期	1948年10月
孤儿	绿汀	绿汀	五线谱	《音乐教育》第四卷第八期	1936年8月
孤儿歌		塞克	简谱	《新音乐》第一卷第六期	1940年6月
孤儿吟	姜希	朱义青	五线谱	《乐风》第十八号	1944年6月
古城颂	律成	莫耶	简谱	《新音乐月刊》第二卷第三期	1940年9月
古风式的西班牙探戈（口琴曲）	陈剑晨		简谱	《上海口琴界》第一卷第二期	1939年5月
古怪歌	草田	庞岳	简谱	《新音乐》（华南版）第一卷第四期	1946年8月
古怪歌	宋扬	宋扬	简谱	《新音乐月刊》（昆明版）创刊号	1946年6月
古怪歌	宋扬	宋扬	五线谱 简谱	《音乐艺术》第二卷第五期	1946年6月
古怪歌	宋扬		简谱	《新音乐》第六卷第一期	1946年10月
古琴吟			简谱	《音乐杂志》（国改版）第一卷	1930年1月
故乡	陆华柏	张帆	简谱	《乐风》第二卷第四期	1942年7月
故乡	陆华柏	张帆	五线谱 简谱	《乐风》（副本）第二卷第一期	1943年5月
故乡曲	星稀	星稀	简谱	《新音乐》第一卷第六期	1940年6月
故乡月（歌剧《新中国万岁》插曲）	韩悠韩	丁尼	简谱	《新音乐》第三卷第三期	1941年10月
挂红灯			五线谱	《青年音乐》（基督教版）第二期	1949年12月
掛油瓶	鲁橹	文静	简谱	《儿童音乐》第五期	1947年11月

续表

歌曲名称	曲作者	词作者	记谱形式	曲目来源	出版日期
关金票	陈平	马凡陀	五线谱 简谱	《新音乐》第六卷第四期	1947年3月
官兵一致			简谱	《歌与剧》（战时版）第五期	1947年
鳏夫自叹歌			简谱	《音乐与美术》综合月刊第十期	1940年10月
光复国土	张则孝	张则孝	简谱	《青年音乐》第二卷第二、三期合刊	1942年11月
光明歌	郭可诹		简谱	《歌咏岗位》第二期	1940年6月
光明行	刘天华		工尺谱	《音乐杂志》（国改版）第一卷第十号	1932年2月
光荣的野战兵团	崔明建	宋肖	简谱	《大家唱》第一期	
广东省全省运动会歌	陈洪	黄麟书	五线谱	《广州音乐》第三卷第五期	1935年5月
广西省艺术师资训练班班歌	陆华柏	张安治	简谱	《音乐与美术》综合月刊第二卷第五期	1941年5月
逛花灯			简谱	《人民歌曲》第一期	1948年4月
归队去	艾力	知侠	简谱	《大众歌选》第一期	1943年3月
归来	陆华柏	王光莹 王光瑜	简谱	《乐风》新一卷第十期	1941年10月
归来	陆华柏	王光瑜 王光莹	五线谱	《乐风》（副本）第一卷第二期	1941年9月
归去来辞			简谱	《音乐杂志》（北大版）第一卷第八号	1920年10月
归去来辞			工尺谱	《音乐杂志》（国改版）第一卷第十号	1932年2月
闺情			字母谱	《白雪》第九号	1928年5月
闺怨曲			工尺谱	《音乐杂志》（北大版）第一卷第三号	1920年5月
闺中怨（寓言小曲）				《灿花集》第一期	1908年12月
鬼国春秋	华瑞	湛庐	五线谱	《新音乐》（沪版）第七卷第一期	1947年4月
鬼子和豺狼	黎音	黎音	简谱	《新音乐》第四卷第二期	1942年3月

续表

歌曲名称	曲作者	词作者	记谱形式	曲目来源	出版日期
鬼子奈我何	白蔚	家旅	简谱	《新音乐月刊》第二卷第四期	1941年1月
鬼子奈我何	任然	家旅	简谱	《歌曲创作月刊》第一卷第七、八、九合刊	1941年11月
鬼子怕什么	振鸿	振鸿	简谱	《音乐哨岗》第二卷第五期	1944年1月
贵阳市			简谱	《国民教育指导月刊》音乐教材专号	1947年
桂枝香	黎锦晖		五线谱 简谱	《音乐杂志》（北大版）第一卷第九、十号合刊	1920年12月
国耻	萧友梅	冯国文	五线谱	《音乐杂志》（国改版）第一卷第四号	1928年10月
国耻歌	文英		五线谱	《音乐教育》第三卷第三期	1935年3月
国父的孩子们，赎罪吧！	李中和	蒋协和	五线谱 简谱	《乐风》（副本）第二卷第一期	1943年5月
国歌	刘斐烈	徐谦	五线谱	《音乐杂志》（北大版）第二卷第七号	1921年9月
国歌四解	钱仁康		五线谱	《乐风》（副本）第二卷第一期	1943年5月
国际歌			简谱	《滨海歌集》第一期	1946年6月
国际青年进行曲	周巍峙	朱子奇	简谱	《解放歌声》第二集	1949年3月
国家总动员	刘雪厂	潘公展	简谱	《青年音乐》第一卷创刊号	1942年3月
国民兵团进行曲	宋史仲	李汉仪	简谱	《每月新歌选》第十期	1940年10月
国民党十大罪状	铁山	陈森	简谱	《解放歌声》（晋察冀版）第四集	1948年1月
国民党一团糟	李劫夫	李劫夫 邢也	简谱	《人民音乐》（东北版）第一卷第一期	1948年10月
国民革命歌	郭绍猷	郭绍猷	五线谱	《音乐杂志》（国改版）第一卷第四号	1928年10月
国民革命歌	易韦斋	陈希愚	五线谱	《音乐杂志》（国改版）第一卷第四号	1928年10月
国民革命歌	友梅	姚慎	五线谱	《音乐杂志》（国改版）第一卷第四号	1928年10月

续表

歌曲名称	曲作者	词作者	记谱形式	曲目来源	出版日期
国难歌	肖友梅	戴炳鑫	五线谱	《音乐杂志》（国改版）第一卷第四号	1928年10月
国旗飞扬	胡敬熙	胡敬熙	简谱	《乐风》新一卷第十一、十二期合刊	1941年12月
国旗歌	黄让	戴季陶	简谱	《歌曲创作月刊》新第一卷第一期	1942年11月
国旗歌	雪庵		五线谱	《音乐教育》第二卷第九期	1934年9月
国旗歌	应尚能	戴季陶	简谱	《青年音乐》第二卷第二、三期合刊	1942年11月
国庆	肖友梅	易韦斋	五线谱	《音乐杂志》（北大版）第二卷第七号	1921年9月
国庆纪念歌	陈田鹤	常任侠	简谱	《乐风》新一卷第十期	1941年10月
国庆纪念歌	陈田鹤	常任侠	五线谱	《乐风》（副本）第一卷第三期	
国殇（追悼阵亡将士）	江定仙	卢冀野	简谱	《青年音乐》第一卷第四期	1942年6月
过豆歌	安波	骆文 张凡	简谱	《人民音乐》（东北版）第一卷第二、三合刊	1949年3月
过军队		洪遒	简谱	《新音乐》第一卷第二期	1940年2月
过来吧，兄弟！（向伪军呼唤）	草田	张煦	简谱	《每月新歌选》第十期	1940年10月
过了新年总反攻	吕骥	李绿永	简谱	《新音乐》第一卷第二期	1940年2月
H					
哈！哈！哈！			简谱	《新音乐》（上海版）第二期	1946年5月
哈吧狗	文纲		五线谱	《音运通讯》第九期	1948年1月
哈哈跳跳哈哈笑	谢特	乐萍	简谱	《儿童音乐》第一期	1947年4月
哈萨克牧羊姑娘			简谱	《音乐教育月刊》（渝版）创刊号	1946年9月
嗨呦呦嗬！大生产！	徐兵毅	徐兵毅	简谱	《大众歌声》第八期	1944年6月
孩子，你去吧！	舒模	时玳	简谱	《新音乐》第四卷第六期	1942年9月
孩子的梦乡			五线谱	《音乐教育》第一卷第八、九合刊	1933年12月

续表

歌曲名称	曲作者	词作者	记谱形式	曲目来源	出版日期
孩子进行曲	苏克	丁十	简谱	《儿童音乐》第四期	1947 年 10 月
海	E. A. MacDowell		五线谱	《音乐教育》第三卷第五期	1935 年 5 月
海	力丁	金鹜	简谱	《新音乐》第三卷第四期	1941 年 11 月
海滨黄昏	姜希	丁伯骝	简谱	《乐风》新一卷第十期	1941 年 10 月
海滨黄昏	姜希	丁伯骝	五线谱	《乐风》（副本）第一卷第三期	
海军歌	卡巴列夫斯基	纳察也夫	简谱	《新音乐》第五卷第一期	1942 年 11 月
海上			字母谱	《白雪》第十七号	1928 年 10 月
海上晨鸥歌	张文纲	蒲风	简谱	《歌曲创作月刊》第二期	1941 年 2 月
海天情意	刘雪厂	徐苏灵	简谱	《歌与诗音乐月刊》创刊号	1944 年 9 月
海燕	刘已明	章东岩	五线谱	《乐风》（副本）第一卷第三期	
海燕之歌	刘已明	蒙復	简谱	《乐风》新一卷第十期	1941 年 10 月
害娃娃			简谱	《新音乐》第四卷第六期	1942 年 9 月
寒蝉凄切	张定和		五线谱	《音乐教育》第四卷第八期	1936 年 8 月
寒冬过去就是春天	艾力	刘凯	简谱	《大众歌选》第一期	1943 年 3 月
寒风吹战场	方冬	程波	简谱	《新音乐》第一卷创刊号	1940 年 1 月
寒风里传来“卖馒头”的声音（《小主人》插曲）	庄严		简谱	《儿童音乐》第五期	1944 年 3 月
寒鸦戏水			工尺谱	《音乐杂志》（国改版）第一卷第七号	1929 年 8 月
寒鸭戏水			简谱	《乐风》新一卷第十期	1941 年 9 月
寒衣曲	晓方		简谱	《儿童音乐》第六期	1947 年 12 月
汉奸叹十声		安波	简谱	《每月新歌选》第四、五合刊	1940 年 3 月
汉江之歌	李世权	耿振莘	简谱	《乐教》第一卷创刊号	1943 年 1 月
汉血歌	程懋筠	江西省政府熊主席	五线谱	《音乐教育》第二卷第三期	1934 年 3 月
好爸爸好妈妈	孙慎	吕璧如	简谱	《儿童音乐》第二、三合刊	1941 年 9 月
好爸爸好妈妈	孙慎	吕璧如	简谱	《新音乐》第五卷第二期副本	1943 年 1 月

续表

歌曲名称	曲作者	词作者	记谱形式	曲目来源	出版日期
好榜样，看邻家	刘天浪	孟依帆	五线谱 简谱	《新音乐》第六卷第三期	1947 年 1 月
好地方	普萨	普萨	五线谱 简谱	《新歌丛》第一辑	1948 年 5 月
好个姐又无郎	之音	徐静	五线谱	《大道音乐》创刊号	1946 年 11 月
好国民	田鹤	廖辅叔	五线谱	《音乐教育》第二卷第一期	1934 年 1 月
好汉	仲抗	宫奇	简谱	《大众歌声》第十一期	1945 年 1 月
好男儿	黄源洛	穆木天	简谱	《青年音乐》第一卷第二期	1942 年 4 月
好朋友	倪金铭	倪金铭	简谱	《美育》第 期	1920 年 4 月
好朋友拉拉手			五线谱	《音乐杂志》（国改版）第一卷第三号	1928 年 3 月
好嫂子	绿永	宋晓村	简谱	《新音乐》第一卷第二期	1940 年 2 月
好太阳	宋扬	宋扬	简谱	《南方音乐》创刊号	1948 年 3 月
好消息		洪遒	简谱	《每月新歌选》第四、五合刊	1940 年 3 月
好学生	阿细	松筠	简谱	《儿童音乐》第一期	1947 年 4 月
呵，静静的顿河（歌剧选段《在前线!》）	德热尔仁斯基	德热尔仁斯基	简谱	《新音乐》第五卷第二期	1942 年 12 月
呵，瞑目吧!	葛焱	黎沙	简谱	《歌选》第二期	1941 年 2 月
禾苗青	白天	白天	简谱	《儿童音乐》第一期	1947 年 4 月
合唱团团歌	邵光	汪楚材	简谱	《国民教育指导月刊》音乐教材专号	1947 年
合作	程懋筠		五线谱	《音乐教育》第一卷第二期	1933 年 5 月
何处是我家	杨晋文	舒舍予	简谱	《青年音乐》第二卷第一期	1942 年 9 月
何处之歌声			字母谱	《白雪》第二号	1928 年 4 月
何大妈	李群	白韦	简谱	《解放歌声》（晋察冀版）第三集	1946 年 7 月
何花			简谱	《国民教育指导月刊》音乐教材专号	1947 年
和番	陈厚庵		五线谱	《音乐杂志》（北大版）第二卷第五、六合刊	1921 年 6 月

续表

歌曲名称	曲作者	词作者	记谱形式	曲目来源	出版日期
和鬼子们决战去	任光	安娥	简谱	《歌曲半月刊》第一卷第一期	1941 年 5 月
和平·光明（前奏曲）	鲁军	绿汀	五线谱 简谱	《音乐艺术》第二卷第三期	1946 年 2 月
和平的鲜花朵朵红	水金	水金	简谱	《大众歌声》第十六期	1946 年 3 月
和平凭咱作保障	贾健	戈风	简谱	《大家唱》第一期	
和平团结	冼星海	李公朴	简谱	《新音乐月刊》（昆明版）创刊号	1946 年 6 月
和平之光	马思聪	郭沫若	简谱	《音乐艺术》第二卷第一期	1945 年 3 月
河北造纸厂			简谱	《解放歌声》（天津版）第四集	1949 年 6 月
河边对口曲	冼星海	光未然	简谱	《每月新歌选》第四、五合刊	1940 年 3 月
河水向东流	敬民	齐冲	简谱	《歌与剧》第四期	1947 年 6 月
荷花儿			简谱	《诗与音乐》创刊号	1945 年 4 月
贺龙	马可	贺敬之	简谱	《民族音乐》第一卷第五、六合刊	1942 年 9 月
贺龙投弹手	安波	安波	简谱	《民族音乐》第一卷第七期	1942 年 10 月
贺团圆	董源	杨帆	五线谱 简谱	《新音乐》第七卷第五期	1948 年 12 月
贺新年（一九四二年献歌）	星海	天蓝	简谱	《新音乐》第三卷第六期	1942 年 1 月
黑泥	柯炎		五线谱 简谱	《新歌丛》第二辑	1948 年 7 月
轰	放之	放之	简谱	《大众歌选》第六期	1943 年
红彩妹妹		凡塞	简谱	《新音乐》第四卷第三期	1942 年 4 月
红草莓			简谱	《音乐艺术》第四期	1944 年 11 月
红灯颂	黄岳山		简谱	《新音乐》第八卷第五期	1949 年 12 月
红河波浪			简谱	《新音乐》第六卷第一期	1946 年 10 月
红花（清唱剧）	胡均	沙鸥	五线谱 简谱	《新音乐》第七卷第三期	1948 年 1 月

续表

歌曲名称	曲作者	词作者	记谱形式	曲目来源	出版日期
红花处处开	苏克	陈潮	简谱	《新音乐》第八卷第三期	1949 年 8 月
红军打胜仗	苏风	万美	简谱	《大众歌声》第十三期	1945 年
红军大反攻	李焕之	佚名	简谱	《大众歌声》第十期	1944 年 11 月
红满枝	青主	冯延己	五线谱	《国立音乐专科学校校刊》第五期	1930 年 6 月
红满枝	微明	冯延己	五线谱	《音乐月刊》（上海卷）第一卷第三号	1938 年 1 月
红旗的歌	梁寒光	贺敬之	简谱	《民族音乐》第一卷第五、六合刊	1942 年 9 月
红旗的歌	焕之	贺敬之	简谱	《歌曲半月刊》第一卷第四期	1941 年 7 月
红旗曲	李小才	马凡陀	简谱	《新音乐》第八卷第二期	1949 年 7 月
红旗曲	陆素	马凡陀	简谱	《新音乐》第八卷第三期	1949 年 8 月
红旗是我们的	鹰航		简谱	《新音乐》第八卷第三期	1949 年 8 月
红旗迎风飘	刘铁山	贺敬之	简谱	《解放歌声》第七集	1949 年 8 月
红色的军队前去	麦新	贺敬之	简谱	《歌曲半月刊》第一卷第四期	1941 年 7 月
红色的太阳	章枚	鲁岩	简谱	《解放歌声》第五集	1949 年 3 月
红五月	棣昌	希阳	简谱	《群众歌曲》（华北联大版）第二期	1946 年 4 月
红五月	麦新	贺敬之	简谱	《解放歌声》（天津版）第三集	1949 年 4 月
红小妹妹放哨	易久	悦之	简谱	《儿童音乐》第五期	1944 年 3 月
红小妹妹放哨	易允	悦之	简谱	《音乐哨岗》第一卷第四、五合刊	1942 年 8 月
红星放光芒	那沙	那沙	简谱	《大众歌声》第十三期	1945 年
红叶	钱仁康	龙榆生	五线谱	《林钟》创刊号	1939 年 6 月
红叶			字母谱	《白雪》第十五号	1928 年 9 月
红缨枪	向隅	金浪	简谱	《新音乐》第一卷创刊号	1940 年 1 月
红云			简谱	《新音乐》第四卷第六期	1942 年 9 月
猴戏	董源	湛庐	五线谱 简谱	《新音乐》（沪版）第七卷第一期	1947 年 7 月
猴子耍把戏	马思聪	金近	简谱	《儿童音乐》第七期	1948 年 3 月

续表

歌曲名称	曲作者	词作者	记谱形式	曲目来源	出版日期
厚面皮	那沙	那沙	简谱	《大众歌选》第五期	1943 年 9 月
狐狸精	刘亚	刘亚	简谱	《大众歌声》第十七期	1946 年
猢狲	雍谊	火如	简谱	《新音乐》第六卷第一期	1946 年 10 月
猢狲	雍谊	火如	简谱	《新音乐月刊》（昆明版）创刊号	1946 年 6 月
葫豆花心儿黑	夏白	夏白	简谱	《儿童音乐》第五期	1944 年 3 月
糊涂的国王（童话剧《雪夜梦》插曲）	黄洪	芭雷	简谱	《新音乐》（华南版）第一卷第五期	1946 年 10 月
糊涂码驰	郝汉洲		五线谱	《音乐杂志》（北大版）第二卷第五、六合刊	1921 年 6 月
蝴蝶不飞来	刘已明		五线谱	《音乐教育》第四卷第五期	1936 年 5 月
护粮歌	星耕	李江	简谱	《音乐哨岗》第二卷第二、三合刊	1943 年 10 月
花蝶	Mozart	刘桢祥	简谱	《美育》第一期	1920 年 4 月
花好月又圆	羽蓝	予欣	简谱	《新音乐》（渝版）第一辑	1947 年 1 月
华北青年进行曲（二曲）	林里	朱子奇	简谱	《解放歌声》第二集	1949 年 3 月
华北颂	刘流	蔡其矫	简谱	《歌选》第二期	1941 年 2 月
华夏歌	肖友梅	章太炎	五线谱	《音乐杂志》（北大版）第一卷第四号	1920 年 6 月
华中运动会会歌	马丝白	谢绍竑	五线谱	《音乐教育》第二卷第五期	1934 年 5 月
滑翔运动歌	姚以让	常任侠	简谱	《歌曲创作月刊》第一卷第七、八、九合刊	1941 年 11 月
划船			五线谱	《音乐教育》第一卷第八、九合刊	1933 年 12 月
怀故乡	K. R		简谱	《歌与诗音乐月刊》第五期	1945 年
怀旧	程懋筠	范仲淹	五线谱	《音乐教育》第一卷第二期	1933 年 5 月
怀念	杜鸣心		简谱	《音乐艺术》第四期	1944 年 11 月
怀乡马	汪秋逸	杨友群	简谱	《新音乐》第五卷第三期	1943 年 2 月
怀乡曲	［法］Gonoud	尼君	简谱	《青年音乐》第一卷第二期	1942 年 4 月

续表

歌曲名称	曲作者	词作者	记谱形式	曲目来源	出版日期
怀乡曲	郑一	宋之	简谱	《新音乐月刊》第二卷第四期	1941年1月
怀友	凌云	李白	简谱	《青年音乐》第一卷第六期	1942年8月
淮南民谣	雪庵		五线谱	《音乐教育》第二卷第八期	1934年8月
槐叶绿	久鸣	寄萍	简谱	《大众歌选》第四期	1943年8月
欢唱华野东线兵团	胶东军区文工团	胶东军区文工团	简谱	《解放歌声》（华东军区版）第一集	1948年8月
欢唱我们的军旗	晓河	野民	简谱	《新音乐》第八卷第五期	1949年12月
欢呼歌	洪波	史痕	简谱	《青年音乐》第二卷第一期	1942年9月
欢乐的歌	可蓝可夫	陆弦	简谱	《诗与音乐》创刊号	1945年4月
欢乐歌	安波	骆文 张凡	简谱	《人民音乐》（东北版）第一卷第二、三合刊	1949年3月
欢乐之歌	可萨可夫	陆弦	简谱	《歌曲新集》第一期	1948年10月
欢送参军	鹰航	力鸣 兴中	简谱	《人民歌曲》第一期	1948年4月
欢送歌	杨友立	王平陵	简谱	《歌曲创作月刊》第二期	1941年2月
欢迎春天	A. Rubin stein		简谱	《儿童音乐》第一期	1947年4月
欢迎歌	刘雪庵		简谱	《乐风》新一卷第四期	1941年4月
欢迎歌	刘雪庵		五线谱	《乐风》（副本）第一卷第一期	1941年4月
欢迎歌			五线谱 简谱	《音乐教育》第一卷第六、七合刊	1933年11月
欢迎解放军	马可	贺敬之	简谱	《解放歌声》第二集	1949年3月
欢迎解放军	马可	贺敬之	简谱	《解放歌声》（晋察冀版）第四集	1948年1月
欢迎新同志	陈大荧	陈大荧	简谱	《歌与剧》（战时版）第四期	1947年1月
欢迎新战友	徐徐	林沫	简谱	《民族音乐》第一卷第七期	1942年10月
欢迎新战友	张爱民	王汝俊	简谱	《大众歌选》第七期	1944年2月
还我河山	杨友立	朱剑珊	简谱	《歌曲创作月刊》第一卷第七、八、九合刊	1941年11月
还乡行	张定和	陈济略	简谱	《每月新歌选》第一卷第一号	1946年4月

续表

歌曲名称	曲作者	词作者	记谱形式	曲目来源	出版日期
还要打（祝淮北大捷）	陈明	丁帆	简谱	《歌与剧》（战时版）第四期	1947 年 1 月
还有一道湾	夏白	夏白	简谱	《儿童音乐》第二期	1947 年 5 月
幻影		海涅	简谱	《音乐教育月刊》（渝版）创刊号	1946 年 9 月
皇帝的新衣	陈田鹤	廖辅叔	五线谱	《音乐教育》第三卷第五期	1935 年 5 月
黄河边的月	韩悠韩	李嘉	简谱	《新音乐》第三卷第四期	1941 年 11 月
黄河船夫曲	星海	光未然	简谱	《每月新歌选》第四、五合刊	1940 年 3 月
黄河结冰不扬波	姚牧	家旅	五线谱	《乐风》新一卷第三期	1941 年 3 月
黄河结冰不扬波	姚牧	家旅	五线谱	《乐风》（副本）第一卷第一期	1941 年 4 月
黄河里有旋涡	小黄	小黄	简谱	《山歌通讯》第一期	1946 年 5 月
黄河里有旋涡	小黄	小黄	简谱	《新音乐》第六卷第一期	1946 年 10 月
黄河水手歌	李思敏	李思敏	简谱	《民族音乐》第一卷第七期	1942 年 10 月
黄河水手谣	李恩敏	李恩敏	简谱	《音乐艺术》第五期	1945 年 1 月
黄河颂	星海	光未然	简谱	《每月新歌选》第四、五期合刊	1940 年 3 月
黄河小调	鹤童	周军	简谱	《新音乐》第三卷第六期	1942 年 1 月
黄河怨	冼星海	光未然	简谱	《每月新歌选》第四、五期合刊	1940 年 3 月
黄河之水天上来	冼星海	光未然	简谱	《每月新歌选》第四、五期合刊	1940 年 3 月
黄花节歌			简谱	《国民教育指导月刊》音乐教材专号	1947 年
黄花曲（一至三场）	田冲	光未然	简谱	《儿童音乐》第五期	1944 年 3 月
黄昏	姜希	许建吾	五线谱	《乐学》第三号	1947 年 8 月
黄昏之祷	张定和	林庚	简谱	《青年音乐》第二卷第四期	1942 年 12 月
黄金色的浮云	A. 达哥密日斯基	M. 列尔孟多夫	五线谱	《音乐教育》第五卷第六期	1937 年 6 月
黄水谣	冼星海	光未然	简谱	《每月新歌选》第四、五合刊	1940 年 3 月
黄水谣（《黄河大合唱》之四）	冼星海	光未然	简谱	《新音乐》第一卷第三期	1940 年 3 月
黄鱼满天飞	舒模	端木蕻良	简谱	《新音乐月刊》（昆明版）创刊号	1946 年 6 月

续表

歌曲名称	曲作者	词作者	记谱形式	曲目来源	出版日期
黄鱼满天飞	舒模	端木蕻良	五线谱 简谱	《音乐艺术》第二卷第五期	1946年6月
黄肿脚	苏林	符公望	简谱	《新音乐》（华南版）第二卷第二期	1947年3月
挥手从军歌	胡然	朱久萦	简谱	《歌曲创作月刊》第一卷第七、八、九合刊	1941年11月
回汉青年对口曲		李汉仪	简谱	《每月新歌选》第八期	1940年8月
回来吧！亲爱的战友们！	步瀛	超武	简谱	《大众歌选》第二期	1943年6月
回来吧旨暇	席零	辛生	简谱	《新音乐》第五卷第一期	1942年11月
回娘家			五线谱	《音乐教育》第五卷第一期	1937年1月
活不起	董源	马凡陀	五线谱 简谱	《新音乐》第六卷第五期	1947年4月
活捉蒋介石	张达观	鲁煤	简谱	《解放歌声》（晋察冀版）第四集	1948年1月
活捉战犯蒋介石	张鲁	艾青	简谱	《解放歌声》第一集	1949年2月
活捉战犯蒋介石	张鲁	艾青	简谱	《人民音乐》（东北版）第一卷第二、三合刊	1949年3月
火车头	张血明	杨润生	简谱	《解放歌声》（天津版）第三集	1949年4月
火车头向南方	洛里	吕剑	简谱	《解放歌声》第六集	1949年4月
火车头向南方	张鲁		简谱	《解放歌声》（天津版）第二集	1949年3月
火奴鲁鲁的月			简谱	《音乐世界》第二卷第四期	1939年4月
货郎担	刘炽	戈西	简谱	《群众歌曲》第一、二合刊	1945年5月
货郎担	刘西		简谱	《新音乐》（上海版）第三期	1946年6月
J					
击溃胡匪	何士德		简谱	《人民音乐》（东北版）第一卷第三期	1947年3月
机关枪	魏崑山	魏崑山	简谱	《解放歌声》第七集	1949年8月
机关枪（单人歌表演一）	肖伶	肖伶	简谱	《新音乐》第八卷第三期	1949年8月

续表

歌曲名称	曲作者	词作者	记谱形式	曲目来源	出版日期
机器工厂歌	学明	学新	简谱	《解放歌声》（天津版）第三集	1949年4月
机器好	铁民	柴光	简谱	《解放歌声》第一集	1949年2月
机务段进行曲	张维邦	张维邦	简谱	《人民音乐》（东北版）第一卷第三期	1947年3月
机械厂日夜忙	李元庆	老实	简谱	《新音乐》第八卷第一期	1949年6月
机械化部队进行曲	吴伯超	卢冀野	简谱	《青年音乐》第一卷第四期	1942年6月
鸡儿叫	陈召尧		简谱	《音乐与美术》综合月刊第二卷第三期	1941年4月
集合上学堂	寄萍	寄萍	简谱	《大众歌选》第六期	1943年
集团舞（口琴曲）	陈剑晨		简谱	《上海口琴界》第一卷第三期	1939年6月
纪律歌	田冲	熊湧	简谱	《音乐哨岗》第一卷第一期	1942年2月
纪念碑（《七与里在边区》民歌联唱二）	马可	安波	简谱	《民族音乐》第一卷第三、四合刊	1942年7月
纪念鲁迅先生	焕之	梅丝	简谱	《新音乐》第三卷第三期	1941年10月
纪念三八节	黄凛	黎亚	简谱	《新音乐》第四卷第四期	1942年5月
纪念五一节	孟震	田野	简谱	《解放歌声》（天津版）第三集	1949年4月
寄母亲	张锐	［苏］别尔戈蒙茨	简谱	《戏剧与音乐》第一期	1946年3月
寄语阿郎	郑律成	肖夫	简谱	《歌曲月刊》第一期	1940年8月
寄语阿郎	郑律成	肖夫	简谱	《新音乐月刊》（副刊）第二辑	
加紧生产	车明	车明	简谱	《人民歌曲》第一期	1948年4月
加紧生产	张鲁		简谱	《民族音乐》第一卷第五、六合刊	1942年9月
加油练兵歌	柯夫	作梁	简谱	《人民音乐》（东北版）第一卷第一期	1948年10月
家	贺绿汀	吴新稼	简谱	《新音乐》第三卷第二期	1941年9月
家庭！快乐的家庭！(Home, Sweet Home.)	Sir H. R. Biahop		五线谱	《新乐潮》第二卷第二期	1928年2月
家庭之乐	L. Z.		简谱	《美育》第二期	1920年5月

续表

歌曲名称	曲作者	词作者	记谱形式	曲目来源	出版日期
家乡的悲哀（《小主人》插曲）	庄严		简谱	《儿童音乐》第五期	1944年3月
家乡风浪	林予	林予	五线谱 简谱	《新音乐》第七卷第三期	1948年1月
家乡风浪（南国组曲之四）	林克		简谱	《新音乐》第八卷第二期	1949年7月
家乡进行曲	行夫	风摩	简谱	《新音乐》第一卷第二期	1940年2月
家乡拾零	晴亚		简谱	《新音乐》（上海版）第三期	1946年6月
家乡月	舒模	符公望	五线谱 简谱	《新音乐》第六卷第四期	1947年3月
家乡月	苏林	符公望	简谱	《新音乐》（华南版）第一卷第六期	1946年12月
嘉禾舞			简谱	《音乐世界》第一卷第四期	1938年11月
嘉陵江	崔牛	方敏	简谱	《新音乐》（平津唐版）第二期	1948年5月
嘉陵江上	端木蕻良	贺绿汀	五线谱	《乐风》第一卷第一期	1940年1月
嘉陵江水不断流	谢功成	放平	简谱	《新音乐》（平津唐版）第四期	1948年10月
假军人	陆华柏	王光莹 王光瑜	简谱	《乐风》新一卷第九期	1941年9月
假朋友，假师生	胡周淑安	陶知行	五线谱	《音乐教育》第三卷第三期	1935年3月
假如明天战争			简谱	《歌选》第二期	1941年2月
假如谁要投降	Pokvass	毕品	简谱	《新音乐月刊》第二卷第一、二合刊	1940年8月
假如我为了真理而牺牲	野雪	海燕	简谱	《新音乐》第四卷第四期	1942年5月
假若敌人不投降?	杜利	徐苓	简谱	《解放歌声》第七集	1949年8月
假使领袖号召	可芦宁	［苏］可尔切夫	简谱	《音乐艺术》第五期	1945年1月
尖刀班	张锦乡	迟景太	简谱	《人民音乐》（东北版）第一卷第一期	1948年10月
尖刀连	兰亭	鲁夫	简谱	《人民音乐》（东北版）第一卷第一期	1948年10月

续表

歌曲名称	曲作者	词作者	记谱形式	曲目来源	出版日期
坚劲歌	胡周淑安	郑板桥	五线谱	《音乐教育》第三卷第一期	1935年1月
坚决打他不留情	劫夫	邢也 劫夫	简谱	《歌与剧》第五期	1947年7月
坚决打他不留情	劫夫	邢也 劫夫	简谱	《解放歌声》(晋察冀版)第四集	1948年1月
减租减息	新声	立田	简谱	《大众歌声》第十七期	1946年
剪花			五线谱 简谱	《新音乐》第七卷第三期	1948年1月
见青天(歌剧《白毛女》选曲)	马可 张鲁 瞿继		五线谱 简谱	《新音乐》(沪版)第六卷第三期	1947年1月
建国青年	谢直心	谭志勇	五线谱	《大道音乐》创刊号	1946年11月
建军	星耕		简谱	《音乐哨岗》第三卷第一期	
建设人民矿山	李国卿	邱泽三	简谱	《人民音乐》(东北版)第一卷第四期	1949年7月
建设石家庄	张达观	熊焰等	简谱	《解放歌声》(晋察冀版)第四集	1948年1月
建设新招商局			简谱	《解放歌声》(天津版)第四集	1949年6月
建设新中国	秋里	李默然	简谱	《人民音乐》(东北版)第一卷第四期	1949年7月
建设新中国(歌剧《新中国万岁》插曲)	韩悠韩	李嘉	简谱	《新音乐月刊》第二卷第一、二合刊	1940年8月
饯春	闫述诗		字母谱	《白雪》第七号	1928年5月
剑舞	马思聪		五线谱	《音乐艺术》第二集第二期	1945年7月
渐渐秋深	肖友梅	易韦斋	五线谱	《音乐杂志》(北大版)第二卷第七号	1921年9月
江边洗衣的姑娘	董秉济	戈儿	简谱	《青年音乐》第二卷第二、三合刊	1942年11月
江城子	陈田鹤	秦观	五线谱 简谱	《乐风》第十八号	1944年6月
江汉渔歌(《江汉渔歌》主题歌)	林路	田汉	简谱	《每月新歌选》第二期	1939年11月

续表

歌曲名称	曲作者	词作者	记谱形式	曲目来源	出版日期
江流七转（二转）	陈田鹤	段熙仲	简谱	《乐风》第三卷第一期	1944年1月
江上之歌	陈静芝	陈静芝	简谱	《音乐与美术》综合月刊第二期	1940年2月
江水东流向海洋			五线谱 简谱	《新音乐》第六卷第三期	1947年1月
江水流	曾一佳	李文澄 曾一佳	简谱	《歌曲创作月刊》第一期	1941年1月
江浙俗曲二种（五更调、梳妆台）			五线谱	《音乐杂志》（北大版）第二卷第三、四合刊	1921年4月
将革命进行到底	李元庆	李超	简谱	《解放歌声》第五集	1949年3月
将革命进行到底	舒放	黎明	简谱	《解放歌声》第五集	1949年3月
将军愁	莫非	高敏夫	简谱	《人民音乐》（东北版）第一卷第一期	1946年12月
讲卫生	高如星	李汀	简谱	《大家唱》第一期	
讲卫生			简谱	《群众歌曲》第一、二合刊	1945年5月
蒋匪帮一团糟	李劫夫	劫夫 邢也	简谱	《人民歌选》第一期	1949年6月
蒋管区的天			简谱	《人民歌曲》第一期	1948年4月
蒋介石，你这个坏东西！	舒模	镜华	简谱	《解放歌声》（华东军区版）第一集	1948年8月
蒋介石的家谱	何仿	何西先	简谱	《解放歌声》第一集	1949年2月
蒋介石的家谱	何仿	何酉先	简谱	《人民歌选》第一期	1949年6月
蒋介石快完蛋	止怡	张传吉	简谱	《人民音乐》（东北版）第一卷第一期	1948年10月
蒋介石泪涟涟	马驰	付林	简谱	《歌与剧》第三期	1947年1月
蒋介石你往哪里跑	孟震	血星	简谱	《解放歌声》第一集	1949年2月
降E调交响乐	马思聪		简谱	《新音乐》第五卷第一期	1942年11月
交公粮	张朋明	西戎	简谱	《民族音乐》第一卷第七期	1942年10月
交军粮	朋明	西戎	简谱	《音乐哨岗》第二卷第一期	1943年2月
交通战歌	卢肃	陈乔	简谱	《民族音乐》第一卷第三、四合刊	1942年7月

续表

歌曲名称	曲作者	词作者	记谱形式	曲目来源	出版日期
剿匪进行曲	彦克	陈戈	简谱	《人民音乐》（东北版）第一卷第三期	1947 年 3 月
剿匪胜利之歌	张棣昌	晓星	简谱	《人民音乐》（东北版）第一卷第二期	1947 年 2 月
缴好粮，打老蒋		雷坚	简谱	《人民音乐》（东北版）第一卷第二期	1947 年 2 月
缴支美国枪			简谱	《解放歌声》（华东军区版）第一集	1948 年 8 月
叫得太阳红又红			简谱	《新音乐》（上海版）第二期	1946 年 5 月
教书乐	谢直心	谭志勇	五线谱	《大道音乐》创刊号	1946 年 11 月
揭穿他的西洋镜	水金	森森	简谱	《大众歌选》第二期	1943 年 6 月
街头锣鼓响	人波	李长佑	简谱	《大众歌选》第二期	1943 年 6 月
街头音乐会	戈忻	包蕾	简谱	《新音乐月刊》第二卷第四期	1941 年 1 月
节约好	安波	安波	简谱	《人民音乐》（东北版）第一卷第一期	1948 年 10 月
结成一个力的集团（Gathered in a mighty Rally）	S. Marshak	Kabalevsky	简谱	《新音乐月刊》第二卷第四期	1941 年 1 月
结婚进行曲	赵元任		五线谱	《音乐杂志》（国改版）第一卷第二号	1928 年 2 月
解放大军齐出动	仲一	张联	简谱	《人民音乐》（东北版）第一卷第一期	1948 年 10 月
解放工人歌	李群	朱子奇	简谱	《解放歌声》第一集	1949 年 2 月
解放济南城	践耳	蒙沙	简谱	《解放歌声》（华东军区版）第二集	1948 年 10 月
解放济南大胜利	虞棘	虞棘	简谱	《解放歌声》（华东军区版）第二集	1948 年 10 月
解放军前进曲	晓河	胡石言	简谱	《新音乐》第八卷第三期	1949 年 8 月
解放军呀什么样			简谱	《人民歌选》第一期	1949 年 6 月
解放军重好过亚妈	伍胡	张浩	简谱	《新音乐》（粤中版）创刊号	1949 年 6 月
解放区	江定仙	王希坚	简谱	《新音乐》第八卷第五期	1949 年 12 月

续表

歌曲名称	曲作者	词作者	记谱形式	曲目来源	出版日期
解放区的妇女好生活	唐诃	唐诃	简谱	《歌与剧》第二期	1947年1月
解放区的天			简谱	《解放歌声》第二集	1949年3月
解放区的天			简谱	《人民歌选》第一期	1949年6月
解放区儿童进行曲	王莘	王莘	简谱	《解放歌声》（天津版）第二集	1949年3月
解放区好厉害	汉清	老民	简谱	《大众歌声》第十七期	1946年
解放区是一座铁长城	莫晓明	王杰	简谱	《大众歌声》第十八期	1946年9月
解放区是一座铁长城	泉水	王杰	简谱	《歌与剧》第一期	1946年10月
解放全中国	康笛	康笛	简谱	《人民音乐》（东北版）第一卷第四期	1949年7月
解放小调			简谱	《人民歌曲》第一期	1948年4月
解脱	江定仙	宗白华	五线谱	《青年音乐》（基督教版）第二期	1949年12月
藉着那歌声的翅膀	门德尔生	海涅	简谱	《新音乐》（华南版）第二卷第一期	1947年1月
今别曲	黄友棣	任毕明	简谱	《青年音乐》第一卷第四期	1942年6月
今年的雨水很足	青主	青主	五线谱	《音乐教育》第三卷第四期	1935年4月
今天	李顺泽	赵力	简谱	《民族音乐》第一卷第八期	1942年
今天	舒模	舒模	简谱	《音乐艺术》第四期	1944年11月
今天是你们结婚纪念	青主	青主	五线谱	《音乐杂志》（艺文版）第一卷第二期	1934年4月
今天是人民的世纪	宋军	陆无涯	简谱	《新音乐月刊》（昆明版）创刊号	1946年6月
今天咱们得解放	张鲁	桑夫	简谱	《解放歌声》第五集	1949年3月
金公鸡	介夫	吕剑	简谱	《解放歌声》第六集	1949年4月
金公鸡	雪江	吕剑	简谱	《解放歌声》第六集	1949年4月
金姐姐	桂枝 星华	桂枝 星华	简谱	《大众歌选》第六期	1943年
金陵怀古（调步满江红）			简谱	《音乐杂志》（北大版）第一卷第九、十合刊	1920年12月

续表

歌曲名称	曲作者	词作者	记谱形式	曲目来源	出版日期
金星笔	荫深	刘泉	简谱	《解放歌声》（华东军区版）第一集	1948 年 8 月
金银花	雪庵		五线谱	《音乐教育》第二卷第六期	1934 年 6 月
紧急动员起来	刘亚	刘亚	简谱	《大众歌声》第十八期	1946 年 9 月
紧急动员起来	王杰	林立	简谱	《大众歌选》第二期	1943 年 6 月
紧诉			五线谱 简谱	《新音乐》（华南版）第二卷第三期	1947 年 8 月
进军歌（《梅娘吟》幕终曲）	聿尹	公木	简谱	《民族音乐》第一卷第八期	1942 年
旌旗飘飘	陈振铎		简谱	《乐风》新一卷第七、八合刊	1941 年 8 月
精神改造歌	杨荫浏	熊英	简谱	《乐风》第三卷第一期	1944 年 1 月
敬酒			简谱	《山歌通讯》第 3 期	1946 年 6 月
敬礼	黄克勤	严辰	简谱	《新音乐》第八卷第三期	1949 年 8 月
敬礼	介夫	严辰	简谱	《解放歌声》第六集	1949 年 4 月
敬礼	小才	严辰	简谱	《解放歌声》第六集	1949 年 4 月
敬礼！我们的香岛	敢敢		简谱	《香岛音乐》第一期创刊号	1948 年 4 月
静境	江定仙	廖辅叔	五线谱	《音乐杂志》（艺文版）第一卷第三期	1934 年 7 月
九九头			五线谱	《新音乐》（华南版）第二卷第一期	1947 年 1 月
九送郎			简谱	《每月新歌选》第八期	1940 年 8 月
九月的风	应极	仁荪	简谱	《新音乐》第五卷第四期	1943 年 5 月
旧日诗人说得好	青主		五线谱	《国立音乐专科学校校刊》第四期	1930 年 5 月
救国歌	程懋筠	程柏庐	五线谱	《音乐教育》第一卷第四、五合刊	1933 年 10 月
救国义勇军军歌	程与松	汪旭初 程与松	五线谱	《音乐教育》第一卷第一期	1933 年 4 月
救火之歌	李凌	沈白	简谱	《音乐艺术》第六期	1945 年 2 月
救救孩子（《小主人》插曲）	庄严		简谱	《儿童音乐》第五期	1944 年 3 月

续表

歌曲名称	曲作者	词作者	记谱形式	曲目来源	出版日期
救穷歌（一至三）	丹东	丹东	简谱	《新音乐》（平津唐版）第二期	1948 年 5 月
狙击手	星耕	张帆	简谱	《音乐哨岗》第一卷第四、五合刊	1942 年 8 月
菊花黄	刘雪庵		五线谱	《音乐教育》第四卷第二期	1936 年 2 月
菊花香	姚以让		简谱	《乐风》第三卷第一期	1944 年 1 月
举杯庆祝歌	杜那耶夫斯基	列别结瓦库玛	五线谱 简谱	《新音乐》第六卷第五期	1947 年 4 月
觉醒联盟进行曲	刘流	杉本一夫	简谱	《歌选》第二期	1941 年 2 月
军队进行曲	郑律成	公木	简谱	《新音乐》第三卷第一期	1941 年 8 月
军队老百姓	张达观		简谱	《群众歌声》第十期	1945 年 9 月
军队老百姓			简谱	《人民歌选》第一期	1949 年 6 月
军歌	索子樵	索子樵	简谱	《歌曲创作月刊》第一卷第四期	1941 年 4 月
军歌	唐学咏	罗家伦	五线谱	《音乐教育》第一卷第三期	1933 年 6 月
军歌	一佳	一佳	简谱	《歌曲创作月刊》第二期	1941 年 2 月
军民本是一家人	吴华	崔牛	简谱	《音乐哨岗》第三卷第一期	
军民合作歌	丁珰	白丁	简谱	《新音乐》第一卷第二期	1940 年 2 月
军民合作歌	陆华柏	雷嘉	简谱	《音乐与美术》综合月刊第六期	1940 年 6 月
军民合作歌	张定和	吴祖光	简谱	《青年音乐》第一卷创刊号	1942 年 3 月
军民进行曲（两幕歌剧终曲）	星海	天蓝	简谱	《新音乐》第一卷第六期	1940 年 6 月
军民联欢	刘雪厂	老舍	五线谱	《乐风》第一卷第一期	1940 年 1 月
军民联欢歌	陈田鹤	舒舍予	简谱	《新音乐》第一卷第三期	1940 年 3 月
军民联欢歌	陆华伯	舒舍予	五线谱	《乐风》新一卷第二期	1941 年 2 月
军民联欢歌	陆华柏	舒舍予	五线谱	《乐风》（副本）第一卷第一期	1941 年 4 月
军民联欢歌	王沛伦	舒舍予	简谱	《青年音乐》第二卷第一期	1942 年 9 月
军民胜利曲	田风	田风	简谱	《人民音乐》（东北版）第一卷第三期	1947 年 3 月
军人进行曲	黄友棣	黄友棣	简谱	《青年音乐》第一卷第五期	1942 年 7 月

续表

歌曲名称	曲作者	词作者	记谱形式	曲目来源	出版日期
军中乐	徐昭裕		简谱	《歌曲创作月刊》第一期	1941年1月
骏马歌	沈钟岳	易君左	简谱	《青年音乐》第二卷第二、三合刊	1942年11月
K					
喀秋沙	［苏］布蓝铁尔［苏］依沙可夫斯基	依沙可夫斯基	简谱	《新音乐月刊》第二卷第四期	1941年1月
喀秋沙			简谱	《每月新歌选》第八期	1940年8月
开辟小园圃			简谱	《国民教育指导月刊》音乐教材专号	1947年
开荒	吕骥	天兰	简谱	《每月新歌选》第一期	1940年3月
开荒南山腰	晨暄	晨暄	简谱	《音乐哨岗》第二卷第二、三合刊	1943年10月
开荒曲	明敏	高咏	简谱	《音乐哨岗》第三卷第一期	
开荒山歌	姚以让		简谱	《乐风》新一卷第七、八合刊	1941年8月
开会来（《七与里在边区》民歌联唱四）	安波	安波	简谱	《民族音乐》第一卷第三、四合刊	1942年7月
开矿歌	聂尔	聂尔	简谱	《歌咏岗位》第三期	1940年7月
开矿歌	聂尔	聂尔	简谱	《新音乐》第三卷第二期	1941年9月
开矿歌	聂耳	聂耳	简谱	《新音乐》（平津唐版）第三期	1948年7月
开犁种地	张风	张风	简谱	《人民歌曲》第一期	1948年4月
开路先锋	聂耳	施谊	简谱	《新音乐》（平津唐版）第三期	1948年7月
开煤歌	李效白	李效白	简谱	《民族音乐》第一卷第三、四合刊	1942年7月
开门迎接解放军	亚威	田川	简谱	《大众歌声》第十五期	1945年
凯旋	陈振铎		简谱	《乐风》第三卷第一期	1943年1月
凯旋	贺绿汀	李大寰 燕南	五线谱	《乐风》新一卷第二期	1941年2月

续表

歌曲名称	曲作者	词作者	记谱形式	曲目来源	出版日期
凯旋	贺绿汀	李大賓 燕南	五线谱	《乐风》（副本）第一卷第一期	1941 年 4 月
凯旋	贺绿汀		简谱	《新歌曲》第一卷第三期	1941 年 9 月
凯旋	张佩萱	卢冀野	简谱	《乐风》新一卷第十一、十二合刊	1941 年 12 月
凯旋（口琴曲）	李世权		简谱	《乐教》第一卷第二期	1943 年 1 月
凯旋歌	游志清	游志清	简谱	《青年音乐》第二卷第一期	1942 年 9 月
凯旋歌	真阳	沈心工	五线谱	《音乐杂志》创刊号	1946 年 7 月
凯旋歌			五线谱 简谱	《音乐教育》第一卷第六、七合刊	1933 年 11 月
凯旋歌奏曲	魏岩	魏岩	简谱	《儿童音乐》第四期	1943 年
坎巴尔韩			五线谱 简谱	《新音乐》（华南版）第二卷第三期	1947 年 8 月
看！解放的大旗在空中飘荡	刘沛	刘敏	简谱	《解放歌声》（天津版）第一集	1949 年 2 月
看看你在圈里如何			五线谱	《音乐杂志》（国改版）第一卷第三号	1928 年 3 月
看看谁敢打内战	超武	超武	简谱	《滨海歌集》第一期	1946 年 6 月
看看我的新鞋			简谱	《儿童音乐》第二期	1947 年 5 月
看看我的新鞋			五线谱	《儿童音乐》第二期	1947 年 5 月
看胜利来到了	王立三	王立三	简谱	《歌曲创作月刊》第一卷第七、八、九合刊	1941 年 11 月
看谁功劳高	侯家声	徐明	简谱	《儿童音乐》第五期	1944 年 3 月
看谁功劳高	素霞	徐明	简谱	《儿童音乐》第四期	1943 年
看谁功劳高	徐明	徐明	简谱	《新音乐》第三卷第六期	1942 年 1 月
康宁堡	林岑	黎浩	简谱	《音乐哨岗》第二卷第一期	1943 年 2 月
扛棉花包歌	韩瑞祥	韩瑞祥	简谱	《解放歌声》（天津版）第三集	1949 年 4 月
抗敌	江定仙	亢心栽	五线谱	《音乐教育》第四卷第十一期	1936 年 11 月
抗敌词	何安东	宋李纲	五线谱	《音乐教育》第五卷第九、十合刊	1937 年 10 月

续表

歌曲名称	曲作者	词作者	记谱形式	曲目来源	出版日期
抗敌歌	刘天浪	刘天浪	简谱	《每月新歌选》第九期	1940年9月
抗敌谣			简谱	《乐风》新一卷第九期	1941年9月
抗敌战士悼歌	邓尔敬	任钧	五线谱	《音乐教育》第五卷第九、十合刊	1937年10月
抗日军歌	程懋筠	陶陶	五线谱	《音乐教育》第一卷第八、九期合刊	1933年12月
抗日军和老百姓	方冬	刘御	简谱	《歌曲半月刊》第一卷第六期	1941年7月
抗日军和老百姓	方冬	刘御	简谱	《音乐哨岗》第一卷第二期	1942年5月
抗日烈士山纪念歌	方平	文义	简谱	《滨海歌集》第一期	1946年6月
抗日小学校歌	久鸣	周抗	简谱	《大众歌选》第四期	1943年8月
抗战	曹亚琪	白路	简谱	《歌曲创作月刊》第一卷第七、八、九合刊	1941年11月
抗战八年胜利到	庄严	杰泥	五线谱 简谱	《音乐艺术》第二卷第四期	1946年4月
抗战必胜	胡然	胡然	五线谱	《音乐月刊》（重庆卷）第一卷第一期	1942年3月
抗战到底	李惟宁	钱亦石	五线谱	《音乐月刊》（上海卷）第一卷第一号	1937年11月
抗战到底	陆华伯	蔡挺生	简谱	《乐风》新一卷第五、六合刊	1941年6月
抗战到底	陆华柏	蔡挺生	五线谱	《乐风》（副本）第一卷第二期	1941年9月
抗战到底	章枚	章枚	简谱	《每月新歌选》第十期	1940年10月
抗战第五年	熊慧君	韦幼韩	简谱	《歌曲创作月刊》第一卷第七、八、九合刊	1941年11月
抗战纪念歌	陈厚庵	中央 政治部	简谱	《救亡歌声》创刊号	1938年8月
抗战建国合唱	郭可诹	李仁荪	简谱	《歌咏岗位》第三期	1940年7月
抗战军人	周令钊	沈同衡	简谱	《每月新歌选》第二期	1939年11月
抗战七周年小调		王杰	简谱	《大众歌选》第八期	1944年6月
抗战旗帜下	施正镐	陈才	简谱	《青年音乐》第一卷第四期	1942年6月
抗战曲	武干	寿昌	简谱	《每月新歌选》第四、五合刊	1940年3月

续表

歌曲名称	曲作者	词作者	记谱形式	曲目来源	出版日期
靠我们打胜仗	晓河		简谱	《歌与剧》（战时版）第四期	1947年1月
颗颗送给解放军	关子光	柯原	简谱	《新音乐》第八卷第一期	1949年6月
可可鸟之歌	嵇振民		简谱	《歌与诗音乐月刊》第六期	1945年
可怜郎	牧女	小生	五线谱	《大道音乐》创刊号	1946年11月
克息克斯邮便（Csikos – Post）	Hermann Necke（聂克）		五线谱	《新乐潮》第二卷第二期	1928年2月
垦春泥	贺绿汀	田汉	简谱	《新歌曲》第一卷第三期	1941年9月
垦春泥	贺绿汀	田汉	简谱	《新音乐》第四卷第一期	1942年2月
空军歌	阮思琴	阮思琴	简谱	《音乐与美术》综合月刊第二期	1940年2月
空军好	一佳	一佳	简谱	《歌曲创作月刊》第二期	1941年2月
空军进行曲	施正镐	杨琦	简谱	《每月新歌选》第一卷第一号	1946年4月
空军进行曲	雪庵	雪庵	五线谱	《音乐教育》第一卷第八、九合刊	1933年12月
空军乐	邱望湘	胡竹影	简谱	《歌曲创作月刊》新第一卷第一期	1942年11月
空军乐	邱望湘	邱望湘	简谱	《歌曲创作月刊》第一卷第七、八、九合刊	1941年11月
空军驱逐曲	刘雪庵	许建吾	五线谱	《音乐月刊》（重庆卷）第一卷第二、三合刊	1942年5月
空军颂	陈田鹤	常任侠	简谱	《乐风》新一卷第九期	1941年9月
空军颂	陈田鹤	常任侠	五线谱	《乐风》（副本）第一卷第二期	1941年9月
空军颂	任钧	温有刚	简谱	《青年音乐》第二卷第一期	1942年9月
空军颂	姚以让	铿然	简谱	《歌曲创作月刊》第一期	1941年1月
空中哀歌	任光	安娥	简谱	《歌曲半月刊》第一卷第一期	1941年5月
空中侦察员	李群	安娥	简谱	《新音乐》第八卷第六期	1950年1月
控诉	山雨	古柏	五线谱 简谱	《新音乐》（沪版）第七卷第二期	1947年9月
控诉			简谱	《新音乐》（华南版）第一卷第五期	1946年10月

续表

歌曲名称	曲作者	词作者	记谱形式	曲目来源	出版日期
控诉			五线谱 简谱	《新音乐》第六卷第三期	1947 年 1 月
哭长城	李荣寿		五线谱	《音乐杂志》（北大版）第一卷第八号	1920 年 10 月
哭满有	马可	敏夫	简谱	《民族音乐》第一卷第三、四合刊	1942 年 7 月
苦菜谣	陈歌辛	吴村	简谱	《音乐世界》第二卷第十、十一、十二合刊	1939 年 12 月
苦苦苦	孙慎	许观光	简谱	《新音乐》（华南版）第一卷第六期	1946 年 12 月
苦命的苗家	宋扬	宋扬	简谱	《新音乐》（华南版）第一卷创刊号	1946 年 4 月
苦命的媳妇	良堃	李德	五线谱 简谱	《新音乐》第六卷第二期	1946 年 11 月
苦难的妇女（妇女解放联唱）	林里	贾克	简谱	《解放歌声》第三集	1949 年 3 月
苦竹叶	易扬	沙路	简谱	《新音乐》（华南版）第二卷第二期	1947 年 3 月
快把铁路修起来	刘行	刘行	简谱	《解放歌声》第五集	1949 年 3 月
快把秧歌扭起来		榴琏	简谱	《大众歌声》第九期	1944 年 10 月
快步进行曲	棣昌	李清泉	简谱	《民族音乐》第一卷第八期	1942 年底
快出粮	田冲	振鸿	简谱	《音乐哨岗》第二卷第二、三合刊	1943 年 10 月
快快唱呦	林予	林予	简谱	《新音乐》第八卷第二期	1949 年 7 月
快快立功劳	印泉	伟令	简谱	《歌与剧》第二期	1947 年 1 月
快乐的村庄	莫晓明	王杰	简谱	《大众歌声》第十八期	1946 年 9 月
快乐的风	杜那亦夫斯基	列别杰夫·库司赤	简谱	《音乐世界》第二卷第十、十一、十二合刊	1939 年 12 月
快乐的歌		莲基	简谱	《儿童音乐》第一期	1947 年 4 月
快乐的歌声	莫差特	梁莲基	简谱	《儿童音乐》第七期	1948 年 3 月

续表

歌曲名称	曲作者	词作者	记谱形式	曲目来源	出版日期
快乐的歌声	莫差特	梁莲基	五线谱	《儿童音乐》第七期	1948 年 3 月
快乐的军队	律成	公木	简谱	《新音乐》第四卷第六期	1942 年 9 月
快乐的人们	杜那耶夫斯基		五线谱 简谱	《新音乐》（华南版）第二卷第三期	1947 年 8 月
快乐的梢林	鹰航	力鸣	简谱	《人民音乐》（东北版）第一卷第二期	1947 年 2 月
快乐的夏天			简谱	《国民教育指导月刊》音乐教材专号	1947 年
快乐的战士	庄映	荒草	简谱	《解放歌声》第七集	1949 年 8 月
快乐多	雪庵		五线谱	《音乐教育》第二卷第十期	1934 年 10 月
快乐颂	贝多芬	席勒	简谱	《儿童音乐》第六期	1947 年 12 月
快乐颂	贝多芬		五线谱	《儿童音乐》第六期	1947 年 12 月
快乐之歌	乃安	孙潜	简谱	《新音乐月刊》第二卷第一、二合刊	1940 年 8 月
快拍掌	李莘	高暘天	简谱	《儿童新歌》第一卷第一期	1947 年 9 月
快上马	鲁黎 杜矢甲	鲁黎 杜矢甲	简谱	《歌曲月刊》第一期	1940 年 8 月
快生产	郭光堃	奉明 家俊	简谱	《新音乐》第八卷第四期	1949 年 10 月
快武装起来	索子樵	索子樵	简谱	《歌曲创作月刊》第一卷第七、八、九合刊	1941 年 11 月
狂风	闫述诗		字母谱	《白雪》第二十九号	1929 年
狂歌			简谱	《音艺通讯》第十三期	1946 年 7 月
矿工歌	李曦	乐为	简谱	《人民音乐》（东北版）第一卷第一期	1948 年 10 月
葵花景	赵元任		五线谱	《音乐教育》第三卷第七期	1935 年 7 月
傀儡舞踊（口琴曲）	刘雪厂		简谱	《青年音乐》第一卷第六期	1942 年 8 月
扩大民主爱国阵线	高田	金颖	五线谱 简谱	《新音乐》第六卷第四期	1947 年 3 月
扩大生产	白厘		简谱	《音乐哨岗》第二卷第一期	1943 年 2 月

续表

歌曲名称	曲作者	词作者	记谱形式	曲目来源	出版日期
L					
拉板车的歌声	李莘		简谱	《儿童新歌》第一卷第一期	1947年9月
拉骆驼	梁寒光		五线谱 简谱	《新音乐》第六卷第四期	1947年3月
拉纤歌	弗克	蔚大	简谱	《新音乐》（平津唐版）创刊号	1948年2月
拉纤歌	钱仁康	钱仁康	简谱	《乐风》第二卷第四期	1942年7月
拉纤歌	钱仁康	钱仁康	五线谱 简谱	《乐风》（副本）第二卷第一期	1943年5月
拉纤歌	赵定保	赵定保	简谱	《儿童音乐》第四期	1943年
拉纤行	应尚能	卢冀野	五线谱	《乐风》第一卷第一期	1940年1月
拉石头	张寒晖	张寒晖	五线谱 简谱	《新音乐》第六卷第四期	1947年3月
腊烛开花满地红	硫酸		简谱	《香岛音乐》创刊号	1948年4月
来，我们来唱歌			五线谱	《音乐教育》第一卷第一期	1933年4月
莱茵河的晚唱			简谱	《音乐艺术》第六期	1945年2月
莱茵河的晚歌			简谱	《新音乐》第六卷第一期	1946年10月
癞子做学徒	刘天浪	子涵 依帆	简谱	《儿童音乐》第三期	1947年6月
癞子做学徒	刘天浪	子涵 依帆	五线谱	《儿童音乐》第三期	1947年6月
兰台（甲乙）			简谱	《音乐杂志》（北大版）第一卷第七号	1920年9月
阑干	闫述诗		字母谱	《白雪》第十四号	1928年9月
蓝星曲	冷莽	冷莽	简谱	《新音乐》第三卷第三期	1941年10月
懒姑娘	舒模	秦光银	五线谱 简谱	《新音乐》第七卷第五期	1948年12月
浪浪歌	武夫	武夫	简谱	《音乐与戏剧》创刊号	1943年11月
浪浪浪	武夫	武夫	简谱	《儿童音乐》第五期	1944年3月
浪浪浪			简谱	《新音乐》（上海版）第二期	1946年5月

续表

歌曲名称	曲作者	词作者	记谱形式	曲目来源	出版日期
浪淘沙	Ellinor Valesby	易韦斋	五线谱	《音乐杂志》（艺文版）第一卷第二期	1934年4月
劳动的人们最光荣	霜屏	霜屏	简谱	《大众歌声》第八期	1944年6月
劳动服务歌	陆予	陆予	简谱	《歌曲创作月刊》第二期	1941年2月
劳动服务歌	汪秋逸	杨友群	简谱	《每月新歌选》第四、五合刊	1940年3月
劳动歌	宋扬 舒模	宋扬 舒模	简谱	《新音乐》（华南版）第一卷第二期	1946年5月
劳动歌	赵元任		简谱	《儿童音乐》第二期	1947年5月
劳动歌	赵元任		五线谱	《儿童音乐》第二期	1947年5月
劳动歌（又名起重歌）	刘沛	胡可	简谱	《解放歌声》（天津版）第三集	1949年4月
劳动竞赛支援前线	劳舟		简谱	《解放歌声》第七集	1949年8月
劳动模范	剑林	剑林	简谱	《大众歌选》第七期	1944年2月
劳动人民歌	赵望衡	田克辛	简谱	《新音乐》（华南版）第一卷第二期	1946年5月
劳动之歌	火星	张湘林	简谱	《解放歌声》（天津版）第三集	1949年4月
劳工兄弟	郑兰竹	高建福	简谱	《解放歌声》（天津版）第四集	1949年6月
劳军		蓝旅	简谱	《人民音乐》（东北版）第一卷第三期	1947年3月
劳军歌		邝文 伍胡等	简谱	《新音乐》（粤中版）创刊号	1949年6月
老百姓进行曲	赵启海	赵启海	简谱	《新音乐》第一卷第五期	1940年5月
老百姓盼到了解放军	李小才	李小才	简谱	《解放歌声》第二集	1949年3月
老百姓战歌	马可	马可	简谱	《新音乐》第一卷第四期	1940年4月
老爹给我竹扁担	践耳	施雨	简谱	《戏剧与音乐》第二期	1946年5月
老公公	黄友棣		简谱	《儿童音乐》第一期	1947年4月
老公公	黄友棣		五线谱	《儿童音乐》第一期	1947年4月
老黑奴	史蒂芬·福斯特	史蒂芬·福斯特	简谱	《新音乐》（华南版）第二卷第二期	1947年3月
老婆娘	任求	正之	简谱	《音乐哨岗》第二卷第四期	1943年10月

续表

歌曲名称	曲作者	词作者	记谱形式	曲目来源	出版日期
老婆婆	任求	正之	简谱	《音乐艺术》第六期	1945年2月
老乌鸦（妻唱夫随之一）	李尔	李尔	简谱	《新音乐》（华南版）第一卷第六期	1946年12月
老中央	陈志昂	何进	简谱	《大众歌声》第十八期	1946年9月
乐教	杨仲子	陈立夫	五线谱 简谱	《乐风》（副本）第二卷第一期	1943年5月
乐教歌	杨仲子	陈立夫	简谱	《乐风》第三卷第一期	1943年1月
雷峰塔影	贺绿汀	徐志摩	五线谱	《音乐教育》第三卷第一期	1935年1月
泪			字母谱	《白雪》第七号	1928年5月
泪洪		F. Schubert	简谱	《音乐教育月刊》（渝版）创刊号	1946年9月
离别			简谱	《音乐世界》第二卷第六期	1939年6月
离别母校歌	谢直心	谭志勇	五线谱	《大道音乐》创刊号	1946年11月
离不开你	郭杰		简谱	《新音乐》（粤中版）创刊号	1949年6月
离愁别恨	高中立		五线谱	《音乐杂志》（艺文版）第一卷第四期	1934年11月
漓水之歌	吴钟琪	吴钟琪	简谱	《乐风》新一卷第十期	1941年10月
黎明	江定仙	刘雪厂	五线谱	《音乐教育》第二卷第一期	1934年1月
黎明（黎明大合唱之五）	石林		五线谱 简谱	《新音乐》（沪版）第七卷第一期	1947年7月
黎明快来临	Mende-lssohn		五线谱 简谱	《新音乐》第六卷第二期	1946年11月
黎明曲	郑律成	陈尔东	简谱	《每月新歌选》第二期	1939年11月
黎明之歌（《新中国万岁》合唱之一）	李嘉	韩悠韩	简谱	《新音乐》第三卷第六期	1942年1月
黎王氏叹五更（纪念小曲）				《灿花集》第一期	1908年12月
礼仪歌	黄友棣	何中中	简谱	《儿童音乐》第二期	1947年5月
礼仪歌	黄友棣	何中中	五线谱	《儿童音乐》第二期	1947年5月
李大爹爹不开明	人波	人波	简谱	《大众歌声》第九期	1944年10月

续表

歌曲名称	曲作者	词作者	记谱形式	曲目来源	出版日期
李大妈	乐里	天风	简谱	《新音乐》第三卷第六期	1942 年 1 月
李干排	马旋	陈捷	简谱	《歌与剧》第一期	1946 年 10 月
力歌行	武力	刘琦	简谱	《歌曲创作月刊》第一卷第四期	1941 年 4 月
立功歌	汉清	李乐	简谱	《歌与剧》（战时版）第四期	1947 年 1 月
立功歌	寄明	晓星	简谱	《人民音乐》（东北版）第一卷第三期	1947 年 3 月
立功歌	水金	鲁岩	简谱	《歌与剧》（战时版）第五期	1947 年
立功运动块展开	唐荣枚	杨蔚	简谱	《人民音乐》（东北版）第一卷第三期	1947 年 3 月
立我烝民			五线谱	《音乐杂志》（北大版）第二卷第三、四合刊	1921 年 4 月
励学歌			五线谱	《音乐杂志》（北大版）第一卷第四号	1920 年 6 月
俩相好舞曲（序曲）	文纲	李凌	五线谱 简谱	《新音乐》第六卷第五期	1947 年 4 月
连续爆破	刘炽	刘炽	简谱	《人民音乐》（东北版）第一卷第一期	1948 年 10 月
莲花	Schumann	海涅	五线谱	《音乐教育》第三卷第六期	1935 年 6 月
联合国歌			简谱	《戏剧与音乐》第一期	1946 年 3 月
练兵歌	董小吾		简谱	《大家唱》第一期	
练兵小唱	李力	刘佳	简谱	《大家唱》第一期	
练兵小唱	肖纪	刘佳	简谱	《大家唱》第一期	
恋爱歌			简谱	《音乐与美术》综合月刊第十期	1940 年 10 月
恋吧，少女！	江定仙	韦丛芜	五线谱	《音乐杂志》（艺文版）第一卷第一期	1934 年 1 月
恋歌	绿汀		五线谱	《音乐教育》第二卷第八期	1934 年 8 月
梁红玉	星海	常木	简谱	《新音乐》第三卷第一期	1941 年 8 月
两朵花	白音	田丁	五线谱 简谱	《新音乐》（沪版）第七卷第一期	1947 年 7 月

续表

歌曲名称	曲作者	词作者	记谱形式	曲目来源	出版日期
两口子对唱	宋扬	宋扬	简谱	《南方音乐》创刊号	1948 年 3 月
两面派	焕之	刘御	简谱	《新音乐月刊》第二卷第三期	1940 年 9 月
两面派	武夫	刘衍	简谱	《儿童音乐》第五期	1944 年 3 月
两种兵	程云	安波	简谱	《人民音乐》（东北版）第一卷第一期	1948 年 10 月
嘹亮的钟声	刘铁山	贺敬之	简谱	《解放歌声》第二集	1949 年 3 月
列车的先锋	张鲁		简谱	《解放歌声》（天津版）第三集	1949 年 4 月
列车的先锋（一、二）	张鲁		简谱	《解放歌声》第五集	1949 年 3 月
烈士碑	徐刚	徐刚	简谱	《大众歌声》第八期	1944 年 6 月
猎曲			字母谱	《白雪》第八号	1928 年 5 月
林间	李树化		五线谱	《音乐教育》第三卷第一期	1935 年 1 月
灵光启照	巴赫		五线谱	《青年音乐》（基督教版）第一期	1949 年 6 月
领袖歌	刘已明	周仁涛	简谱	《青年音乐》第二卷第二、三合刊	1942 年 11 月
溜冰歌			五线谱	《音乐教育》第二卷第一期	1934 年 1 月
刘子丹调（一至四）			简谱	《歌与剧》第一期	1946 年 10 月
流浪行	黎钟	高元白	简谱	《歌与诗音乐月刊》第三期	1944 年 12 月
流浪之歌			五线谱 简谱	《新音乐》（华南版）第二卷第三期	1947 年 8 月
流氓当家，打风满天下	华瑞	牛二	五线谱 简谱	《新音乐》第六卷第四期	1947 年 3 月
流水	雷青		简谱	《山歌通讯》新三期	1947 年 12 月
流水	绿汀	绿汀	五线谱	《音乐教育》第四卷第一期	1936 年 1 月
流水歌声			简谱	《歌与诗音乐月刊》第四期	1945 年
流水谣	蔓萍 乜瑜	蔓萍 乜瑜	简谱	《新音乐》第三卷第一期	1941 年 8 月
留级	宋军	陶行知	简谱	《儿童音乐》第四期	1947 年 10 月
留守兵团军歌	棣昌	艾青	简谱	《民族音乐》第一卷第七期	1942 年 10 月

续表

歌曲名称	曲作者	词作者	记谱形式	曲目来源	出版日期
柳条长	刘雪庵	眉初	五线谱	《乐风》（副本）第一卷第二期	1941年9月
柳条长	启海	眉初	简谱	《新音乐》第一卷第六期	1940年6月
柳条长			简谱	《乐风》新一卷第五、六合刊	1941年6月
柳絮	萧亚蓁	张震南	简谱	《歌曲创作月刊》第二期	1941年2月
柳枝与竹枝	李树化	贺知章 顾况	五线谱	《音乐教育》第三卷第三期	1935年3月
六军不发无奈何	黄自	韦瀚章	五线谱	《音乐月刊》（重庆卷）第二卷第一期	1943年5月
龙王滩上	郁又	放平	简谱	《每月新歌选》第十一期	1941年5月
庐山石工歌	黄晚成	徐志摩	五线谱	《广州音乐》第四卷第一、二合刊	1936年2月
芦沟桥畔	何安东	白序之	五线谱	《音乐教育》第五卷第十一、十二合刊	1937年12月
芦苇	晏即曙		五线谱	《音乐教育》第二卷第四期	1934年4月
鲁南子弟兵团歌	王烈	景涛	简谱	《大众歌声》第十五期	1945年
陆军进行曲	修伯特		五线谱	《儿童音乐》第四期	1947年10月
路是我们开	冼星海	安娥	简谱	《大家唱》第一期	
路是我们开	星海	安娥	简谱	《新音乐》第五卷第二期	1942年12月
路是我们开	星海	安娥	简谱	《歌曲半月刊》第一卷第二期	1941年6月
吕梁山	江橹	洛赛	简谱	《音乐哨岗》第二卷第一期	1943年2月
吕梁山大合唱（一、二）	马可	周军 澄秋	简谱	《新音乐月刊》第二卷第三期	1940年9月
吕梁山大合唱（三、四）	马可	周军 澄秋	简谱	《新音乐月刊》第二卷第四期	1941年1月
吕梁山大合唱（五、六）	马可	周军 澄秋	简谱	《新音乐月刊》第二卷第五期	1941年8月
吕梁山大合唱（七）	马可	周军 澄秋	简谱	《新音乐月刊》第三卷第一期	1941年9月
旅人的心	李抱忱	方殷	五线谱 简谱	《乐风》第十八号	1944年6月

续表

歌曲名称	曲作者	词作者	记谱形式	曲目来源	出版日期
绿的葡萄			五线谱	《音乐教育》第四卷第九期	1936年9月
绿水悠悠	傅应岩	朱苏典	简谱	《青年音乐》第一卷第三期	1942年5月
绿衣人	陈田鹤		五线谱 简谱	《乐风》第十七号	1944年4月
抡起了铁锤用劲干	李小才		简谱	《新音乐》第八卷第一期	1949年6月
伦敦之钟			五线谱	《音乐教育》第五卷第六期	1937年6月
攞返做人嘅权利		陈荥	简谱	《香岛音乐》第一期创刊号	1948年4月
洛水吟	黄源洛	周延	简谱	《青年音乐》第二卷第二、三合刊	1942年11月
洛阳桥			简谱	《诗与音乐》创刊号	1945年4月
落花	闫述诗		字母谱	《白雪》第九号	1928年5月
M					
妈妈你好糊涂	佚名	佚名	简谱	《大众歌选》第六期	1943年
妈妈嘱咐我	青水	化南	简谱	《大众歌选》第五期	1943年9月
麻雀躲在电线上	钱君匋	沈百英	五线谱	《音乐教育》第二卷第一期	1934年1月
马儿真正好	默新	默新	简谱	《歌曲月刊》第一期	1948年9月
马来了	陆华伯	金近	简谱	《儿童音乐》第四期	1947年10月
马来了	陆华伯	金近	五线谱	《儿童音乐》第四期	1947年10月
马赛歌	卢热得利尔		五线谱	《音乐教育》第五卷第九、十合刊	1937年10月
玛莎埋在冰冷的地上	史蒂芬·福死特	史蒂芬·福死特	简谱	《新音乐》（华南版）第二卷第二期	1947年3月
蚂蚁	陈田鹤	廖辅叔	五线谱	《音乐教育》第三卷第十期	1935年10月
蚂蚁	刘天浪		简谱	《儿童音乐》第一期	1947年4月
蚂蚁战螳螂	阮琪	萧野	简谱	《儿童音乐》第一期	1947年4月
骂何应钦	麦新		简谱	《歌曲旬刊》创刊号	1941年4月
骂癞子	刘天浪	苏子涵	简谱	《每月新歌选》第九期	1940年9月
骂特务	李群	霍希扬	简谱	《解放歌声》（晋察冀版）第三集	1946年7月

续表

歌曲名称	曲作者	词作者	记谱形式	曲目来源	出版日期
埋地雷	刘洙	汶石	简谱	《人民音乐》（东北版）第一卷第一期	1946 年 12 月
埋地雷	星华	桂枝	简谱	《大众歌声》第十二期	1945 年 5 月
麦草			五线谱	《音乐教育》第一卷第二期	1933 年 5 月
麦浪	江定仙		五线谱	《音乐教育》第二卷第六期	1934 年 6 月
麦收	袁超	石钧	简谱	《大众歌选》第二期	1943 年 6 月
麦穗谣	孔健飞	孔健飞	简谱	《大众歌选》第二期	1943 年 6 月
麦子熟	刘亚	阿巴	简谱	《大众歌声》第十七期	1946 年
卖报歌	聂耳	安娥	简谱	《新音乐》（平津唐版）第三期	1948 年 7 月
卖报之声	聂尔	聂尔	简谱	《歌咏岗位》第三期	1940 年 7 月
卖报之声	聂尔	聂尔	简谱	《新音乐》第三卷第二期	1941 年 9 月
卖报之声	聂耳	聂耳	简谱	《新音乐》（平津唐版）第三期	1948 年 7 月
卖儿郎	马思聪	村野	五线谱 简谱	《新音乐》第六卷第二期	1946 年 11 月
卖花词	夏之秋	潘国渠	五线谱	《音乐月刊》（重庆卷）第一卷第二、三合刊	1942 年 5 月
卖花献金	邱望湘	邱望湘	简谱	《歌曲创作月刊》新第一卷第一期	1942 年 11 月
卖花献金（续）	邱望湘	邱望湘	简谱	《歌曲创作月刊》新第一卷第一期	1942 年 11 月
满地红	焕之	柳亚子	简谱	《解放歌声》第七集	1949 年 8 月
满江红	林声翕	岳武穆	五线谱	《音乐月刊》（重庆卷）第一卷第六期	1942 年 11 月
满洲囚徒进行曲	星海	塞克	简谱	《新音乐》第三卷第四期	1941 年 11 月
曼多林（Mandoline）	对步栖		五线谱	《新乐潮》第二卷第一期	1928 年 2 月
蔓菁莱	敷仁 慨悦	敷仁 慨悦	简谱	《音乐艺术》第六期	1945 年 2 月
蔓菁莱	慨锐	敷仁	简谱	《歌与诗音乐月刊》第三期	1944 年 12 月
猫			五线谱	《音乐教育》第三卷第二期	1935 年 2 月
毛泽东	林奇	朱子奇	简谱	《歌曲半月刊》第一卷第二期	1941 年 6 月

续表

歌曲名称	曲作者	词作者	记谱形式	曲目来源	出版日期
毛泽东	刘炽	刘御	简谱	《歌曲月刊》第一期	1940年8月
毛泽东的女战士（妇女解放联唱）	张鲁	唐因	简谱	《解放歌声》第三集	1949年3月
毛泽东歌	麦新	自评	简谱	《歌曲半月刊》第一卷第四期	1941年7月
毛泽东之歌	李伟	郭小川	简谱	《民族音乐》第一卷第三、四合刊	1942年7月
毛主席功劳大	果林	果苹	简谱	《滨海歌集》第二期	1946年
毛主席向我们号召	田雨		简谱	《人民歌选》第一期	1949年6月
没有共产党　就没有中国	火星	火星	简谱	《群众歌声》第十期	1945年9月
没有共产党就没有新中国	火星		简谱	《解放歌声》（晋察冀版）第四集	1948年1月
没有老百姓那有八路军	张非	刘佳	简谱	《歌与剧》第四期	1947年6月
没字歌	陈洪		五线谱	《广州音乐》第二卷第三期	1934年3月
玫瑰花为谁开	波浪	罗泗	五线谱	《音乐教育月刊》（渝版）第一卷第二期	1946年10月
玫瑰花为谁开	甘洁	罗泗	五线谱 简谱	《新音乐》第六卷第三期	1947年1月
梅花	悲多芬		简谱	《新音乐》第三卷第一期	1941年8月
梅花	陈田鹤		五线谱 简谱	《乐风》第十七号	1944年4月
梅花三弄			工尺谱	《音乐杂志》（国改版）第一卷第十号	1932年2月
梅语	杨仲子	易韦斋	五线谱	《音乐杂志》（北大版）第二卷第九、十合刊	1921年12月
煤之歌	雪青	刘沧浪	简谱	《歌讯》新年号	1947年12月
美国的飞机我们欢迎		刘成明	简谱	《群众歌曲》第一、二合刊	1945年5月
美国鬼子安的什么心	虹羽	徐曙	简谱	《歌与剧》第四期	1947年6月
美军块滚蛋	牛纯仁	牛纯仁	简谱	《人民音乐》（东北版）第一卷第二期	1947年2月

续表

歌曲名称	曲作者	词作者	记谱形式	曲目来源	出版日期
美丽的女郎	陈剑晨		简谱	《上海口琴界》第一卷第四期	
美丽的阳光			简谱	《音乐世界》第一卷第五期	1938年12月
妹唱歌	雪鸿	车轰	五线谱	《大道音乐》创刊号	1946年11月
蒙古小夜曲	今也	高阳	简谱	《新音乐》第一卷第五期	1940年5月
蒙汉青年团结起来（《塞上风云》主题歌）			简谱	《新音乐》第五卷第二期	1942年12月
梦	J. J. Rousseau		五线谱	《音乐教育》第一卷第六、七合刊	1933年11月
梦的探戈			简谱	《音乐世界》第二卷第二期	1939年2月
梦乡	文会		字母谱	《白雪》第十五号	1928年9月
米农舞曲	A. Thomas（托马斯）		五线谱	《新乐潮》第二卷第四期	1928年4月
米色白	陈田鹤	廖辅叔	五线谱	《音乐教育》第三卷第六期	1935年6月
蜜蜂	钟厉鸣	钱君匋	简谱	《儿童音乐》第一期	1947年4月
棉背心	巳明	予倩	简谱	《儿童音乐》第二、三合刊	1941年9月
缅甸行	杨荫浏	江兆虎	简谱	《乐风》第二卷第四期	1942年7月
缅甸行	杨荫浏	江兆虎	五线谱 简谱	《乐风》（副本）第二卷第一期	1943年5月
苗爱歌			简谱	《音乐与美术》综合月刊第十期	1940年10月
苗胞秧歌五首	克忠	王璞	简谱	《新音乐》第四卷第三期	1942年4月
苗林翻身小调	林漪	郭汉城	简谱	《新音乐》第八卷第三期	1949年8月
瞄准打死不退不做俘虏	陈贵和	闫司令长	简谱	《音乐哨岗》第一卷第一期	1942年2月
灭蚊蝇			简谱	《国民教育指导月刊》音乐教材专号	1947年
民本歌	肖友梅	范静生	五线谱	《音乐杂志》（北大版）第二卷第二号	1921年2月
民兵	边军	朱子奇	简谱	《解放歌声》第四集	1949年3月
民兵歌	朱步瀛	朱步瀛	简谱	《大众歌选》第一期	1943年3月

续表

歌曲名称	曲作者	词作者	记谱形式	曲目来源	出版日期
民兵进行曲	艾力	知侠	简谱	《大众歌选》第一期	1943年3月
民谣	张文纲	无名氏	简谱	《新音乐》（华南版）第一卷第五期	1946年10月
民众的武装	任光	安娥	简谱	《新音乐》第四卷第一期	1942年2月
民主大合唱（一至五）	马思聪	端木蕻良	简谱	《新音乐》（华南版）第一卷第三期	1946年6月
民主大合唱（六）	马思聪	端木蕻良	简谱	《新音乐》（华南版）第一卷第四期	1946年8月
民主大合唱（七）	马思聪	端木蕻良	简谱	《新音乐》（华南版）第一卷第五期	1946年10月
民主大合唱（一至四）	马思聪	端木蕻良	五线谱 简谱	《音乐艺术》第二卷第四期	1946年4月
民主大合唱（五至七）	马思聪	端木蕻良	五线谱 简谱	《音乐艺术》第二卷第五期	1946年6月
民主建国进行曲	焕之	贺敬之	简谱	《滨海歌集》第一期	1946年6月
民主进行曲	焕之	贺敬之	简谱	《解放歌声》第一集	1949年2月
民主进行曲	焕之	贺敬之	简谱	《解放歌声》（天津版）第一集	1949年2月
民主进行曲	刘炽	张庚	简谱	《群众歌曲》第三期	1945年12月
民主联军进行曲	刘炽	刘炽	简谱	《人民音乐》（东北版）第一卷第三期	1947年3月
民主联军进行曲	张棣昌	白韦	简谱	《人民音乐》（东北版）第一卷第一期	1946年12月
民主联军战歌	一鸣	雪立	简谱	《人民音乐》（东北版）第一卷第二期	1947年2月
民主青年	铁山	周行	简谱	《解放歌声》第二集	1949年3月
民主青年进行曲	姚锦新	绥民	简谱	《解放歌声》第二集	1949年3月
民主青年进行曲	张棣昌	霍希阳	简谱	《群众歌曲》（华北联大版）第二期	1946年4月
民主是那样	仁荪 孙慎	仁荪 孙慎	五线谱 简谱	《音乐艺术》第二卷第四期	1946年4月

续表

歌曲名称	曲作者	词作者	记谱形式	曲目来源	出版日期
民主是那样	孙慎	仁荪	简谱	《新音乐》（华南版）第一卷创刊号	1946年4月
民主政府好	苏风	王杰	简谱	《大众歌声》第十七期	1946年
民主政府实在好	兵毅	鲁岩	简谱	《大众歌声》第十期	1944年11月
民族解放大合唱	荆涛、J. L. Koff	荆涛、J. L. Koff	简谱	《岭东音乐》创刊号	1941年4月
民族解放战歌	何安康	荷子	五线谱	《音乐教育》第五卷第一期	1937年1月
民族小英雄	贺绿汀		简谱	《新音乐》第四卷第二期	1942年3月
民族战歌	老志诚	高滔	五线谱	《音乐教育》第四卷第十一期	1936年11月
民族至上	黎钟		简谱	《歌与诗音乐月刊》第七期	1945年
民族至上	刘雪厂	吕庠	简谱	《乐风》新一卷第七、八合刊	1941年8月
民族至上	钱仁康	吕庠	简谱	《乐风》第三卷第一期	1943年1月
民族至上	苏崖	吕庠	简谱	《新歌曲》第一卷第一期	1941年7月
岷江月夜	胡连璋		简谱	《青年音乐》第二卷第二、三合刊	1942年11月
明强学校校歌	徐璧城		简谱	《美育》第二期	1920年5月
明日歌	陈建功		简谱	《儿童音乐》第三期	1947年6月
明天	石林	石林	简谱	《歌与诗音乐月刊》第二期	1944年11月
明月歌	刘雪庵		五线谱	《音乐教育》第四卷第五期	1936年5月
模范护士何永福	水金	蒙沙	简谱	《滨海歌集》第一期	1946年6月
摩登的懒姑娘	克炎	秦光银	简谱	《音乐艺术》第四期	1944年11月
摩登的懒姑娘	沈毓年	秦光银	简谱	《新音乐》第四卷第二期	1942年3月
莫烦恼	宋军	陶行知	简谱	《儿童音乐》第五期	1947年11月
莫荒唐	律夫	秦光银	简谱	《儿童音乐》第二、三合刊	1941年9月
莫荒唐	欧阳斌	秦光银	简谱	《音乐与美术》综合月刊第二卷第三期	1941年4月
莫荒唐	徐燚	秦光银	简谱	《每月新歌选》第七期	1940年7月
莫荒唐			简谱	《新音乐月刊》第二卷第四期	1941年1月
牟释舞曲	巴哈		五线谱	《儿童音乐》第五期	1947年11月

续表

歌曲名称	曲作者	词作者	记谱形式	曲目来源	出版日期
某某剧团团歌	索子樵	韦布	简谱	《歌曲创作月刊》第一卷第五期	1941年5月
母亲的惜别（圣乐《民族神圣战争》片段）	叩巴里	巴卡诺夫	简谱	《新音乐》第五卷第一期	1942年11月
木兰辞			简谱	《音乐杂志》（北大版）第一卷第五、六合刊	1920年8月
木兰从军女		海燕	简谱	《青年音乐》第一卷第六期	1942年8月
木马	田鹤	廖辅叔	五线谱	《音乐教育》第二卷第三期	1934年3月
木偶	乃冲		五线谱 简谱	《新音乐》第六卷第六期	1947年6月
木偶	施敏		五线谱 简谱	《新音乐》第七卷第三期	1948年1月
木偶人	陆华柏	王光莹 王光瑜	简谱	《乐风》新一卷第九期	1941年9月
木鱼调			五线谱 简谱	《新音乐》（沪版）第七卷第一期	1947年7月
牧歌	田鹤	郭沫若	五线谱	《音乐杂志》（艺文版）第一卷第二期	1934年4月
牧歌（歌剧《上海之歌》插曲）	张昊	蔡冰白	简谱	《新音乐》第三卷第五期	1941年12月
牧牛童的歌	克明	童晴岚	简谱	《新音乐》第三卷第一期	1941年8月
牧人歌	明勤	曼青	简谱	《歌与诗音乐月刊》第三期	1944年12月
牧人怨	罗松	罗松	简谱	《新音乐》第五卷第四期	1943年5月
牧童短笛	贺绿汀	贺绿汀	简谱	《民族音乐》第一卷第五、六合刊	1942年9月
牧童短笛	贺绿汀		简谱	《儿童音乐》第五期	1947年11月
牧童谣	夏桐	王化南	简谱	《大众歌选》第五期	1943年9月
牧羊对口曲（《中條山之夜》插曲）	丁珰	程南秋	简谱	《新音乐》第三卷第一期	1941年8月
牧羊儿	丁珰	桂声涛	简谱	《新音乐》第四卷第二期	1942年3月

续表

歌曲名称	曲作者	词作者	记谱形式	曲目来源	出版日期
牧羊姑娘	董戈	荻凡	简谱	《诗与音乐》创刊号	1945年4月
牧羊女	李世权	郭沫若	简谱	《乐教》第一卷第二期	1943年1月
牧羊女	张文纲	许尤	简谱	《乐风》新一卷第四期	1941年4月
牧羊女	张文纲	许尤	五线谱	《乐风》（副本）第一卷第一期	1941年4月
牧羊女			五线谱	《音乐教育》第四卷第十二期	1936年12月
牧羊女儿歌（《塞上风云》插曲）			简谱	《新音乐月刊》（副刊）第二辑	不祥
牧羊人儿	廖小帆	谢涧生	简谱	《青年音乐》第一卷第三期	1942年5月
牧野之歌	守燕	白曙	简谱	《新音乐月刊》第二卷第三期	1940年9月
募寒衣	孙慎	吕璧如	简谱	《新音乐》第五卷第二期副本	1943年1月
寡寒衣	向隅	刘御	简谱	《歌曲月刊》第二期	1940年10月
幕阜山	希嘉	天育	简谱	《新音乐》第四卷第二期	1942年3月
暮春	高希圣		字母谱	《白雪》第九号	1928年5月
暮春	闫述诗		字母谱	《白雪》第九号	1928年5月
暮春感怀	吴惜闻	刘典青	简谱	《歌曲创作月刊》第一卷第六期	1941年6月
N					
拿出力量来	东北文工队	侯唯动	简谱	《人民音乐》（东北版）第一卷第二、三合刊	1949年3月
拿饭来吃！	何仁		五线谱 简谱	《新音乐》（沪版）第七卷第一期	1947年7月
拿起我们的红缨枪	杜矢甲	鲁黎	简谱	《新音乐》第一卷第三期	1940年3月
内蒙古		李辉英	简谱	《新音乐》第五卷第三期	1943年2月
内战打又打	宋军	郭英	简谱	《新音乐》（华南版）第二卷第一期	1947年1月
内战英雄赞	咿呀	藏克家	五线谱 简谱	《新音乐》第六卷第六期	1947年6月
那不勒斯歌	柴可夫斯基		五线谱	《音乐教育》第四卷第十二期	1936年12月

续表

歌曲名称	曲作者	词作者	记谱形式	曲目来源	出版日期
那时我们还年青	斯特劳斯		简谱	《新音乐》第五卷第二期副本	1943年1月
男女好色一般同	谢谢	谭谭	五线谱	《大道音乐》创刊号	1946年11月
男人不穿女人衣	谢直心	谭志勇	五线谱	《大道音乐》创刊号	1946年11月
南方吹来了战斗之风	薛良	仁荪	简谱	《新音乐》第三卷第五期	1941年12月
南风	冷莽		简谱	《新音乐》第四卷第三期	1942年4月
南风吹来了	沥汀	沥汀	简谱	《儿童音乐》第四期	1943年
南风歌			五线谱 简谱	《新音乐》第六卷第二期	1946年11月
南归燕	汪秋逸	杨友群	简谱	《新歌曲》第一卷第四期	1941年10月
南来燕	刘雪庵		五线谱	《乐风》（副本）第一卷第二期	1941年9月
南泥湾好地方	李伟	李伟	简谱	《民族音乐》第一卷第八期	1942年底
南熏歌			工尺谱 简谱	《音乐杂志》（国改版）第一卷第八号	1930年1月
南洋伯返唐山	林予	林予	五线谱 简谱	《新音乐》第七卷第三期	1948年1月
南洋佳偶		李七牛	简谱	《音乐世界》第一卷第二期	1938年9月
难民	杜巴	沙路	简谱	《新音乐》（华南版）第二卷第二期	1947年3月
难民对口曲	田冲	悦之	简谱	《音乐哨岗》第二卷第四期	1943年10月
难民曲	袁超	路非	简谱	《大众歌选》第二期	1943年6月
闹元宵	郁又	放平	五线谱 简谱	《新音乐》第六卷第三期	1947年1月
嫩芽	宋军	沈百英	简谱	《儿童音乐》第七期	1948年3月
泥老翁	陆华柏	王光莹 王光瑜	简谱	《乐风》新一卷第九期	1941年9月
你家富贵我贫穷	舒模	许之乔	简谱	《新音乐》第一卷第四期	1940年4月
你们，我们	戈萍	湛庐	五线谱 简谱	《新音乐》（沪版）第七卷第一期	1947年7月

续表

歌曲名称	曲作者	词作者	记谱形式	曲目来源	出版日期
你们是些什么人	鲁橹	夏白	五线谱 简谱	《新音乐》第六卷第三期	1947 年 1 月
你们真是辛苦了			简谱	《大众歌声》第十二期	1945 年 5 月
你睡啦人民的歌手（星海纪念歌）	马思聪	岳庄	简谱	《新音乐》（华南版）第一卷创刊号	1946 年 4 月
你往哪里逃	张曙	莫干	简谱	《每月新歌选》第三期	1939 年 12 月
你要想爱他		启海	简谱	《新音乐》第三卷第一期	1941 年 8 月
你在那里	翟立中	杨天芜	简谱	《歌与诗音乐月刊》创刊号	1944 年 9 月
你这个坏东西	舒模	舒模	简谱	《新音乐》第五卷第四期	1943 年 5 月
拟挽歌	陈洪	陶潜	五线谱	《广州音乐》第四卷第一、二合刊	1936 年 2 月
年华似水	文藻	柳占青	简谱	《歌曲创作月刊》新第一卷第一期	1942 年 11 月
年龄与嗜好			五线谱	《音乐教育》第一卷第八、九合刊	1933 年 12 月
年青的海燕	孟波	荒煤	简谱	《解放歌声》第二集	1949 年 3 月
念	石林	韦瀚章	简谱	《新音乐》第五卷第三期	1943 年 2 月
念冬学			简谱	《群众歌曲》第三期	1945 年 12 月
鸟的赛会	刘已明	吴妍因	五线谱	《音乐教育》第五卷第九、十合刊	1937 年 10 月
捏谷	安波	骆文 张凡	简谱	《人民音乐》（东北版）第一卷第二、三合刊	1949 年 3 月
聂耳，叫我们怎能忘记你	联抗	文纲	五线谱 简谱	《新音乐》（沪版）第七卷第一期	1947 年 7 月
聂耳，叫我们怎能忘记你	文纲	联抗	简谱	《新音乐》（平津唐版）第三期	1948 年 7 月
聂耳，叫我们怎能忘记你！	楚声洪	联抗	简谱	《新音乐》（华南版）第一卷第四期	1946 年 8 月
聂耳挽歌	吕骥	孙师毅	简谱	《新音乐》（平津唐版）第三期	1948 年 7 月
您，活在穷人心里头！	陆云	石维骏	简谱	《新音乐》第八卷第二期	1949 年 7 月

续表

歌曲名称	曲作者	词作者	记谱形式	曲目来源	出版日期
您是鲜花，您是太阳——献给毛泽东同志	张锐	张锐	简谱	《戏剧与音乐》第二期	1946年5月
牛	不平		五线谱	《音乐月刊》（上海卷）第一卷第三号	1938年1月
牛头对马嘴	熊克	天戈	简谱	《歌讯》第二期	
牛头对马嘴	熊克	天戈	五线谱 简谱	《新音乐》第六卷第三期	1947年1月
农村对唱	宋扬	宋扬	简谱	《乐坛》创刊号	1946年7月
农村四季			简谱	《人民歌曲》第一期	1948年4月
农村舞曲	李嘉	韩悠韩	简谱	《新音乐》第四卷第一期	1942年2月
农村小唱	小才		五线谱 简谱	《新音乐》（沪版）第七卷第二期	1947年9月
农村之歌	慨锐	常任侠	简谱	《歌与诗音乐月刊》第七期	1945年
农夫			简谱	《新音乐》（上海版）第三期	1946年6月
农夫从军歌	刘天浪	王玉润	简谱	《每月新歌选》第七期	1940年7月
农夫的苦恼	马思聪	孟根根	简谱	《儿童音乐》第二期	1947年5月
农夫的苦恼	马思聪	孟根根	五线谱	《儿童音乐》第二期	1947年5月
农夫曲	杜那亦夫斯基		简谱	《音乐世界》第二卷第七期	1939年7月
农妇曲（妇女解放联唱）	李一鸣	严辰	简谱	《解放歌声》第三集	1949年3月
农歌	江定仙	韦瀚章	五线谱	《音乐教育》第三卷第六期	1935年6月
农歌	李抱忱	田汉	五线谱	《乐风》新一卷第一期	1941年1月
农歌	李抱忱	田汉	五线谱	《乐风》（副本）第一卷第一期	1941年4月
农歌	十千	十千	简谱	《新音乐》第三卷第六期	1942年1月
农工会歌	洪均	晓星	简谱	《人民音乐》（东北版）第一卷第二期	1947年2月
农家好	毅先	毅先	简谱	《乐教》第一卷第二期	1943年1月
农家苦	李定	文志	简谱	《新音乐》（华南版）第一卷创刊号	1946年4月

续表

歌曲名称	曲作者	词作者	记谱形式	曲目来源	出版日期
农家苦	力丁	丁波 文志	五线谱 简谱	《音乐艺术》第二卷第四期	1946年4月
农家苦	力丁	丁波 文志	五线谱 简谱	《音乐艺术》第二卷第五期	1946年6月
农家乐	刘已明	刘雪庵	五线谱	《音乐教育》第三卷第一期	1935年1月
农家小调	管平	田奇	简谱	《新音乐》第八卷第三期	1949年8月
农牧歌	高星岗		简谱	《歌与诗音乐月刊》第八期	1945年
农人忙			简谱	《国民教育指导月刊》音乐教材专号	1947年
弄堂小娃娃	吴明之	吴明之	五线谱 简谱	《新音乐》（沪版）第七卷第二期	1947年9月
努力翻过山	晓河	晓河	简谱	《歌与剧》（战时版）第九期	1947年5月
怒吼	陈洪		五线谱	《音乐教育》第五卷第二期	1937年2月
怒吼吧，黄河！	冼星海	光未然	简谱	《每月新歌选》第七期	1940年7月
女工歌	朱霞	海珠	简谱	《解放歌声》（天津版）第三集	1949年4月
女学生（讽刺小曲）				《灿花集》第一期	1908年12月
女英雄	何安东	欧漫郎	五线谱	《音乐教育》第四卷第九期	1936年9月
诺波利之歌			简谱	《音乐世界》第一卷第三期	1938年10月
O					
偶成	陆华柏		五线谱	《音乐教育》第五卷第一期	1937年1月
偶成	赵元任		五线谱	《音乐杂志》（北大版）第二卷第三、四合刊	1921年4月
P					
爬过山顶去	深露	行东	简谱	《歌与剧》（战时版）第四期	1947年1月
爬山顶	波峰	力心	简谱	《歌与剧》（战时版）第五期	1947年
爬山运动歌	张曙 黄浚	张曙 黄浚	简谱	《每月新歌选》第三期	1939年12月
盼解放（妇女解放联唱）	劳舟	唐因	简谱	《解放歌声》第三集	1949年3月
盼郎归	严折西	严折西	简谱	《音乐世界》第二卷第二期	1939年2月

续表

歌曲名称	曲作者	词作者	记谱形式	曲目来源	出版日期
盼望	麦丹	老向	简谱	《乐风》新一卷第七、八合刊	1941年8月
抛锚抛在半山腰（抛锚大合唱）	马思聪	端木蕻良	五线谱	《音乐艺术》第三卷第一期	1946年10月
刨洋芋			简谱	《群众歌曲》第一、二合刊	1945年5月
炮兵歌	黄庆和 魏敏	魏风	简谱	《新音乐》第八卷第三期	1949年8月
炮兵团	李一鸣	吕剑	简谱	《解放歌声》第四集	1949年3月
炮兵小唱	许兵	白太	简谱	《人民音乐》（东北版）第一卷第一期	1948年10月
炮手歌	李伟	鲍行健	简谱	《人民音乐》（东北版）第一卷第二、三合刊	1949年3月
跑步歌	誓刻	誓刻	简谱	《儿童音乐》第一期	1947年4月
跑得凶就打得好	王谦	茹志娟	简谱	《新音乐》第八卷第四期	1949年10月
跑呵跑	路里	路里	简谱	《每月新歌选》第九期	1940年9月
呸！呸！呸！	践耳	天然	简谱	《歌与剧》（战时版）第三期	1946年12月
朋友们，忍耐呵，忘记呵！	程柏庐	程柏庐	简谱	《音乐教育》第一卷第二期	1933年5月
蓬岛情歌			五线谱	《音乐世界》第一卷第一期	1938年8月
碰碑	李荣寿		五线谱	《音乐杂志》（北大版）第二卷第七号	1921年9月
闢占验			简谱	《音乐杂志》（北大版）第一卷第四号	1920年6月
偏苗音乐			简谱	《音乐与美术》综合月刊第十期	1940年10月
漂泊者	Schubert		五线谱	《音乐教育》第二卷第十二期	1934年12月
漂泊者的夜歌	F. Schubert	歌德	简谱	《青年音乐》第一卷第五期	1942年7月
漂泊者的夜歌		哥德	五线谱	《音乐教育》第二卷第十期	1934年10月
漂流人	石林	赵曼青	简谱	《歌与诗音乐月刊》创刊号	1944年9月
拼出了火星，流出了汗	文纲	冯赓淇	简谱	《新音乐》第八卷第三期	1949年8月

续表

歌曲名称	曲作者	词作者	记谱形式	曲目来源	出版日期
拼一场	小才		五线谱 简谱	《音运通讯》第四期	1947年5月
平等颂（为庆祝废除不平等条约作）	江定仙	段天炯	简谱	《乐风》（特刊）第三卷第二期	1943年2月
平汉路小唱	张鲁	贺敬之	简谱	《解放歌声》第四集	1949年3月
平沙落雁			五线谱	《音乐杂志》（北大版）第一卷第二号	1920年4月
平沙落雁			工尺谱	《音乐杂志》（国改版）第一卷第七号	1929年8月
平沙落雁			工尺谱	《音乐杂志》（国改版）第一卷第十号	1932年2月
平沙落雁（第四段）			字母谱	《白雪》第九号	1928年5月
平鹰坟——记大店群众斗争		榴	简谱	《大众歌声》第八期	1944年6月
凭吊	筱凯	方殷	简谱	《新音乐》第四卷第四期	1942年5月
迫击炮（单人歌表演三）	肖伶	肖伶	简谱	《新音乐》第八卷第三期	1949年8月
破机车变无价宝	张维邦	张维邦	简谱	《人民音乐》（东北版）第一卷第三期	1947年3月
破路	舒模	田汉	简谱	《每月新歌选》第七期	1940年7月
破路	天浪	田汉	简谱	《新音乐》第四卷第一期	1942年2月
破路队	庞静涵	王亚平	五线谱	《乐风》新一卷第三期	1941年3月
破阵乐	杨荫浏	吴研因	简谱	《乐风》新一卷第七、八合刊	1941年8月
破桌子	联抗		简谱	《新音乐》（华南版）第一卷第四期	1946年8月
破桌子	邱方	端木蕻良	五线谱 简谱	《新音乐》第六卷第六期	1947年6月
铺地锦			五线谱	《音乐杂志》（北大版）第二卷第三、四合刊	1921年4月
菩萨蛮	陈洪	韦庄	五线谱	《音乐教育》第三卷第一期	1935年1月

续表

歌曲名称	曲作者	词作者	记谱形式	曲目来源	出版日期
菩提树	F. Schubert	Muller	五线谱 简谱	《乐风》第十六号	1944 年 2 月
普安咒			工尺谱 简谱	《音乐杂志》（国改版）第一卷第五号	1929 年 1 月
普庵咒（十六段）	王露		工尺谱	《音乐杂志》（北大版）第一卷第八号	1920 年 10 月
Q					
“前夜和今朝”插曲	焕之	王異	简谱	《新音乐》第三卷第四期	1941 年 11 月
七步诗	推子	曹植	五线谱 简谱	《音乐艺术》第二卷第五期	1946 年 6 月
七十二变	宋扬	宋扬	五线谱 简谱	《音乐艺术》第二卷第四期	1946 年 4 月
七月进行曲	马可	周军	简谱	《歌曲半月刊》第一卷第四期	1941 年 7 月
七月进行曲	鹰航		简谱	《歌曲半月刊》第一卷第五期	1941 年 7 月
七月里	安波 刘炽	安波 刘炽	简谱	《音乐哨岗》第二卷第二、三合刊	1943 年 10 月
七月里（民歌联唱）	刘炽	安波	简谱	《民族音乐》第一卷第三、四合刊	1942 年 7 月
七月里花儿红	火星	火星	简谱	《解放歌声》（晋察冀版）第三集	1946 年 7 月
七月七	席零	辛生	简谱	《音乐哨岗》第二卷第二、三合刊	1943 年 10 月
七月七日长生殿	黄自	韦瀚章	五线谱	《音乐月刊》（重庆卷）第二卷第一期	1943 年 5 月
七月小唱	元庆		简谱	《解放歌声》（晋察冀版）第三集	1946 年 7 月
七月一	小人	苏风	简谱	《大众歌声》第十三期	1945 年
七月一	叶枫	安波	简谱	《大众歌选》第三期	1943 年 7 月
七月一	叶枫	安波	简谱	《歌曲半月刊》第一卷第五期	1941 年 7 月
七枝花	杜矢甲	贺敬之	简谱	《大众歌声》第十五期	1945 年
七枝花	佚名	佚名	简谱	《大众歌声》第十期	1944 年 11 月

续表

歌曲名称	曲作者	词作者	记谱形式	曲目来源	出版日期
七枝花	佚名	佚名	简谱	《大众歌声》第十一期	1945 年 1 月
期望	陈元	舒模	简谱	《每月新歌选》第七期	1940 年 7 月
齐把歌儿唱	陈大荧	王杰	简谱	《大众歌声》第十七期	1946 年
齐反对	东峰	庆胜	简谱	《歌与剧》（战时版）第一期	1946 年 11 月
齐向地主大进军	周巍峙	贾克	简谱	《解放歌声》（晋察冀版）第四集	1948 年 1 月
骑兵歌	洪波	张天授	简谱	《青年音乐》第一卷第五期	1942 年 7 月
骑兵进行曲	郭铁	郭铁	简谱	《歌曲半月刊》第一卷第六期	1941 年 7 月
骑木马	林里	严辰	简谱	《解放歌声》第六集	1949 年 4 月
骑上我们的战马	冯光	冯光	简谱	《音乐哨岗》第二卷第一期	1943 年 2 月
旗正飘飘	黄自	韦瀚章	五线谱	《音乐杂志》（艺文版）第一卷第一期	1934 年 1 月
起来，青年！——西班牙人民反法西斯之歌			简谱	《新音乐》第五卷第二期副本	1943 年 1 月
起来，中华民族的儿女！	田保惠		简谱	《每月新歌选》第七期	1940 年 7 月
汽车工人歌	陈露如	汽车大队	简谱	《人民音乐》（东北版）第一卷第四期	1949 年 7 月
千里的雷声	水金	苏东	简谱	《解放歌声》（华东军区版）第二集	1948 年 10 月
千里吻伊人			简谱	《音乐世界》第一卷第一期	1938 年 8 月
千万人同一个行动	三公	江劲	五线谱 简谱	《新音乐》第七卷第三期	1948 年 1 月
前程万里	何安东	蔡楚生	简谱	《新音乐》第三卷第三期	1941 年 10 月
前程万里	沙海	蔡楚生	简谱	《青年音乐》第一卷第三期	1942 年 5 月
前进	何安东	杨槐	五线谱	《音乐教育》第四卷第十一期	1936 年 11 月
前进吧！姊妹们	张鲁	唐因	简谱	《解放歌声》第三集	1949 年 3 月
前进吧，兄弟	王莘	刘佳	简谱	《解放歌声》（天津版）第三集	1949 年 4 月
前进吧，兄弟！	张非	刘笳	简谱	《解放歌声》第七集	1949 年 8 月

续表

歌曲名称	曲作者	词作者	记谱形式	曲目来源	出版日期
前进操（敬献与抗战将士）	刘北茂		简谱	《乐风》第三卷第二期	1944 年 1 月
前进歌	聂耳	田汉	简谱	《新音乐》（平津唐版）第三期	1948 年 7 月
前途	江定仙	廖辅叔	五线谱	《音乐教育》第二卷第六期	1934 年 6 月
前奏乐	O. Pershin		五线谱	《新乐潮》第二卷第三期	1928 年 4 月
枪口对外歌	章枚	章枚	五线谱	《音乐教育》第五卷第四期	1937 年 4 月
墙壁上挂着四十九个瓶			五线谱	《国立音乐专科学校校刊》第四期	1930 年 5 月
墙上草	达琳	天授	简谱	《歌与诗音乐月刊》第四期	1945 年
墙上有颗草	陈召尧		简谱	《音乐与美术》综合月刊第二卷第三期	1941 年 4 月
墙外狗吠——河南人口诗	金颖	李根红	五线谱 简谱	《新音乐》第六卷第五期	1947 年 4 月
敲锣鼓	董仲甫		简谱	《歌曲创作月刊》第一卷第六期	1941 年 6 月
侨工歌	杨仲子	椒圆	五线谱	《音乐杂志》（北大版）第一卷第八号	1920 年 10 月
巧女子纺线	陈紫	星火	五线谱 简谱	《新音乐》第六卷第四期	1947 年 3 月
亲爱	陈田鹤	廖辅叔	五线谱	《音乐教育》第四卷第一期	1936 年 1 月
亲爱	江定仙	廖辅叔	五线谱	《音乐教育》第五卷第三期	1937 年 3 月
亲睦歌			五线谱 简谱	《音乐教育》第一卷第六、七合刊	1933 年 11 月
侵略歌	董光	蔡元培	简谱	《乐风》新一卷第十一、十二合刊	1941 年 12 月
秦岭与黄河	石林	曼青	简谱	《歌与诗音乐月刊》第六期	1945 年
沁河三唱	戟亭	丘琴	简谱	《新音乐》第三卷第三期	1941 年 10 月
青草青	魏岩	魏岩	简谱	《儿童音乐》第四期	1943 年
青春	黄纬	曾卓	简谱	《新音乐》（华南版）第一卷第六期	1946 年 12 月

续表

歌曲名称	曲作者	词作者	记谱形式	曲目来源	出版日期
青春	余朋	曾卓	简谱	《歌与诗音乐月刊》第五期	1945 年
青春进行曲	甄伯蔚	洛辛	简谱	《新音乐》第四卷第五期	1942 年 7 月
青春曲	广寒	俯拾	简谱	《新音乐》第四卷第一期	1942 年 2 月
青春曲	焕之	乔木	简谱	《歌曲旬刊》第二期	1941 年 4 月
青春曲	梁寒辉	乔木	简谱	《歌曲旬刊》第二期	1941 年 4 月
青春舞曲			简谱	《新音乐》（上海版）第三期	1946 年 6 月
青春战斗曲	洛辛	洛辛	简谱	《新音乐》第四卷第一期	1942 年 2 月
青春之歌	［苏］Koprass		简谱	《新音乐》第一卷第二期	1940 年 2 月
青春之歌	伍雍谊	苏城德	五线谱 简谱	《新音乐》第六卷第五期	1947 年 4 月
青春中国	李凌	黄扬波	简谱	《新音乐》第四卷第二期	1942 年 3 月
青海情舞			简谱	《音乐艺术》第四期	1944 年 11 月
青抗先	照华	照华	简谱	《大众歌选》第一期	1943 年 3 月
青莲乐府			五线谱	《音乐教育》第五卷第六期	1937 年 6 月
青年	杨晋文	李元德	简谱	《乐风》新一卷第十一、十二合刊	1941 年 12 月
青年！祖国需要你	胡均等	符公望	简谱	《新音乐》（粤中版）创刊号	1949 年 6 月
青年的呼声	陈田鹤	钱乙藜	简谱	《青年音乐》第一卷创刊号	1942 年 3 月
青年底歌（二首）	焕之	天蓝	简谱	《民族音乐》第一卷第二期	1942 年 5 月
青年队花鼓	安波	安波	简谱	《大众歌声》第十五期	1945 年
青年歌	吕骥	华丁	简谱	《歌曲月刊》第一期	1940 年 8 月
青年歌	一青	杨白华	五线谱 简谱	《乐风》第十六号	1944 年 2 月
青年共产党员进行曲	白韦	垒汀	简谱	《歌曲半月刊》第一卷第五期	1941 年 7 月
青年好汉去参军	苏风	晓人	简谱	《大众歌声》第十二期	1945 年 5 月
青年进行曲	董源	公望	简谱	《歌曲新集》第一期	1948 年 10 月
青年进行曲	公政	公政	简谱	《歌与诗音乐月刊》第七期	1945 年

续表

歌曲名称	曲作者	词作者	记谱形式	曲目来源	出版日期
青年进行曲	杨荫浏	杨白华	简谱	《诗与音乐》创刊号	1945 年 4 月
青年农民	鹰航	雪立	简谱	《人民歌曲》第一期	1948 年 4 月
青年颂	石林	石林	简谱	《新音乐》第四卷第六期	1942 年 9 月
青年团——光荣的旗帜	李群	胡沙	简谱	《解放歌声》第七集	1949 年 8 月
青年舞曲	杜巴	杜巴	五线谱 简谱	《新歌丛》第三辑	1949 年 2 月
青年学生	赵望衡	黄药眠	简谱	《新音乐》（华南版）第一卷第二期	1946 年 5 月
青年秧歌	鹰航	李江	简谱	《人民歌曲》第一期	1948 年 4 月
青年战斗员	舒模	方平	简谱	《新音乐》第四卷第二期	1942 年 3 月
青年战歌	康讴	康讴	简谱	《乐风》新一卷第四期	1941 年 4 月
青年之歌	刘思凯	白彦	简谱	《大众歌选》第二期	1943 年 6 月
青年中国进行曲（口琴独奏曲）	刘雪厂		简谱	《青年音乐》第一卷第二期	1942 年 4 月
青年壮丁	吕骥	伯钊	简谱	《新音乐》第一卷第三期	1940 年 3 月
青山青	杜矢甲	鲁黎	简谱	《新音乐》第四卷第二期	1942 年 3 月
青山下	徐厚仁	冷露	简谱	《新音乐》第四卷第四期	1942 年 5 月
青天白日满地红	张炎忠	华萼	简谱	《儿童音乐》第一期	1947 年 4 月
青蛙和小姑娘	唯民		五线谱 简谱	《新音乐》第七卷第三期	1948 年 1 月
轻而幽	巴恩比		简谱	《乐风》新一卷第七、八合刊	1941 年 8 月
轻舞曲	石林	老舍	简谱	《歌与诗音乐月刊》第三期	1944 年 12 月
卿云歌	陈仲子		五线谱	《音乐杂志》（北大版）第一卷第三号	1920 年 5 月
卿云歌	友梅		五线谱	《音乐杂志》（北大版）第二卷第五、六合刊	1921 年 6 月
卿云歌	肖友梅		五线谱	《音乐杂志》（北大版）第一卷第三号	1920 年 5 月
卿云歌（军乐谱）			五线谱	《音乐杂志》（北大版）第二卷第八号	1921 年 10 月

续表

歌曲名称	曲作者	词作者	记谱形式	曲目来源	出版日期
卿云歌燕乐谱			工尺谱	《音乐杂志》（北大版）第二卷第五、六合刊	1921年6月
清河水		钟灵	简谱	《新音乐》第四卷第五期	1942年7月
清洁工人秧歌调	火星	吴践知	简谱	《解放歌声》（天津版）第四集	1949年6月
清平调	任在经	李太白	简谱	《音乐教育月刊》（渝版）第一卷第二期	1946年10月
清樟河	芳言	高咏	简谱	《新音乐》第五卷第三期	1943年2月
清樟河	陆铿	高咏	简谱	《新音乐》第五卷第三期	1943年2月
情别			简谱	《新音乐》第三卷第六期	1942年1月
情歌	刘炽		简谱	《每月新歌选》第六期	1940年6月
情歌			简谱	《音乐与美术》综合月刊第十期	1940年10月
晴天（《暴风雨》第四曲）	谢功成	沙鸥	简谱	《歌曲新集》第一期	1948年10月
请出去	刘亚	阿巴	简谱	《歌与剧》（战时版）第三期	1946年12月
请给我一枝枪	沈毓年	克锋	简谱	《新音乐》第五卷第四期	1943年5月
请客			五线谱	《音乐教育》第一卷第四、五合刊	1933年10月
请你记着	汪秋逸	杨友群	简谱	《每月新歌选》第七期	1940年7月
请问你呀大白米	董源	仁啸	简谱	《歌曲月刊》第一期	1948年9月
庆功歌	荫深	苏伟	简谱	《歌与剧》（战时版）第九期	1947年5月
庆功歌	李伟	李伟	简谱	《人民音乐》（东北版）第一卷第一期	1948年10月
庆功歌	刘才	刘才	简谱	《人民音乐》（东北版）第一卷第二、三合刊	1949年3月
庆功歌（短剧《庆功》插曲）			简谱	《歌与剧》（战时版）第九期	1947年5月
庆新年	朱德铭	张三吾	简谱	《歌与诗音乐月刊》第五期	1945年
庆祝北平解放	张鲁	桑夫	简谱	《解放歌声》第二集	1949年3月
庆祝儿童节歌	王君仅	王君仅	简谱	《解放歌声》（天津版）第二集	1949年3月
庆祝华北解放	程云	程云	简谱	《解放歌声》（天津版）第一集	1949年2月

续表

歌曲名称	曲作者	词作者	记谱形式	曲目来源	出版日期
庆祝建政	鲁柏	鲁柏	简谱	《人民音乐》（东北版）第一卷第四期	1949年7月
庆祝平津解放	火星	血星	简谱	《解放歌声》（天津版）第一集	1949年2月
庆祝胜利	马可	倡朋、马可	简谱	《人民音乐》（东北版）第一卷第二、三合刊	1949年3月
庆祝胜利	荫深	李乐	简谱	《解放歌声》（华东军区版）第二集	1948年10月
庆祝胜利	张非	羽山	简谱	《解放歌声》（晋察冀版）第四集	1948年1月
庆祝土地大改革	萧磊	萧磊	简谱	《歌与剧》第一期	1947年1月
庆祝新约大合唱	健飞 艾力	知侠 鲁岩	简谱	《大众歌选》第一期	1943年3月
庆祝新政协歌	潘奇	贾啸天	简谱	《人民音乐》（东北版）第一卷第四期	1949年7月
穷根要挖尽	丁辛	胡苏	简谱	《歌与剧》第五期	1947年7月
穷人打翻身	罗正	铁军	简谱	《人民音乐》（东北版）第一卷第二期	1947年2月
穷人翻身小调	久鸣	邢路	简谱	《大众歌声》第十一期	1945年1月
秋	老志诚		五线谱	《音乐教育》第四卷第一期	1936年1月
秋		钱君匋	五线谱	《音乐教育》第一卷第八、九合刊	1933年12月
秋虫的音乐会			简谱	《国民教育指导月刊》音乐教材专号	1947年
秋春之花（一、二）	李凌		简谱	《音乐艺术》第二卷第一期	1945年3月
秋风			字母谱	《白雪》第十九号	1928年10月
秋风吹战场	程波	海啸	简谱	《新歌曲》第一卷第一期	1941年7月
秋风辞			五线谱	《音乐杂志》（北大版）第二卷第三、四合刊	1921年4月
秋风起	陈田鹤		简谱	《乐风》新一卷第十期	1941年10月
秋风起	陈田鹤		五线谱	《乐风》（副本）第一卷第三期	
秋风姊			五线谱	《音乐教育》第一卷第三期	1933年6月

续表

歌曲名称	曲作者	词作者	记谱形式	曲目来源	出版日期
秋歌	岂超		简谱	《歌与诗音乐月刊》第三期	1944年12月
秋光			字母谱	《白雪》第十六号	1928年10月
秋江曲	刘惠民		简谱 工尺谱	《音乐杂志》（北大版）第二卷第七号	1921年9月
秋江晚霞	陈振铎		简谱	《乐风》新一卷第十一、十二期	1941年12月
秋令	蔡继琨	林天兰	五线谱	《乐学》第二号	1947年6月
秋日琴心	陈洪	欧漫郎	五线谱	《音乐教育》第四卷第一期	1936年1月
秋日杂咏	陈素莲	陆游	五线谱	《音乐教育》第三卷第十期	1935年10月
秋深	闫述诗		字母谱	《白雪》第二十七号	1929年
秋声	高中立	高中立	五线谱	《音乐教育》第四卷第一期	1936年1月
秋声	闫述诗		字母谱	《白雪》第二十六号	1929年
秋收	沙梅		简谱	《乐风》新一卷第四期	1941年4月
秋收	杨景春	安耀	简谱	《人民音乐》（东北版）第一卷第一期	1948年10月
秋收歌	穆龄	穆龄	简谱	《新音乐》第三卷第一期	1941年8月
秋收忙	乐里	张鲁	简谱	《新音乐》第三卷第六期	1942年1月
秋收忙	朱明		简谱	《大众歌选》第五期	1943年9月
秋思	谢直心	谭志勇	五线谱	《大道音乐》创刊号	1946年11月
秋思	闫述诗	李白	字母谱	《白雪》第十八号	1928年10月
秋天到	汪培元		简谱	《儿童音乐》第六期	1947年12月
秋天到	汪培元		五线谱	《儿童音乐》第六期	1947年12月
秋天的梦	陈田鹤	戴望舒	五线谱	《音乐教育》第四卷第十期	1936年10月
秋天的水果			简谱	《国民教育指导月刊》音乐教材专号	1947年
秋天日头好	国辉	国辉	简谱	《儿童音乐》第四期	1943年
秋雨			字母谱	《白雪》第十七号	1928年10月
秋怨曲			工尺谱	《音乐杂志》（北大版）第一卷第三号	1920年5月
囚徒之歌	翁祖善	柳倩	简谱	《新音乐》第一卷第六期	1940年6月

续表

歌曲名称	曲作者	词作者	记谱形式	曲目来源	出版日期
去吧，同志们！	王博	刘御	简谱	《歌曲旬刊》创刊号	1941年4月
去罢	张卓夫	张卓夫	简谱	《新音乐》（平津唐版）第四期	1948年10月
去毒针	人建	人建	简谱	《解放歌声》第一集	1949年2月
去呀，踏上战场	俞克忠	巴山雨	简谱	《每月新歌选》第八期	1940年8月
圈里牵出我的马	草田	柯芝	简谱	《新音乐》第八卷第一期	1949年6月
全国动员歌	钱仁康	钱仁康	简谱	《乐风》第三卷第一期	1943年1月
全国动员歌	钱仁康	钱仁康	五线谱 简谱	《乐风》（副本）第二卷第一期	1943年5月
全国欢唱			简谱	《歌曲半月刊》第一卷第二期	1941年6月
全国年轻的好汉	刘天浪	童长庆	简谱	《每月新歌选》第八期	1940年8月
全国年轻的好汉	刘天浪	童长庆	简谱	《新音乐》第五卷第二期副本	1943年1月
全国人民依靠谁		王泉德	简谱	《群众歌曲》第三期	1945年12月
全国运动大会会歌	赵元任	刘清徐	五线谱	《音乐教育》第一卷第二期	1933年5月
全家忙	李元庆	严辰	简谱	《解放歌声》第六集	1949年4月
全家生产	久鸣	刘亮	简谱	《大众歌选》第六期	1943年
全家挑战	乐乐	林鸟	简谱	《人民音乐》（东北版）第一卷第四期	1949年7月
全家喜洋洋	刘炽	苏文	简谱	《人民音乐》（东北版）第一卷第二期	1947年2月
全民齐庆祝	李群	桑夫、 葛敏	简谱	《新音乐》第八卷第四期	1949年10月
全世界民主反侵略进行曲	朱达琳	高兰	简谱	《音乐教育月刊》（渝版）创刊号	1946年9月
全中国人民要解放	莎莱	骆文 莎蕻	简谱	《人民音乐》（东北版）第一卷第二、三合刊	1949年3月
劝储蓄歌	杨友立	于右任	简谱	《歌曲创作月刊》第一期	1941年1月
劝歌参军	史森	史森	简谱	《大众歌选》第七期	1944年2月
劝郎归队	艾力	鲁岩	简谱	《大众歌选》第二期	1943年6月
劝三汉	史鉴	志涛	简谱	《音乐哨岗》第一卷第四、五合刊	1942年8月

续表

歌曲名称	曲作者	词作者	记谱形式	曲目来源	出版日期
R					
人不犯我，我不犯人！	U · Miliutin	V · Lobedev Kuniach	简谱	《民族音乐》第一卷第二期	1942年5月
人急尿流	戈戟	牛二	简谱	《歌讯》第二期	约1946年
人类的喜讯	戈忻		五线谱 简谱	《新音乐》第七卷第三期	1948年1月
人民	文纲		五线谱 简谱	《新歌丛》第二辑	1948年7月
人民	文纲		五线谱 简谱	《新音乐》第七卷第五期	1948年12月
人民，人民作主人（满天红合唱）	张鲁	亚欣、徐颖	简谱	《新音乐》第八卷第二期	1949年7月
人民的城市	高田	杜谈	简谱	《人民音乐》（东北版）第一卷第四期	1949年7月
人民的城市好风光	嵇振民	王命夫	简谱	《解放歌声》第二集	1949年3月
人民的城市好风光	元庆	王命夫	简谱	《解放歌声》第二集	1949年3月
人民的红五月	安春振	白韦	简谱	《群众歌曲》（华北联大版）第二期	1946年4月
人民的红五月	白韦	白韦	简谱	《群众歌曲》（华北联大版）第二期	1946年4月
人民的力量似潮涌	刘炽	宋莹	五线谱 简谱	《新音乐》第六卷第二期	1946年11月
人民的汽车兵团	箫民	宁森 箫民	简谱	《人民音乐》（东北版）第一卷第二、三合刊	1949年3月
人民的声音	恕琼	徐添	简谱	《音乐艺术》第五期	1945年1月
人民的铁路在成长	李一鸣	石涛	简谱	《解放歌声》第一集	1949年2月
人民的子弟兵	放之	放之	简谱	《大众歌选》第二期	1943年6月
人民歌颂毛泽东（一至六）	焕之	贺敬之	简谱	《解放歌声》（晋察冀版）第三集	1946年7月
人民解放军	恒之	林十柴	简谱	《解放歌声》第四集	1949年3月

续表

歌曲名称	曲作者	词作者	记谱形式	曲目来源	出版日期
人民解放军	梁寒光	张世威	简谱	《解放歌声》第四集	1949年3月
人民解放军进行曲	罗浪	星光	简谱	《连队歌唱》第十八期	
人民解放军进行曲	罗浪	星光	简谱	《群众歌声》第十期	1945年9月
人民进行曲	联抗	方荧	简谱	《新音乐》（华南版）第一卷第二期	1946年5月
人民进行曲			简谱	《新音乐》（平津唐版）第四期	1948年10月
人民铁的解放军	陈群	流笳	简谱	《解放歌声》（晋察冀版）第二集	1945年11月
人民铁的解放军	陈群	刘佳	简谱	《连队歌唱》第十八期	
人民武装整训歌	滨海武委会	滨海武委会	简谱	《大众歌声》第十期	1944年11月
人民有力量	庄映		简谱	《人民音乐》（东北版）第一卷第三期	1947年3月
人民之歌	周云深	邵子南	简谱	《歌曲旬刊》创刊号	1941年4月
人民自卫队歌	陈乐	白韦	简谱	《人民音乐》（东北版）第一卷第一期	1946年12月
人民祖国	陈良	劫夫	简谱	《新音乐》第八卷第六期	1950年1月
人民坐江山	唐可	邢也	简谱	《解放歌声》（华东军区版）第一集	1948年8月
人人都爱他	天虹	天虹	简谱	《解放歌声》（天津版）第二集	1949年3月
人生两个宝	王沛纶	陶行知	简谱	《儿童音乐》第五期	1947年11月
人生两个宝	王沛纶	陶行知	五线谱	《儿童音乐》第五期	1947年11月
忍耐	陈田鹤	绛燕	五线谱 简谱	《乐风》第十六号	1944年2月
日本大闹荒	吕骥	王建铎	简谱	《每月新歌选》第九期	1940年9月
日本反战将士纪念歌	黄源洛	董生	简谱	《青年音乐》第一卷创刊号	1942年3月
日本米荒三唱	郑律成	公木	简谱	《歌曲月刊》第二期	1940年10月
日本枪	陆华柏	王光莹 王光瑜	简谱	《乐风》新一卷第九期	1941年9月
日本小鬼子要打倒			简谱	《每月新歌选》第十期	1940年10月

续表

歌曲名称	曲作者	词作者	记谱形式	曲目来源	出版日期
日历	罗惠南		简谱	《儿童音乐》第七期	1948 年 3 月
日落	陈田鹤	顾一樵	简谱	《乐风》第二卷第四期	1942 年 7 月
日落	陈田鹤	顾一樵	五线谱 简谱	《乐风》（副本）第二卷第一期	1943 年 5 月
日落西山	胡周 淑安	W. G. Rorhery	五线谱	《音乐杂志》（艺文版）第一卷第二期	1934 年 4 月
日落西山	张曙	田汉	简谱	《每月新歌选》第三期	1939 年 12 月
荣归	陈厚庵		五线谱	《音乐杂志》（北大版）第二卷第五、六合刊	1921 年 6 月
荣誉军人歌	应尚能	于右仕	五线谱	《音乐月刊》（重庆卷）第一卷第六期	1942 年 11 月
如今世界大不同			简谱	《新音乐》（平津唐版）第四期	1948 年 10 月
入伍歌	高清萍	李大欢寰	简谱	《歌曲创作月刊》第二期	1941 年 2 月
S					
萨马雅（蒙古情歌）			简谱	《新音乐》第五卷第二期	1942 年 12 月
塞上儿女行	薛良	川吻	简谱	《新音乐》第三卷第三期	1941 年 10 月
赛花灯	肖民	王汝俊	简谱	《大众歌声》第十一期	1945 年 1 月
赛拉亚母			五线谱 简谱	《新音乐》第六卷第二期	1946 年 11 月
赛月			简谱	《音乐杂志》（国改版）第一卷第七号	1929 年 8 月
三八妇女节歌	黎钟	塞克	简谱	《歌与诗音乐月刊》第六期	1945 年
三八妇女节歌	右林	塞克	简谱	《新音乐》第四卷第四期	1942 年 5 月
三八枪（单人歌表演二）	肖伶	肖伶	简谱	《新音乐》第八卷第三期	1949 年 8 月
三八式的枪	王博	程保禄	简谱	《民族音乐》第一卷第七期	1942 年 10 月
三大纪律八项注意			简谱	《人民歌选》第一期	1949 年 6 月
三励	应尚能	卢冀野	简谱	《青年音乐》第一卷第二期	1942 年 4 月
三套黄牛一套马	安波	骆文	简谱	《人民音乐》（东北版）第一卷第二、三合刊	1949 年 3 月

续表

歌曲名称	曲作者	词作者	记谱形式	曲目来源	出版日期
三月	佚名	佚名	简谱	《南方音乐》创刊号	1948年3月
三月春光好	小粗	小粗	简谱	《山歌通讯》第二期	1946年5月
三月春光好	小粗	小粗	简谱	《新音乐》第六卷第一期	1946年10月
三月里	文沙	于麟	五线谱 简谱	《新音乐》第七卷第五期	1948年12月
三只黑乌鸦	J. W. Elliott		五线谱	《音乐教育》第三卷第四期	1935年4月
三只小猫	陈田鹤	廖辅叔	五线谱	《音乐教育》第四卷第四期	1936年4月
丧歌	李纯明	王易	五线谱	《音乐教育》第一卷第六、七合刊	1933年11月
丧家失业的人啊	舒模	安娥	简谱	《新音乐》第一卷第三期	1940年3月
丧家失业的人啊	于世沆	杨友群	简谱	《新歌曲》第一卷第四期	1941年10月
扫花（昆曲）			五线谱	《乐风》第十七号	1944年4月
杀敌歌	刘天浪		简谱	《每月新歌选》第九期	1940年9月
杀敌歌	翟立中	赵受之	简谱	《歌与诗音乐月刊》第四期	1945年
杀鬼子	寒光	季纯	简谱	《新音乐》第一卷创刊号	1940年1月
杀鬼子	绿薇	绿薇	简谱	《每月新歌选》第九期	1940年9月
杀鬼子	魏开泰	魏开泰	简谱	《每月新歌选》第八期	1940年8月
杀过中条山	高兴	李力	简谱	《每月新歌选》第九期	1940年9月
杀猪（朱信齐）小调	超武	超武	简谱	《大众歌选》第八期	1944年6月
沙里红巴			简谱	《歌曲月刊》第一期	1948年9月
沙里红巴哀			简谱	《歌讯》第二期	约1946年
沙原歌声	守廉	高阳	简谱	《儿童音乐》第五期	1944年3月
山茶情歌	聂尔	聂尔	简谱	《新音乐》第三卷第二期	1941年9月
山村初晓	陈振铎		简谱	《乐风》新一卷第四期	1941年4月
山叠山	张伟	黄雨	简谱	《新音乐》第八卷第一期	1949年6月
山歌	夏白	夏白	简谱	《儿童音乐》第二期	1947年5月
山歌			简谱	《新音乐》第四卷第六期	1942年9月
山歌			五线谱	《音乐教育》第五卷第三期	1937年3月

续表

歌曲名称	曲作者	词作者	记谱形式	曲目来源	出版日期
山歌开口几难唱	郭杰	孺子牛	五线谱 简谱	《新音乐》第七卷第三期	1948年1月
山涧与河流	达琳	郝子俊	简谱	《歌与诗音乐月刊》第三期	1944年12月
山林歌	恒之	仁苏	简谱	《音乐哨岗》第一卷第一期	1942年2月
山林果	白菲	仁苏	简谱	《新音乐》第三卷第六期	1942年1月
山林果	刘天浪	李仁苏	简谱	《新音乐》第四卷第四期	1942年5月
山林果	徐守廉		简谱	《歌曲新集》第一期	1948年10月
山西武乡秧歌戏曲调			简谱	《新音乐》第四卷第二期	1942年3月
山在虚无飘渺间	黄自	韦瀚章	五线谱	《音乐月刊》（重庆卷）第二卷第一期	1943年5月
山在虚无缥缈间——长恨歌	黄自	韦瀚章	五线谱	《音乐杂志》（艺文版）第一卷第三期	1934年7月
山中	田鹤	徐志摩	五线谱	《音乐杂志》（艺文版）第一卷第一期	1934年1月
山中	何安东	徐志摩	五线谱	《广州音乐》第二卷第九期	1934年9月
陕北民歌			五线谱	《人民音乐》（东北版）第一卷第一期	1946年12月
陕北有个南泥湾	方一文	郭绍仪	简谱	《大众歌选》第七期	1944年2月
伤	石林	石林	简谱	《歌与诗音乐月刊》第五期	1945年
伤兵歌	聂耳	安娥	简谱	《新音乐》（平津唐版）第三期	1948年7月
伤兵之友歌	华尼君	洪波	简谱	《青年音乐》第一卷第四期	1942年6月
上冬学	师征	师征	简谱	《大众歌声》第九期	1944年10月
上冬学		安波	简谱	《每月新歌选》第四、五合刊	1940年3月
上冬学问答			简谱	《大众歌声》第九期	1944年10月
上坟	宋扬	宋扬	五线谱 简谱	《音乐艺术》第二卷第五期	1946年6月
上前方（组曲一至四）			简谱	《人民歌选》第一期	1949年6月
上前线	陈洪		五线谱	《音乐教育》第四卷第十一期	1936年11月

续表

歌曲名称	曲作者	词作者	记谱形式	曲目来源	出版日期
上前线	吴为甚	贺梓尧	简谱	《歌曲创作月刊》第一卷第四期	1941年4月
上战场	继时		简谱	《歌曲创作月刊》第一卷第五期	1941年5月
上战场		巍峙	简谱	《歌选》第二期	1941年2月
捎个信儿到战场	夏平	赵坡	简谱	《歌与诗音乐月刊》第八期	1945年
烧炭山歌（歌剧《烧炭英雄张德胜》）	贺绿汀	荒草	简谱	《新音乐》（渝版）第一辑	1947年1月
烧炭山歌（选自歌剧《烧炭英雄张德腾》）	贺绿汀	荒草	五线谱 简谱	《新音乐》第六卷第四期	1947年3月
少年兵	彭一叶	彭一叶	简谱	《乐风》新一卷第七、八合刊	1941年8月
少年兵进行曲	梁玉荣	蔡少洛	简谱	《乐教》第一卷第二期	1943年1月
少年军	黎观暾	秋秋	简谱	《儿童音乐》第三期	1947年6月
少年军	黎观暾	秋秋	五线谱	《儿童音乐》第三期	1947年6月
少年团	吕骥	塞克	简谱	《民族音乐》第一卷第一期	1942年4月
少年先锋	歌辛	关露	简谱	《新音乐》第一卷第三期	1940年3月
少年乐手			五线谱	《音乐教育》第一卷第六、七合刊	1933年11月
少年自歌	李中和	卢冠六	简谱	《儿童音乐》第四期	1947年10月
少年自歌	李中和	卢冠六	五线谱	《儿童音乐》第四期	1947年10月
少女之祈祷（The Maiden's Prayer）	T. Badarzewsky		五线谱	《新乐潮》第二卷第三期	1928年4月
哨兵之歌	彭一叶		简谱	《每月新歌选》第十期	1940年10月
哨岗上的玫瑰	甄伯蔚	白曙	简谱	《新音乐》第三卷第四期	1941年11月
射击要领歌	新声	佚名	简谱	《大众歌声》第十八期	1946年10月
射击要领歌	新声		简谱	《歌与剧》第一期	1946年10月
射击英雄魏来国	章枚	傅泉	简谱	《歌与剧》（战时版）第三期	1946年12月
伸冤哪，报仇啊！（《热河联唱》第三段）	达尼	柯夫 安波	简谱	《解放歌声》（晋察冀版）第三集	1946年7月

续表

歌曲名称	曲作者	词作者	记谱形式	曲目来源	出版日期
深更半夜狗在叫	小才	小才	五线谱	《音运通讯》第七期	1947年9月
神兵八路军	桂之	桂之	简谱	《大众歌声》第八期	1944年6月
神话的国家	陈敏	申奥	五线谱 简谱	《新音乐》第七卷第五期	1948年12月
神曲	唐学咏	唐学咏	简谱	《音乐教育月刊》（渝版）创刊号	1946年9月
神像自述	陆华柏	俞康钧	简谱	《儿童音乐》第五期	1947年11月
神像自述	陆华柏	俞康钧	五线谱	《儿童音乐》第五期	1947年11月
升旗歌	丁珰	马可	简谱	《音乐哨岗》第一卷第一期	1942年2月
升旗歌	刘天浪	萧野	简谱	《儿童音乐》第四期	1947年10月
升旗歌	刘天浪	萧野	五线谱	《儿童音乐》第四期	1947年10月
生产	李伟	李伟	简谱	《音乐哨岗》第二卷第四期	1943年10月
生产大合唱（活报型歌剧第一幕）	冼星海	塞克	简谱	《新音乐》第一卷第四期	1940年4月
生产大合唱（活报型歌剧第二幕前）	冼星海	塞克	简谱	《新音乐》第一卷第五期	1940年5月
生产大合唱（活报型歌剧第二幕续）	冼星海	塞克	简谱	《新音乐》第一卷第六期	1940年6月
生产歌	朱枫	朱枫	简谱	《解放歌声》（天津版）第四集	1949年6月
生产进行曲	李伟	李伟	简谱	《民族音乐》第一卷第二期	1942年5月
生产竞赛	白烽	贺敬之	简谱	《歌与剧》第三期	1947年1月
生产乐	吟丁	黄自	简谱	《大众歌声》第十一期	1945年1月
生产立功歌	鹰航	东北文工队	简谱	《人民音乐》（东北版）第一卷第一期	1948年10月
生产忙	高九	贾露	简谱	《解放歌声》（华东军区版）第二集	1948年10月
生产小曲	戈欣	戈欣	简谱	《大众歌声》第十六期	1946年3月
生产学习不放松	韩瑞祥	歌樊	简谱	《解放歌声》（天津版）第四集	1949年6月
生产谣	郑律成	熊復	简谱	《新音乐》第三卷第一期	1941年8月
生产之歌	李伟	李伟	简谱	《音乐艺术》第六期	1945年2月

续表

歌曲名称	曲作者	词作者	记谱形式	曲目来源	出版日期
生活叹		安娥配词	简谱	《新音乐》（上海版）第三期	1946年6月
生命的叫喊	张文纲	藏克家	简谱	《歌曲创作月刊》第一期	1941年1月
生命颂	董秉济	张天授	简谱	《音乐艺术》第二卷第一期	1945年3月
生命颂	董兼济	张天授	简谱	《新音乐》第六卷第一期	1946年10月
生之哀歌	翟立中		简谱	《歌与诗音乐月刊》第二期	1944年11月
生之歌	汪培元	白桦	简谱	《音乐与美术》综合月刊第三卷第一、二合刊	1942年2月
胜利带来了一切	联抗	陶行知	五线谱 简谱	《音乐艺术》第二卷	1946年4月
胜利的到来		化龙	简谱	《新音乐》第四卷第一期	1942年2月
胜利的歌唱	般木	王拓	简谱	《解放歌声》（天津版）第三集	1949年4月
胜利的果实应属于人民	肖民	李新	简谱	《大众歌声》第十四期	1945年8月
胜利的开端	刘已明	刘已明	简谱	《乐风》新一卷第五、六合刊	1941年6月
胜利的明天	汪秋逸	杨友群	简谱	《每月新歌选》第六期	1940年6月
胜利的旗帜飘	火星		简谱	《解放歌声》（天津版）第一集	1949年2月
胜利的曙光	王楷	鲁格	简谱	《歌曲创作月刊》新第一卷第一期	1942年11月
胜利歌	车朝纲	任治衡	简谱	《人民音乐》（东北版）第一卷第二、三合刊	1949年3月
胜利歌	林里	牧虹	简谱	《解放歌声》第四集	1949年3月
胜利花	刘天浪	罗圣清	简谱	《乐风》新一卷第七、八合刊	1941年8月
胜利接近了	马可	亚凡	简谱	《民族音乐》第一卷第五、六合刊	1942年9月
胜利捷报	李一鸣	贾光	简谱	《解放歌声》第五集	1949年3月
胜利进军	焕之	艾青等	简谱	《解放歌声》第七集	1949年8月
胜利进行曲	贺绿汀	田汉	简谱	《新音乐》第四卷第四期	1942年5月
胜利进行曲	贺绿汀	田汉	五线谱	《音乐月刊》（重庆卷）第一卷第一期	1942年3月
胜利军进行曲	洪波	王亚平	简谱	《青年音乐》第一卷创刊号	1942年3月

续表

歌曲名称	曲作者	词作者	记谱形式	曲目来源	出版日期
胜利了	关敏	秦光银	简谱	《新音乐月刊》（副刊）第二辑	不祥
胜利年	李文毓	莽永彬	简谱	《人民音乐》（东北版）第一卷第二、三合刊	1949年3月
胜利曲	Pokvass	黎钟	简谱	《歌与诗音乐月刊》第八期	1945年
胜利是人民的！	武夫	武夫	五线谱 简谱	《音乐艺术》第二卷第四期	1946年4月
胜利是我们的歌声	寄萍	寄萍	简谱	《大众歌选》第二期	1943年6月
胜利舞歌	梁寒光	金紫光	简谱	《新音乐》第八卷第二期	1949年7月
胜利呀前进！	章枚	彭彬	简谱	《解放歌声》（华东军区版）第一集	1948年8月
胜利秧歌	谢功成	马凡陀	简谱	《新音乐》第八卷第三期	1949年8月
胜利灾	孙慎、李定	李奇	简谱	《新音乐》（华南版）第一卷第二期	1946年5月
胜利在面前	青水	易尔山	简谱	《大众歌选》第一期	1943年3月
胜利赞	江定仙	陈曙风	简谱	《每月新歌选》第一卷第一号	1946年4月
胜利之歌	李伟	李伟	简谱	《人民音乐》（东北版）第一卷第二、三合刊	1949年3月
胜利之歌	杨惠贞		五线谱 简谱	《音乐艺术》第二卷第三期	1946年2月
省吃省穿小调	肖民之	王汝俊	简谱	《大众歌选》第五期	1943年9月
圣诞歌	周凤章	胡寄尘	简谱	《美育》第二期	1920年5月
失意	缪天瑞		五线谱	《音乐杂志》（国改版）第一卷第一号	1928年1月
十八摸调			工尺谱	《灿花集》第一期	1908年12月
十杯酒调			工尺谱	《灿花集》第一期	1908年12月
十大对			五线谱	《新音乐》（华南版）第二卷第二期	1947年3月
十朵鲜花			五线谱	《音乐教育》第五卷第二期	1937年2月
十二步			五线谱	《音乐教育》第五卷第八期	1937年8月
十翻			五线谱	《音乐杂志》（北大）第二卷第八号	1921年10月

续表

歌曲名称	曲作者	词作者	记谱形式	曲目来源	出版日期
十个华人连同 Bass，Bass，Bass			五线谱	《国立音乐专科学校校刊》第四期	1930 年 5 月
十里磴	陈厚庵		五线谱	《音乐杂志》（北大版）第二卷第八号	1921 年 10 月
十劝郎（社会小曲）				《灿花集》第一期	1908 年 12 月
十送			五线谱	《音乐教育》第五卷第六期	1937 年 6 月
十万票	公务员	牛二	简谱	《南方音乐》创刊号	1948 年 3 月
十月的太阳——献给苏联建国 25 周年	石秋	石秋	简谱	《民族音乐》第一卷第八期	1942 年底
什么好	刘已明		五线谱	《音乐教育》第四卷第十期	1936 年 10 月
石工歌	波浪	徐健	简谱	《音乐教育月刊》（渝版）第一卷第二期	1946 年 10 月
石工歌	武俊达	武俊达	简谱	《歌曲创作月刊》第一期	1941 年 1 月
石家庄解放对口唱	周巍峙	鲁煤	简谱	《解放歌声》（晋察冀版）第四集	1948 年 1 月
石老太太	李尼	聂长林	简谱	《人民音乐》（东北版）第一卷第三期	1947 年 3 月
石榴花	杜巴	田家	简谱	《音乐哨岗》第二卷第四期	1943 年 10 月
石榴花	杜巴	田家	简谱	《音乐艺术》第六期	1945 年 2 月
石榴花	刘松		简谱	《儿童音乐》第五期	1944 年 3 月
石榴青			简谱	《每月新歌选》第一期	1940 年 3 月
时代的尖兵	石林	石林	简谱	《歌与诗音乐月刊》第七期	1945 年
时难年荒世业空	王绍先	白居易	简谱	《歌与诗音乐月刊》第八期	1945 年
识字好	梅丝	安波	简谱	《群众歌曲》第三期	1945 年 12 月
识字小调		安波	简谱	《新音乐》第一卷第三期	1940 年 3 月
拾粪谣	寄萍	寄萍	简谱	《大众歌选》第六期	1943 年
食为民天	江定仙		五线谱	《音乐教育》第三卷第一期	1935 年 1 月
史大林赞	亚历山大洛夫	因纽斯金	简谱	《新音乐》第八卷第六期	1950 年 1 月
士兵复员进行曲	马若		简谱	《每月新歌选》第一卷第一号	1946 年 4 月

续表

歌曲名称	曲作者	词作者	记谱形式	曲目来源	出版日期
士兵歌	李民	李民	简谱	《乐风》新一卷第七、八合刊	1941年8月
士兵歌	李尼	天兰	简谱	《歌曲旬刊》创刊号	1941年4月
世故	亚干	D柏架	简谱	《新音乐》第五卷第四期	1943年5月
世界变了样	沈毓年	何有之	简谱	《每月新歌选》第十一期	1941年5月
示现	应尚能	卢冀野	简谱	《青年音乐》第一卷第五期	1942年7月
是不是人?	郛拉	火子	五线谱 简谱	《新音乐》（沪版）第七卷第一期	1947年7月
是不是太肮脏	宋军	马凡陀	简谱	《儿童音乐》第一期	1947年4月
收复区拾零	亚威	晴波	简谱	《戏剧与音乐》第一期	1946年3月
收割	安波	骆文 张凡	简谱	《人民音乐》（东北版）第一卷第二、三合刊	1949年3月
收获	明敏	柳倩	简谱	《新音乐》第四卷第六期	1942年9月
手扶栏杆（江西民歌）			五线谱	《音乐教育》第五卷第五期	1937年5月
手扶栏杆（南昌民歌）			五线谱	《音乐教育》第五卷第二期	1937年2月
手雷好	刘子吉	王化民	简谱	《人民音乐》（东北版）第一卷第四期	1949年7月
手脑琴谱			五线谱 简谱	《新音乐》第六卷第二期	1946年11月
守黄河	舒模	洪适	简谱	《新歌曲》第一卷第一期	1941年7月
守黄河	舒模	洪遒	简谱	《新音乐》第一卷第六期	1940年6月
守时间	胡周淑安	胡宣明	简谱	《乐风》新一卷第九期	1941年9月
守望曲	向隅	彭家伦	简谱	《歌曲月刊》第二期	1940年10月
守住我们的家乡		孟波	简谱	《新歌曲》第一卷第一期	1941年7月
狩猎	陆华柏		五线谱	《音乐教育》第三卷第一期	1935年1月
狩猎之歌	陈清银		五线谱	《乐学》第四号	1947年10月
书本铅笔买个全	公鸣	公鸣	简谱	《大众歌声》第十五期	1945年
抒情小唱		渔农 黎洛	简谱	《新音乐》（渝版）第一辑	1947年1月

续表

歌曲名称	曲作者	词作者	记谱形式	曲目来源	出版日期
抒情小唱		庄严	简谱	《音艺通讯》第十三期	1946年7月
抒情小调		庄严	五线谱 简谱	《新音乐》第六卷第二期	1946年11月
梳妆台调			工尺谱	《灿花集》第一期	1908年12月
数花名	张定和		简谱	《乐风》第三卷第一期	1944年1月
数虾蟆			简谱	《山歌通讯》第二期	1946年7月
双溪夜语	储师竹		五线谱	《乐风》新一卷第二期	1941年2月
双种麦			五线谱	《音乐教育》第五卷第四期	1937年4月
谁家的队伍这样威风	放之	放之	简谱	《大众歌选》第四期	1943年8月
谁来可怜你啊——献给死难的中国老百姓	雷青	雷青	五线谱 简谱	《新音乐》（沪版）第七卷第二期	1947年9月
谁是中国的主人翁	一鸣	泥名	简谱	《儿童音乐》第三期	1947年6月
谁是主人	亓垚	铸铁	简谱	《大众歌选》第四期	1943年8月
谁说	戈忻	萧岱	简谱	《儿童音乐》第二、三合刊	1941年9月
谁说你们小	黄永文	冯玉祥	简谱	《儿童音乐》第二、三合刊	1941年9月
谁养活谁	寄萍	寄萍	简谱	《大众歌声》第十期	1944年11月
水滨	闫述诗		字母谱	《白雪》第六号	1928年5月
水叮东	彭弓		简谱	《每月新歌选》第七期	1940年7月
水手之歌	波浪	［法］ V. 雨果	简谱	《音乐教育月刊》（渝版）创刊号	1946年9月
水仙	闫述诗		字母谱	《白雪》第一号	1928年4月
水仙花	刘慧娴		五线谱	《儿童音乐》第三期	1947年6月
水仙花圆舞曲	夫朗克林		五线谱	《音乐教育》第四卷第十期	1936年10月
睡吧			五线谱	《音乐教育》第二卷第一期	1934年1月
睡狮奋起	卢安度		五线谱	《音乐教育》第四卷第十一期	1936年11月
说打就打	庄映	谢明	简谱	《人民音乐》（东北版）第一卷第一期	1946年12月
说丰镇			简谱	《大家唱》第一期	约1946年
思哥哥	十千	十千	简谱	《新音乐》第四卷第五期	1942年7月

续表

歌曲名称	曲作者	词作者	记谱形式	曲目来源	出版日期
思故乡	Stephan Collins Foster		简谱	《歌与诗音乐月刊》第二期	1944年11月
思家乡（夏衍编复话插曲）	联抗	田汉	简谱	《新音乐》（华南版）第一卷第五期	1946年10月
思亲	钱君匋	钱君匋	五线谱	《音乐教育》第三卷第一期	1935年1月
思文后稷			五线谱	《音乐杂志》（北大版）第二卷第三、四合刊	1921年4月
思乡	蜀居	丁尼	简谱	《青年音乐》第一卷第四期	1942年6月
思乡	夏之秋	铿然	简谱	《歌曲创作月刊》第一期	1941年1月
思乡曲	邵光	张天僕	简谱	《国民教育指导月刊》音乐教材专号	1947年
思乡曲	夏之秋	任天道	五线谱	《音乐月刊》（重庆卷）第一卷第一期	1942年3月
思想起			五线谱 简谱	《新音乐》第六卷第五期	1947年4月
斯节潘·拉辛·			简谱	《新音乐》（华南版）第二卷第一期	1947年1月
四大禁令歌	联抗	雁林	简谱	《每月新歌选》第十期	1940年10月
四大景			工尺谱	《音乐杂志》（国改版）第一卷第十号	1932年2月
四季变工歌	超武	森森	简谱	《大众歌声》第十二期	1945年5月
四季除奸小调	张鲁	钟灵	简谱	《歌曲半月刊》第一卷第二期	1941年6月
四季情歌	陈歌辛	许幸之	简谱	《音乐世界》第二卷第四期	1939年4月
四季生产歌	李大年	李大年	简谱	《大众歌声》第十八期，第14页	1946年9月
四季太阳	陈田鹤	魏冰心	五线谱 简谱	《乐风》第十七号	1944年4月
四烈士冢上的没字碑歌	肖友梅	胡适	五线谱	《音乐杂志》（北大版）第二卷第五、六合刊	1921年6月
四时歌	启涞	知耶	简谱	《青年音乐》第一卷第六期	1942年8月

续表

歌曲名称	曲作者	词作者	记谱形式	曲目来源	出版日期
“四四”儿童节歌	潘奇	塞克	简谱	《人民音乐》（东北版）第一卷第三期	1947年3月
四万万的大众起来	陈洪		五线谱	《音乐教育》第五卷第二期	1937年2月
四万万人的中华	邱望湘		简谱	《歌曲创作月刊》第一卷第五期	1941年5月
四万万人是一个铁的集体	薛良	垂远	简谱	《新音乐》第三卷第四期	1941年11月
四月插秧歌			简谱	《音乐与美术》综合月刊第十期	1940年10月
松树王	刘天浪	老向	简谱	《每月新歌选》第九期	1940年9月
松树王	刘天浪	老向	五线谱	《乐风》新一卷第一期	1941年1月
宋家川	王佩吉	王佩吉	简谱	《民族音乐》第一卷第三、四合刊	1942年7月
送别歌	Burns	张浩	简谱	《美育》第一期	1920年4月
送给英雄	刘行、乔谷	严辰	简谱	《解放歌声》第六集	1949年4月
送给英雄	孟媞	严辰	简谱	《解放歌声》第六集	1949年4月
送公粮	安波	骆文 张凡	简谱	《人民音乐》（东北版）第一卷第二、三合刊	1949年3月
送公粮	金萱	刘子先	简谱	《解放歌声》（天津版）第二集	1949年3月
送公粮	沙青	吕书轩	简谱	《人民音乐》（东北版）第一卷第一期	1948年10月
送寒衣	黄凛	野明	简谱	《新歌曲》第一卷第一期	1941年7月
送军粮	兵珂	周音	简谱	《大众歌声》第十四期	1945年8月
送郎参军	了休	遇明	简谱	《大众歌声》第十一期	1945年1月
送郎从军			简谱	《每月新歌选》第八期	1940年8月
送郎打日本		温复生	简谱	《音乐哨岗》第一卷第一期	1942年2月
送郎山歌	魏开泰		简谱	《每月新歌选》第七期	1940年7月
送郎上前线	克忠	克忠	简谱	《新音乐》第一卷第五期	1940年5月
送前方	陈明	彭彬	简谱	《歌与剧》（战时版）第一期	1946年11月
送情郎	慨锐	雄影	简谱	《歌与诗音乐月刊》第六期	1945年

续表

歌曲名称	曲作者	词作者	记谱形式	曲目来源	出版日期
送情郎	林路		简谱	《每月新歌选》第一期	1940年3月
送情郎			简谱	《新音乐》第四卷第六期	1942年9月
送鞋袜（《顽固大失败》的一段）			简谱	《民族音乐》第一卷第三、四合刊	1942年7月
送新军	安林	安林	简谱	《大众歌声》第十一期	1945年1月
送战士	曾雨音	丘絮絮	五线谱	《音乐教育》第五卷第十一、十二合刊	1937年12月
送志愿战士	刘天浪	陶行知	简谱	《每月新歌选》第十期	1940年10月
颂湘北打捷	魏丌泰		简谱	《青年音乐》第一卷第三期	1942年5月
搜山砍柴	潘奇	高天云	简谱	《人民音乐》（东北版）第一卷第二期	1947年2月
苏柏进行曲	Schubert		五线谱	《音乐杂志》（国改版）第一卷第三号	1928年3月
苏联红军好朋友	左恩鸿	张世奎	简谱	《人民音乐》（东北版）第一卷第四期	1949年7月
苏联红军万岁	王宁	莫耶	简谱	《民族音乐》第一卷第五、六合刊	1942年9月
苏联新国歌	亚力山大洛夫	S米哈尔科夫、爱里·列其斯坦	简谱	《大众歌声》第十期	1944年11月
苏中秧歌调（短剧《庆功》插曲之一）			简谱	《歌与剧》（战时版）第九期	1947年5月
肃清亲日派	马可		简谱	《歌曲旬刊》创刊号	1941年4月
肃清特务	张鲁	严辰	简谱	《解放歌声》第五集	1949年3月
肃清走狗	苏风	苏风	简谱	《大众歌选》第五期	1943年9月
绥万邦			简谱	《乐风》（特刊）第三卷第二期	1943年2月
绥西民歌	郭杰	庞岳	简谱	《歌讯》第二期	约1946年
岁月悠悠	江定仙	黄嘉谟	五线谱	《音乐教育》第五卷第三期	1937年3月
T					
他和鬼子是一家	牛耳	相如	简谱	《大众歌声》第十五期	1945年

续表

歌曲名称	曲作者	词作者	记谱形式	曲目来源	出版日期
他们不要瞎子去当兵	嘉工	马凡陀	五线谱 简谱	《新音乐》第六卷第四期	1947年3月
他乡风雨	黄楚藩	黄楚藩	简谱	《每月新歌选》第十一期	1941年5月
塔乘卡之歌（Song of the tachanka）	K. Lfatov	M. Ruderman	简谱	《新音乐》第四卷第三期	1942年4月
踏秧歌			五线谱	《音乐教育》第五卷第九、十合刊	1937年10月
台北市民歌	陈田鹤	姜琦	五线谱	《乐学》第三号	1947年8月
抬伤兵	恒之	悦之	简谱	《音乐哨岗》第一卷第四、五合刊	1942年8月
抬石歌			五线谱	《音乐教育》第五卷第一期	1937年1月
抬土歌	星海	塞克	简谱	《民族音乐》第一卷第二期	1942年5月
抬着你那沉重的尸体	静蓉		简谱	《新音乐》（平津唐版）第二期	1948年5月
太行之歌	海啸	伯钊	简谱	《新音乐》第三卷第五期	1941年12月
太平年	焕之	严文井	简谱	《歌曲月刊》第一期	1940年8月
太平洋的炮声响了	许九	许九	简谱	《青年音乐》第一卷第二期	1942年4月
太石公路北	肖民之	森森	简谱	《大众歌声》第八期	
太阳	邓仪庄	萧野	简谱	《新音乐》第八卷第一期	1949年6月
太阳	关子光	艾青	五线谱 简谱	《大众歌声》第十八期	1948年1月
太阳	关子光	艾青	五线谱 简谱	《新音乐》第七卷第三期	1948年1月
太阳出来了（歌剧《白毛女》选曲）	马可 张鲁 瞿继		五线谱 简谱	《新音乐》（沪版）第六卷第三期	1947年1月
太阳出来满山红	张青、 伍胡		简谱	《新音乐》（粤中版）创刊号	1949年6月
太阳出来上学堂	刘郎	许华	简谱	《人民音乐》（东北版）第一卷第四期	1949年7月
太阳起山	克忠	何鹏	简谱	《每月新歌选》第六期	1940年6月
太阳上升暖烘烘	李小才	马凡陀	简谱	《解放歌声》第二集	1949年3月

续表

歌曲名称	曲作者	词作者	记谱形式	曲目来源	出版日期
太阳说的话	罗耀国	艾青	五线谱	《乐学》第一号	1947 年 4 月
太阳一出满天红	仲星河	姜维璞	简谱	《歌与剧》（战时版）第九期	1947 年 5 月
太阳照进众人家	张沛	李忠贞	简谱	《新音乐》第八卷第五期	1949 年 12 月
泰戈尔访华	Tagore	泰戈尔	五线谱	《乐风》第十七号	1944 年 4 月
谈谈国内大事			简谱	《大家唱》第一期	
叹人妻（家庭小曲）				《灿花集》第一期	1908 年 12 月
叹十声			五线谱	《音乐杂志》（北大版）第一卷第八号	1920 年 10 月
探狱歌	黄源洛	藏云远	简谱	《青年音乐》第二卷第四期	1942 年 12 月
唐古歌	闫述诗		字母谱	《白雪》第十三号	1928 年 9 月
唐璜的小夜曲	柴可夫斯基	托尔斯泰	简谱	《音乐艺术》第四期	1944 年 11 月
桃花开	蓝河	蒙茄	五线谱 简谱	《音乐艺术》第二卷第五期	1946 年 6 月
桃花李花百花开	嘉希	马凡陀	简谱	《新音乐》第八卷第二期	1949 年 7 月
桃花心树（布里亚蒙古民歌）			简谱	《新音乐》第五卷第二期	1942 年 12 月
桃花源（舞剧选曲一、二）	陈田鹤 钱仁康	如晦	简谱	《新音乐月刊》第二卷第四期	1941 年 1 月
桃花源（舞剧选曲三）	陈田鹤 钱仁康	如晦	简谱	《新音乐月刊》第三卷第一期	1941 年 8 月
桃花源（舞剧选曲四、五）	陈田鹤 钱仁康	如晦	简谱	《新音乐月刊》第三卷第二期	1941 年 9 月
桃花源舞曲	田鹤、仁康	魏如晦	简谱	《儿童音乐》第四期	1943 年
桃李园序			简谱	《音乐杂志》（北大版）第一卷第四号	1920 年 6 月
桃竹树上开红花			五线谱	《音乐教育》第五卷第八期	1937 年 8 月
特等功臣蒋秀琴	鸣亚	立冬	简谱	《解放歌声》（华东军区版）第二集	1948 年 10 月

续表

歌曲名称	曲作者	词作者	记谱形式	曲目来源	出版日期
藤酸草	小才	小才	五线谱	《音运通讯》第七期	1947 年 9 月
提倡国货	刘雪庵		五线谱	《音乐教育》第四卷第十一期	1936 年 11 月
提防鬼子来抢粮	陈强		简谱	《群众歌曲》第一、二合刊	1945 年 5 月
天河行	文会		字母谱	《白雪》第二十号	1928 年 11 月
天红红	伍胡	朱荻	简谱	《新音乐》（粤中版）创刊号	1949 年 6 月
天空进行曲	Bweverep	秉英	简谱	《新音乐月刊》第二卷第三期	1940 年 9 月
天亮不远	久鸣	知侠	简谱	《大众歌声》第一期	1943 年 3 月
天亮的时候	郭杰	陈残云	五线谱 简谱	《新音乐》第七卷第五期	1948 年 12 月
天亮了	黄友棣		简谱	《儿童音乐》第五期	1947 年 11 月
天亮了	黄友棣		五线谱	《儿童音乐》第五期	1947 年 11 月
天上的太阳	刘行	吕剑	简谱	《解放歌声》第六集	1949 年 4 月
天上人间——接收谣	郁又	放平	简谱	《新音乐》第六卷第一期	1946 年 10 月
天神似的英雄	田鹤	徐志摩	五线谱	《音乐教育》第一卷第六、七合刊	1933 年 11 月
天晚			字母谱	《白雪》第二十八号	1929 年
天乌地黑——1. 序歌	唯民、叶子良	李凌	五线谱 简谱	《新音乐》第七卷第三期	1948 年 1 月
天乌地黑——2. 深更半夜狗在叫	陈琦		五线谱 简谱	《新音乐》第七卷第三期	1948 年 1 月
天乌地黑——3. 乡下佬	吴潮		五线谱 简谱	《新音乐》第七卷第三期	1948 年 1 月
天乌地黑——4. 哈叭狗	郑文		五线谱 简谱	《新音乐》第七卷第三期	1948 年 1 月
天乌地黑——5. 家破人亡	杨功恒		五线谱 简谱	《新音乐》第七卷第三期	1948 年 1 月
天乌地黑——6. 秋收	许萍章		五线谱 简谱	《新音乐》第七卷第三期	1948 年 1 月
天乌地黑——7. 终歌	郑艾		五线谱 简谱	《新音乐》第七卷第三期	1948 年 1 月

续表

歌曲名称	曲作者	词作者	记谱形式	曲目来源	出版日期
天涯海角都追到	张桂才		简谱	《人民音乐》（东北版）第一卷第四期	1949年7月
天灾小，官灾大！	林予	林予	五线谱 简谱	《新音乐》第七卷第三期	1948年1月
田家苦	曾雨音	曾雨音	五线谱	《音乐教育》第五卷第五期	1937年5月
田家乐	华柏	李笠翁	五线谱	《音乐教育》第二卷第八期	1934年8月
田园春色	陈振铎		简谱	《乐风》新一卷第五、六合刊	1941年6月
田园交响曲	波浪	［俄］HUNAY CVSKY	简谱	《音乐教育月刊》（渝版）创刊号	1946年9月
田园曲（一）——晓唱	文纲	李凌	五线谱 简谱	《新音乐》第六卷第六期	1947年6月
甜蜜的歌儿	波浪	克锋	简谱	《音乐教育月刊》（渝版）第一卷第二期	1946年10月
挑夫歌			简谱	《南方音乐》创刊号	1948年3月
条条大路我们开	易扬	鲁声涛	简谱	《新音乐》（华南版）第二卷第一期	1947年1月
跳绳			五线谱	《音乐教育》第二卷第四期	1934年4月
铁打的英雄	洛辛	柯仲平	简谱	《新音乐》第八卷第六期	1950年1月
铁道兵	铁鸣	铁鸣	简谱	《每月新歌选》第八期	1940年8月
铁的野战兵团	丁山	平凡	简谱	《人民音乐》（东北版）第一卷第四期	1949年7月
铁甲虫打日本兵	麦丹	老舍	简谱	《每月新歌选》第九期	1940年9月
铁匠歌	胡敬熙	胡敬熙	五线谱	《乐风》新一卷第一期	1941年1月
铁匠工人歌	矢甲	希扬	简谱	《解放歌声》（晋察冀版）第三集	1946年7月
铁匠谣	姚以让	安波	简谱	《乐风》新一卷第四期	1941年4月
铁匠谣	姚以让	安波	五线谱	《乐风》（副本）第一卷第一期	1941年4月
铁军	黎钟	黎钟	简谱	《歌与诗音乐月刊》第四期	1945年
铁军	石林		简谱	《乐教》第一卷第二期	1943年1月

续表

歌曲名称	曲作者	词作者	记谱形式	曲目来源	出版日期
铁军进行曲	小任	袁敏	简谱	《音乐哨岗》第三卷第一期	
铁军进行曲	学鸣	志涛	简谱	《音乐哨岗》第二卷第五期	1944 年 1 月
铁路工人歌	冯煌	郭殿军	简谱	《人民音乐》（东北版）第一卷第一期	1948 年 10 月
铁路工人歌	刘炽	井岩盾	简谱	《解放歌声》第一集	1949 年 2 月
铁路工人歌	吕骥	萧三	简谱	《解放歌选》（天津版）第一集	1949 年 2 月
铁路工人歌	吕骥	肖三	简谱	《人民音乐》（东北版）第一卷第一期	1946 年 12 月
铁路工人歌	史传垒	史传垒	简谱	《解放歌选》（天津版）第四集	1949 年 6 月
铁路工人歌	肖磊	希阳	简谱	《群众歌曲》（华北联大版）第二期	1946 年 4 月
铁路工人忙	李元庆	李进才	简谱	《解放歌声》第七集	1949 年 8 月
铁路工人小调	洪资田	洪资田	简谱	《解放歌声》（天津版）第四集	1949 年 6 月
铁木儿（《铁木儿是谁》插曲）	任予流	子忻	五线谱 简谱	《新音乐》第七卷第三期	1948 年 1 月
铁蹄下的勇士	薛良	金川	简谱	《新音乐》第三卷第四期	1941 年 11 月
听！听！即云雀	F. Schubert		简谱	《青年音乐》第二卷第二、三合刊	1942 年 11 月
听啊听啊听（Sing－A－Ling－A－Ling）			简谱	《新音乐》（上海版）第三期	1946 年 6 月
听我们胜利的笑声	韩悠韩	熊正钧	简谱	《新音乐》第五卷第二期	1942 年 12 月
听我说	静波	何来	简谱	《南方音乐》创刊号	1948 年 3 月
挺进先遣队（歌剧《军民进行曲》主题歌）	星海	震之	简谱	《新音乐月刊》第二卷第三期	1940 年 9 月
通讯兵歌（东江解放区创作介绍之二）	钟寒		简谱	《新音乐》（华南版）第一卷第四期	1946 年 8 月
同胞们奋起	曾雨音	李英	简谱	《乐风》新一卷第十一、十二合刊	1941 年 12 月
同盟国进行曲	［苏］肖斯塔科维奇		简谱	《群众歌曲》第一、二合刊	1945 年 5 月

续表

歌曲名称	曲作者	词作者	记谱形式	曲目来源	出版日期
同盟国团结歌		鹤童	简谱	《群众歌曲》第一、二合刊	1945年5月
同盟军进行曲	舒模	湘棠	简谱	《新音乐》第四卷第六期	1942年9月
同声庆贺——人民作主	杜利	徐参	简谱	《解放歌声》第五集	1949年3月
同学们	林声翕	冯文	五线谱	《音乐教育》第四卷第十二期	1936年12月
同学们一齐到街头去	行道		简谱	《新音乐》（平津唐版）第三期	1948年7月
同学之爱情			简谱	《音乐杂志》（北大版）第一卷第四号	1920年6月
童军呐喊歌	吴子祥	吴子祥	简谱	《救亡歌声》创刊号	1938年8月
童谣（《小主人》插曲）	庄严		简谱	《儿童音乐》第五期	1944年3月
童子军军号练习曲	金律声		五线谱	《乐风》新一卷第二期	1941年2月
童子军军号练习曲（续）	金律声		五线谱	《乐风》新一卷第三期	1941年3月
突击队	焕之	天蓝	简谱	《新音乐》第四卷第一期	1942年2月
图拉来福枪（Tula Rif）	A. Novikov	S. Alymov	简谱	《新音乐》第四卷第五期	1942年7月
徒弟娃	李莘		简谱	《大众歌声》第十八期	1949年9月
徒弟娃	李莘		简谱	《儿童新歌》第一卷第一期	1947年9月
兔儿			五线谱	《音乐杂志》（北大版）第一卷第四号	1920年6月
团结歌	狄盖特		简谱	《人民歌选》第一期	1949年6月
团结歌	林簃	冈夫	简谱	《歌选》第二期	1941年2月
团结就是力量	芦肃	牧虹	简谱	《连队歌唱》第十八期	
团结就是力量			简谱	《新音乐》（平津唐版）创刊号	1948年2月
团结抗战	焕之	天蓝	简谱	《民族音乐》第一卷第三、四合刊	1942年7月
团结抗战	李伟	李伟	简谱	《歌选》第二期	1941年2月
团结抗战，团结建国	庆森	周戈	简谱	《民族音乐》第一卷第五、六合刊	1942年9月

续表

歌曲名称	曲作者	词作者	记谱形式	曲目来源	出版日期
团结起来	缪天瑞	缪天瑞	简谱	《儿童音乐》第二期	1947年5月
团结起来	［苏］D·卡巴莱夫斯基	［苏］S·马沙克	简谱	《歌选》第二期	1941年2月
团结起来，争取民主		王国忱	简谱	《人民音乐》（东北版）第一卷第一期	1946年12月
团结起来救中国	张李时		简谱	《歌曲创作月刊》第一期	1941年1月
团结起来呦（起来反对敌伪顽合流大活报插曲之一）	罗浪	丁里	简谱	《解放歌声》（晋察冀版）第二集	1945年11月
团结向前进（妇女解放联唱七）	焕之	吕剑	简谱	《解放歌声》第三集	1949年3月
团结战斗	麻福堂	麻福堂	简谱	《民族音乐》第一卷第八期	1942年底
团体操	江定仙		五线谱	《音乐教育》第五卷第二期	1937年2月
团体结得坚	宋军	陈伯吹	简谱	《儿童音乐》第二期	1947年5月
推灰歌	田耕	田耕	简谱	《新音乐》第八卷第五期	1949年12月
托塞里的小夜曲			简谱	《音乐世界》第一卷第五期	1938年12月
托斯底的小夜曲			简谱	《音乐世界》第一卷第二期	1938年9月
托兆碰碑	李荣寿		五线谱	《音乐杂志》（北大版）第二卷第二号	1921年2月
拓路人	达琳	昭盲	简谱	《歌与诗音乐月刊》第六期	1945年
W					
娃娃进行曲	寒光		简谱	《音乐艺术》第六期	1945年2月
挖战壕	陆华柏	胡然	简谱	《音乐与美术》综合月刊第二期	1940年2月
挖战壕	陆华柏	胡然	五线谱	《乐风》新一卷第一期	1941年1月
完成任务抢在先	王福连	顾稚非	简谱	《人民音乐》（东北版）第一卷第四期	1949年7月
玩灯			五线谱 简谱	《新音乐》（华南版）第二卷第三期	1947年8月
玩具兵队进行曲（Toy－Soldiers March）	F. Kreisier		五线谱	《新乐潮》第二卷第三期	1928年4月

续表

歌曲名称	曲作者	词作者	记谱形式	曲目来源	出版日期
玩具复活了	陆华柏	王光莹 王光瑜	简谱	《乐风》新一卷第十期	1941年10月
玩具复活了	陆华柏	王光瑜 王光莹	五线谱	《乐风》（副本）第一卷第二期	1941年9月
玩具抗日	陆华柏	王光莹 王光瑜	简谱	《乐风》新一卷第十期	1941年10月
玩具抗日	陆华柏	王光瑜 王光莹	五线谱	《乐风》（副本）第一卷第二期	1941年9月
宛转娥眉马前死	黄自	韦瀚章	五线谱	《音乐月刊》（重庆卷）第二卷第一期	1943年5月
晚春	蔡继琨	黄庭坚	五线谱	《乐学》第一号	1947年4月
晚歌	江定仙	廖辅叔	五线谱	《音乐教育》第二卷第八期	1934年8月
晚钟			五线谱	《音乐教育》第一卷第四、五合刊	1933年10月
万里长城	江定仙	廖辅叔	五线谱	《音乐教育》第三卷第五期	1935年5月
万里长征曲	章枚	沙帆	五线谱	《音乐教育》第五卷第五期	1937年5月
万里长征曲	章枚	章枚	简谱	《每月新歌选》第十期	1940年10月
万年歌	李抱忱	于右任	简谱	《乐风》新一卷第七、八合刊	1941年8月
万年歌	李抱沈	于右任	五线谱	《乐风》（副本）第一卷第二期	1941年9月
万年欢	王良华		简谱	《歌曲创作月刊》第二期	1941年2月
万岁！中华人民共和国！	刘铁山	光未然	简谱	《新音乐》第八卷第四期	1949年10月
万万人齐欢唱	江甫	谷音	简谱	《大众歌声》第十四期	1945年8月
万众一条心	张鲁	朱子奇	简谱	《解放歌声》第一集	1949年2月
万众一条心	张鲁	朱子奇	简谱	《解放歌声》（晋察冀版）第四集	1948年1月
汪家班	徐年	徐年	简谱	《每月新歌选》第七期	1940年7月
王八轮不动了	金紫光	李伯钊	简谱	《新音乐》第八卷第二期	1949年7月
王大姐	白华	洪兰	简谱	《大众歌选》第七期	1944年2月
王大娘喂猪	都利	悦之	简谱	《音乐哨岗》第二卷第二、三合刊	1943年10月

续表

歌曲名称	曲作者	词作者	记谱形式	曲目来源	出版日期
王大嫂	莫洛	莫洛	简谱	《每月新歌选》第八期	1940 年 8 月
王二上冬学	袁超	刘亮	简谱	《大众歌选》第六期	1943 年
王家庄			简谱	《每月新歌选》第十一期	1941 年 5 月
王老先生打鼓			简谱	《儿童音乐》第二期	1947 年 5 月
王老先生打鼓			五线谱	《儿童音乐》第二期	1947 年 5 月
王美人（小调）			五线谱	《广州音乐》第四卷第五、六合刊	1936 年 6、5 月
王小二过年	舒模		五线谱 简谱	《新音乐》第六卷第四期	1947 年 3 月
往那里逃			简谱	《音乐艺术》第五期	1945 年 1 月
望江南	汪俭	杨昌龄	简谱	《歌曲创作月刊》第一卷第四期	1941 年 4 月
望郎			五线谱 简谱	《新音乐》（沪版）第七卷第一期	1947 年 7 月
望郎歌	吴明之	罗泗	五线谱 简谱	《新音乐》（沪版）第七卷第二期	1947 年 9 月
望郎谣	陆云	巴牧	五线谱 简谱	《新音乐》第六卷第四期	1947 年 3 月
望你来	余雷	放平	简谱	《山歌通讯》第三期	1946 年 6 月
望你来（接收谣之一）	余雨田	真由	简谱	《新音乐》（渝版）第一辑	1947 年 1 月
望乡归	力丁	伯骊	简谱	《新音乐》（上海版）第二期	1946 年 5 月
望乡曲	杜巴	沙路	五线谱 简谱	《新音乐》第六卷第四期	1947 年 3 月
望月	老志诚	徐志摩	五线谱	《音乐教育》第四卷第二期	1936 年 2 月
望月	田鹤	徐敬蘅	五线谱	《音乐杂志》（艺文版）第一卷第三期	1934 年 7 月
微风	闫述诗		字母谱	《白雪》第十一号	1928 年 9 月
微明的探戈	陈剑晨		简谱	《上海口琴界》第一卷第四期	
微笑	Chepd-erdrhi	Dolmat-ovsry	简谱	《民族音乐》第一卷第二期	1942 年 5 月

续表

歌曲名称	曲作者	词作者	记谱形式	曲目来源	出版日期
为和平民主而战			简谱	《滨海歌集》第一期	1946年6月
为了一条希望	邵光		简谱	《国民教育指导月刊》音乐教材专号	1947年
为了祖国的缘故	江定仙	田间	五线谱	《乐风》第一卷第一期	1940年1月
为了祖国的缘故	应尚能	李惟峨	简谱	《青年音乐》第二卷第二、三合刊	1942年11月
为乜嘢，又征粮？	实生	残云	简谱	《新音乐》（华南版）第一卷第四期	1946年8月
为民主团结和平而战	兆江	洪涛	简谱	《解放歌声》（晋察冀版）第二集	1945年11月
为那般	思三	歌芬	简谱	《人民歌曲》第一期	1948年4月
为人民立功	田雨	郎少青	简谱	《歌与剧》第二期	1947年1月
为人民立功	一鸣	宁森 丁洪	简谱	《人民音乐》（东北版）第一卷第二期	1947年2月
为啥田地荒	联抗	联抗	五线谱 简谱	《新音乐》第六卷第六期	1947年6月
为胜利而歌	舒模	史莽	五线谱 简谱	《音乐艺术》第二卷第四期	1946年4月
为什么	刘守义	王希坚	简谱	《人民歌曲》第一期	1948年4月
为什么兵农要合一	席零	辛生	简谱	《音乐哨岗》第二卷第五期	1944年1月
为我们所开拓的路高歌	陆素	绿永	五线谱 简谱	《新音乐》（华南版）第二卷第三期	1947年8月
为着一粒米	谷岷		五线谱 简谱	《新音乐》第六卷第四期	1947年3月
为祖国幸福向前进	巴哈	梁莲基	简谱	《儿童音乐》第五期	1947年11月
为祖国幸福向前进	巴哈	梁莲基	五线谱	《儿童音乐》第五期	1947年11月
维兰西亚	复音歌		字母谱	《白雪》第二十二号	1929年
维我中华	Mendel-ssohn	朱自清	简谱	《乐教》第一卷第二期	1943年1月
伟大的七月	章枚	徐霖	简谱	《大众歌选》第三期	1943年7月

续表

歌曲名称	曲作者	词作者	记谱形式	曲目来源	出版日期
伟大的中华	李翕如	李翕如	五线谱	《乐风》新一卷第三期	1941年3月
伟哉中华	施正镐	凌绍夔	简谱	《青年音乐》第一卷第一期（创刊号）	1942年3月
茉莉花			五线谱	《音乐杂志》（北大版）第一卷第八号	1920年10月
喂，拿起你的刀	韩悠韩	韩悠韩	简谱	《儿童音乐》第四期	1943年
慰劳歌	杨鸣	于右任	简谱	《歌曲创作月刊》第一卷第七、八、九合刊	1941年11月
慰劳将士歌	邱望湘	邱望湘	简谱	《歌曲创作月刊》新第一卷第一期	1942年11月
慰劳将士歌（续）	邱望湘	邱望湘	简谱	《歌曲创作月刊》新第一卷第一期	1942年11月
慰劳将士歌	舒模	舒模	简谱	《每月新歌选》第十期	1940年10月
慰劳伤兵歌	一鸣	荒草	简谱	《人民音乐》（东北版）第一卷第四期	1949年7月
慰劳信	铁山	严辰	简谱	《解放歌声》第六集	1949年4月
慰劳信	小梅	严辰	简谱	《解放歌声》第六集	1949年4月
慰问荣誉军人	向民	若珊	简谱	《大众歌选》第六期	1943年
慰问受伤的叔叔伯伯们	苏民	于蓝	简谱	《人民音乐》（东北版）第一卷第三期	1947年3月
文教歌	棣昌	真夷	简谱	《群众歌曲》第一、二期合刊	1945年5月
闻艺专音乐系解散有所感	肖友梅	易韦斋	五线谱	《音乐杂志》（国改版）第一卷第一号	1928年1月
问你心里焦不焦	李兆鸿		简谱	《山歌通讯》第3期	1946年6月
嗡独咱			五线谱 简谱	《新音乐》第六卷第二期	1946年11月
喔！妈妈！（口琴曲）	陈剑晨		简谱	《上海口琴界》第一卷第二期	1939年5月
蜗牛的家	刘天浪	白荻	简谱	《儿童音乐》第七期	1948年3月
蜗牛的家	刘天浪	白荻	五线谱	《儿童音乐》第七期	1948年3月
我啊，为什么还在彷徨	林超夏	宋军	五线谱	《乐学》第二号	1947年6月

续表

歌曲名称	曲作者	词作者	记谱形式	曲目来源	出版日期
我爱大家	刘雪厂	刘雪厂	简谱	《儿童音乐》第二期	1947 年 5 月
我爱大家	刘雪厂		五线谱	《儿童音乐》第二期	1947 年 5 月
我爱家乡	徐守廉		简谱	《歌咏岗位》第二期	1940 年 6 月
我爱你（I Love Thee ）	EDVARD GRIEG（格力克）		五线谱	《新乐潮》第二卷第四期	1928 年 4 月
我爱维也纳	斯特劳斯		简谱	《新音乐》第五卷第二期副本	1943 年 1 月
我爱我的枪（东江解放区创作介绍之一）	洪韵	小李	简谱	《新音乐》（华南版）第一卷第四期	1946 年 8 月
我爱乡村	黄友棣		简谱	《儿童音乐》第三期	1947 年 6 月
我爱中华	李莘	陈行可	简谱	《儿童新歌》第一卷第一期	1947 年 9 月
我不能把枪放下	高萧	蓝田	简谱	《新音乐》第五卷第三期	1943 年 2 月
我不能把枪放下	明敏	蓝田	简谱	《音乐哨岗》第二卷第四期	1943 年 10 月
我不能把枪放下	施耳	蓝田	简谱	《新音乐》第四卷第一期	1942 年 2 月
我不能把枪放下	吴沈里	蓝田	简谱	《新音乐》第五卷第四期	1943 年 5 月
我不愿流浪	叔曼	克利斯坦	简谱	《新音乐》第五卷第三期	1943 年 2 月
我不责骂你	叔曼	海涅	简谱	《新音乐》第五卷第三期	1943 年 2 月
我的爱——并不是	念一	［匈］Letofis-ander	简谱	《新音乐》第五卷第三期	1943 年 2 月
我的爱是青绿			简谱	《音乐教育月刊》（渝版）第一卷第二期	1946 年 10 月
我的爸爸	贺绿汀	贺绿汀	五线谱	《乐风》新一卷第二期	1941 年 2 月
我的爸爸	贺绿汀	贺绿汀	五线谱	《乐风》（副本）第一卷第一期	1941 年 4 月
我的玛丽亚	Lecnna		简谱	《新音乐月刊》第二卷第三期	1940 年 9 月
我的中华	邱望湘	吴研因	简谱	《歌曲创作月刊》第一期	1941 年 1 月
我底歌	草田	史潮	五线谱 简谱	《新音乐》第六卷第五期	1947 年 4 月
我地嘅队伍好似一条龙	郭杰	符公望	简谱	《新音乐》（粤中版）创刊号	1949 年 6 月
我古老的坎特其的家	史蒂芬·福斯特	史蒂芬·福斯特	简谱	《新音乐》（华南版）第二卷第二期	1947 年 3 月

续表

歌曲名称	曲作者	词作者	记谱形式	曲目来源	出版日期
我和枪（又名《人自为战》）	达尼	苗林	简谱	《人民音乐》（东北版）第一卷第一期	1948 年 10 月
我怀念着多尔玛			简谱	《新音乐》（上海版）第二期	1946 年 5 月
我怀念着多尔玛（蒙古民歌）			简谱	《新音乐》第五卷第二期	1942 年 12 月
我几乎嫁咗你	郭杰	符公望	五线谱 简谱	《新音乐》（华南版）第二卷第三期	1947 年 8 月
我们不答应	光干		五线谱 简谱	《新音乐》（沪版）第七卷第二期	1947 年 9 月
我们唱起歌	宋千山	宋千山	简谱	《民族音乐》第一卷第三、四合刊	1942 年 7 月
我们得胜了！	章枚	云荪	简谱	《每月新歌选》第十期	1940 年 10 月
我们的队伍天天多	杨功恒	李凌	五线谱 简谱	《新音乐》第七卷第三期	1948 年 1 月
我们的队伍天天多	杨功恒	李凌	简谱	《新音乐》第八卷第一期	1949 年 6 月
我们的队伍在行进中	野雪	东青	简谱	《新音乐》第三卷第四期	1941 年 11 月
我们的队伍真雄壮	贺真	贺真	简谱	《人民歌选》第一期	1949 年 6 月
我们的歌	草田	李广田	简谱	《新音乐》（华南版）第一卷第六期	1946 年 12 月
我们的歌	明之	明之	五线谱 简谱	《新歌丛》第三辑	1949 年 2 月
我们的歌	周巍峙	鲁藜	简谱	《解放歌选》（天津版）第三集	1949 年 4 月
我们的歌声	［波］A. Szlendak		简谱	《新音乐》第一卷第五期	1940 年 5 月
我们的歌手死在海底——献给中国新音乐的奠基者聂耳同志	焕之	焕之	简谱	《新音乐月刊》第二卷第三期	1940 年 9 月
我们的国家站起来了	瞿希贤	管桦	简谱	《新音乐》第八卷第六期	1950 年 1 月
我们的家	冀云	张帆	简谱	《音乐哨岗》第二卷第二、三合刊	1943 年 10 月
我们的力量强无敌	方平	方平	简谱	《滨海歌集》第二期	1946 年

续表

歌曲名称	曲作者	词作者	记谱形式	曲目来源	出版日期
我们的力量强无敌	方平	方平	简谱	《大众歌声》第十八期	1946 年 9 月
我们的连长何万祥	向民	艾分	简谱	《大众歌声》第八期	1944 年 6 月
我们的领袖毛泽东	陈辛甫	陈辛甫	简谱	《人民歌选》第一期	1949 年 6 月
我们的手是炸弹	丁凡	丁凡	简谱	《歌选》第二期	1941 年 2 月
我们的五一节来到了	肖磊	白韦	简谱	《群众歌曲》（华北联大版）第二期	1946 年 4 月
我们的眼睛雪亮	新生	田克辛	简谱	《新音乐》（华南版）第二卷第一期	1947 年 1 月
我们都是好娃娃	俞平	钟灵	简谱	《音乐哨岗》第一卷第二期	1942 年 5 月
我们都是小兵丁	纵艺	童伴	简谱	《乐风》新一卷第十一、十二合刊	1941 年 12 月
我们都是中国人	宋军	梁珍	简谱	《新音乐》（华南版）第二卷第一期	1947 年 1 月
我们跟着共产党	黄庸	黄庸	简谱	《歌与剧》第四期	1947 年 6 月
我们工人有力量	马可	马可	简谱	《人民歌选》第一期	1949 年 6 月
我们怕过谁?	超武	超武	简谱	《滨海歌集》第二期	1946 年
我们齐声歌唱	莎莱	莎蕻	简谱	《解放歌选》（天津版）第三集	1949 年 4 月
我们热血沸腾	李劫夫	管桦 李劫夫	简谱	《人民音乐》（东北版）第一卷第二、三合刊	1949 年 3 月
我们生在黄河的波浪上	达琳	李嘉	简谱	《歌与诗音乐月刊》第七期	1945 年
我们是反攻的主力军			简谱	《群众歌声》第十期	1945 年 9 月
我们是光荣的野战兵团	孟宾	宋肖	简谱	《大家唱》第一期	约 1946 年
我们是抗战的孩子	贺绿汀	吴新稼	简谱	《新音乐》第三卷第二期	1941 年 9 月
我们是民主青年	马可	希阳	简谱	《群众歌曲》（华北联大版）第二期	1946 年 4 月
我们是民主青年	马可	希扬	简谱	《人民音乐》（东北版）第一卷第一期	1946 年 12 月
我们是民族小英豪	孙慎	何家槐	简谱	《新音乐》第四卷第五期	1942 年 7 月

续表

歌曲名称	曲作者	词作者	记谱形式	曲目来源	出版日期
我们是民族小英豪	孙慎	何家槐	简谱	《新音乐》第五卷第二期副本	1943年1月
我们是农村的主人	澈生	胡苏	简谱	《歌与剧》第五期	1947年7月
我们是炮火下长大的儿童	何信德		简谱	《歌曲创作月刊》第一卷第七、八、九合刊	1941年11月
我们是投弹组	田工 兆江	田工 兆江	简谱	《解放歌声》第四集	1949年3月
我们是小英雄	介夫	唐因	简谱	《解放歌声》第六集	1949年4月
我们是新中国的主人翁	春鸣	春鸣	简谱	《每月新歌选》第九期	1940年9月
我们是游击队	胡然	胡然	简谱	《大众歌选》第一期	1943年3月
我们是游击队	应尚能	胡然	简谱	《青年音乐》第一卷第六期	1942年8月
我们是职工的勤务员（合作社之歌）	刘行	李文	简谱	《新音乐》第八卷第一期	1949年6月
我们是中国的空军	姜希	董每戡	简谱	《乐风》新一卷第十一、十二合刊	1941年12月
我们是中国的空军	姜希	董每戡	五线谱	《乐风》（副本）第一卷第三期	
我们是中国的新儿童	苏克	宋军	简谱	《儿童音乐》第一期	1947年4月
我们是中华民族好儿女	许晴	孟波	简谱	《大众歌选》第一期	1943年3月
我们是朱德青年纵队	加洛	徐辉才	简谱	《民族音乐》第一卷第五、六合刊	1942年9月
我们投弹组	田工 兆江	田工 兆江	简谱	《解放歌声》（晋察冀版）第四集	1948年1月
我们为什么不歌唱	洛辛	力扬	简谱	《新音乐》第四卷第四期	1942年5月
我们向前进	陈紫	井岩盾	简谱	《歌曲半月刊》第一卷第二期	1941年6月
我们向前走	赵启海	郭沫若	简谱	《儿童音乐》第二、三合刊	1941年9月
我们兴奋的进了山海关	田风	田风	简谱	《人民音乐》（东北版）第一卷第二、三合刊	1949年3月
我们要吃饭	华瑞	湛庐	五线谱 简谱	《新音乐》（沪版）第七卷第一期	1947年7月

续表

歌曲名称	曲作者	词作者	记谱形式	曲目来源	出版日期
我们要上升	林肯	镇邦	简谱	《新音乐》第三卷第五期	1941年12月
我们要武装	思远	思远	简谱	《歌曲半月刊》第一卷第三期	1941年6月
我们要一同作战	田崖	邓康	简谱	《歌选》第二期	1941年2月
我们要再打大胜仗	刘亚	刘亚	简谱	《歌与剧》（战时版）第九期	1947年5月
我们要战到底	姚以让	姚以让	简谱	《歌曲创作月刊》新第一卷第一期	1942年11月
我们要争取做模范	丁平	高象滨	简谱	《解放歌声》（天津版）第四集	1949年6月
我们永远愉快欢畅	郭莘	郭莘	简谱	《大众歌选》第二期	1943年6月
我们永远在一起	黄源洛	藏云远	简谱	《青年音乐》第一卷创刊号	1942年3月
我们越打越坚强	管荫深	管荫深	简谱	《歌与剧》（战时版）第三期	1946年12月
我们越亲近了春天	野雪	海燕	简谱	《新音乐》第五卷第四期	1943年5月
我们站在父子岭上	何士德	林因	简谱	《每月新歌选》第八期	1940年8月
我们自由的走纵情的唱	冼星海		简谱	《新音乐月刊》（副刊）第二辑	不祥
我们做先锋	黄克勤	田野	简谱	《新音乐》第八卷第三期	1949年8月
我们做先锋	云翔	田野	简谱	《解放歌声》（天津版）第三集	1949年4月
我情愿做	刘天浪	吕伯攸	简谱	《儿童音乐》第二、三期合刊	1941年9月
我情愿做——	彭一叶	吕伯攸	五线谱	《乐风》新一卷第二期	1941年2月
我情愿做——	彭一叶	吕伯攸	五线谱	《乐风》（副本）第一卷第一期	1941年4月
我是个北方人（致献给北方前线将士及后方工作人们）	赵元任	赵元任	五线谱	《音乐教育》第五卷第八期	1937年8月
我是卖报的小报童	林里	吕剑	简谱	《解放歌声》第六集	1949年4月
我听说塞北的故事	之怡	流星	简谱	《青年音乐》第二卷第四期	1942年12月
我现在要出征			五线谱	《国立音乐专科学校校刊》第五期	1930年6月
我要唱歌	陆华柏		五线谱	《音乐教育》第四卷第七期	1936年7月
我要做	联抗	联抗	五线谱 简谱	《新音乐》（沪版）第七卷第二期	1947年9月

续表

歌曲名称	曲作者	词作者	记谱形式	曲目来源	出版日期
我要做	联抗	联抗	五线谱 简谱	《新音乐》（华南版）第二卷第三期	1947 年 8 月
我也去杀日本兵	沙海	沙海	简谱	《青年音乐》第一卷第二期	1942 年 4 月
我有一只小狗	佚名	佚名	简谱	《每月新歌选》第一卷第一号	1946 年 4 月
我愿	施正镐	胡怀琛	简谱	《儿童音乐》第七期	1948 年 3 月
我愿	施正镐	胡怀琛	五线谱	《儿童音乐》第七期	1948 年 3 月
我愿	汪培元	力扬	五线谱	《乐学》第四号	1947 年 10 月
我愿	应尚能	力扬	简谱	《青年音乐》第一卷创刊号	1942 年 3 月
我愿歌	熊乐忱	吴研因	简谱	《乐教》第一卷创刊号	1943 年 1 月
我愿化只飞鸢	GouNod	尼君	简谱	《青年音乐》第二卷第一期	1942 年 9 月
我怎能离开你			简谱	《新音乐》（华南版）第一卷第六期	1946 年 12 月
我摘下一片秋叶	秋逸	映芬	简谱	《新音乐》第一卷第六期	1940 年 6 月
我站在高出云霄的山岗上	汤其炳	汤其炳	简谱	《新音乐》第四卷第二期	1942 年 3 月
我正在热烈的爱着你	悲多芬	赫罗斯诗	简谱	《新音乐》第四卷第五期	1942 年 7 月
乌拉山			简谱	《新音乐》（上海版）第二期	1946 年 5 月
乌拉特歌	温有岗	刘映元	简谱	《青年音乐》第二卷第二、三合刊	1942 年 11 月
乌鸦	缪天瑞		五线谱	《音乐杂志》（国改版）第一卷第一号	1928 年 1 月
乌云笼罩我们的天空（悼“六一二”全体殉难烈士）	V·J·Ulianov	楚之	简谱	《每月新歌选》第二期	1939 年 11 月
呜呼三月一十八！	赵元任	刘半农	五线谱	《音乐杂志》（国改版）第一卷第五号	1929 年 1 月
无家别	舒模	柳倩	简谱	《新音乐月刊》第二卷第三期	1940 年 9 月
无家别	希嘉	柳倩	简谱	《新音乐月刊》（副刊）第二辑	
无题（蒙古民歌）			简谱	《新音乐》第五卷第二期	1942 年 12 月
无衣	应尚能		简谱	《青年音乐》第一卷第一期（创刊号）	1942 年 3 月

续表

歌曲名称	曲作者	词作者	记谱形式	曲目来源	出版日期
五朵花儿开			简谱	《人民歌曲》第一期	1948 年 4 月
五更望夫	联抗	萧军	简谱	《新音乐》（华南版）第一卷创刊号	1946 年 4 月
五谷杂粮往回拉	安波	骆文 张凡	简谱	《人民音乐》（东北版）第一卷第二、三合刊	1949 年 3 月
五节锦			简谱	《音乐杂志》（北大版）第一卷第八号	1920 年 10 月
五块钱	费克	费克	简谱	《新音乐》（华南版）第一卷创刊号	1946 年 4 月
五三国耻歌	吴伯超	朱因	五线谱	《音乐杂志》（国改版）第一卷第四号	1928 年 10 月
五四，你是光明的象征	行道	行道	简谱	《新音乐》（平津唐版）第二期	1948 年 5 月
五四纪念歌	吕骥	冯文彬	简谱	《新音乐》第一卷第四期	1940 年 4 月
五台山之夜	储师竹		简谱	《新音乐》第四卷第一期	1942 年 2 月
五台咏	紫光	紫光	简谱	《歌曲月刊》第二期	1940 年 10 月
五线谱歌	暂刻	暂刻	五线谱	《儿童音乐》第二期	1947 年 5 月
五兄弟	暂刻	暂刻	五线谱	《儿童音乐》第四期	1947 年 10 月
五一歌	白韦		简谱	《歌曲旬刊》第三期	1941 年 4 月
五一歌	李群 张棣昌	白韦	简谱	《群众歌曲》（华北联大版）第二期	1946 年 4 月
五勇士故事歌	罗浪	罗浪	简谱	《民族音乐》第一卷第三、四合刊	1942 年 7 月
五月	曾一佳	绛燕	简谱	《歌曲创作月刊》第一卷第五期	1941 年 5 月
五月的儿童	［苏］ 模尔洛索夫	［苏］素罗达尔	简谱	《新音乐月刊》（副刊）第一辑	不祥
五月的风	张定和	沈慧	简谱	《青年音乐》第一卷第四期	1942 年 6 月
五月的花	文久		五线谱 简谱	《新歌丛》第二辑	1948 年 7 月

续表

歌曲名称	曲作者	词作者	记谱形式	曲目来源	出版日期
五月的太阳	文纲	沙鸥	五线谱 简谱	《新音乐》第六卷第六期	1947年6月
五月节			五线谱	《音乐教育》第一卷第六、七合刊	1933年11月
五月礼赞	力丁	力丁	简谱	《新音乐》第五卷第二期副本	1943年1月
五月里	马可	希阳	简谱	《群众歌曲》（华北联大版）第二期	1946年4月
五月颂	Mozart		简谱	《音乐教育月刊》（渝版）第一卷第二期	1946年10月
五月太行山	甄伯蔚	高咏	简谱	《新音乐》第三卷第五期	1941年12月
五月之歌	焕之	陈凌	简谱	《歌曲旬刊》第二期	1941年4月
五月之歌	愉丰	野敏	简谱	《新音乐》（上海版）第二期	1946年5月
五枝花	杜矢甲	贺敬之	简谱	《音乐哨岗》第二卷第四期	1943年10月
五枝花	杜矢甲	贺敬之	简谱	《音乐艺术》第六期	1945年2月
武装自卫歌	明敏	董每戡	简谱	《音乐哨岗》第一卷第一期	1942年2月
舞蹈			五线谱	《音乐教育》第一卷第六、七合刊	1933年11月
舞曲	贝多芬		五线谱	《儿童音乐》第六期	1947年12月
舞狮	陆华伯		五线谱	《儿童音乐》第四期	1947年10月
雾的黎明	黎音	雪伦	简谱	《新音乐》第五卷第四期	1943年5月
雾的黎明	庄严	雪伦	五线谱	《音乐艺术》第二集第二期	1945年7月
X					
夕暮	邓尔敬	郭沫若	五线谱	《林钟》创刊号	1939年6月
夕暮	陆仲任	郭沫若	五线谱	《音乐教育》第三卷第一期	1935年1月
西班牙小夜曲			简谱	《音乐世界》第二卷第五期	1939年5月
西北进行曲	赵定保	赵定保	简谱	《新音乐》第四卷第四期	1942年5月
西南之恋	张锐	廖必钧	简谱	《青年音乐》第一卷第五期	1942年7月
西塞山怀古	陈素莲	刘禹锡	五线谱	《广州音乐》第三卷第十期	1935年10月
西藏民歌（二首）			简谱	《山歌通讯》第六期	1946年8月

续表

歌曲名称	曲作者	词作者	记谱形式	曲目来源	出版日期
希望歌	苏克	吕剑	简谱	《新音乐》（华南版）第二卷第一期	1947 年 1 月
惜别			字母谱	《白雪》第三号	1928 年 4 月
惜时歌	胡周淑安	胡宣明	五线谱	《音乐月刊》（重庆卷）第一卷第二、三合刊	1942 年 5 月
惜阴	L. Z.		简谱	《美育》第二期	1920 年 5 月
洗衣歌			简谱	《音乐艺术》第六期	1945 年 2 月
洗衣曲	非克	方平	简谱	《新音乐》第五卷第二期副本	1943 年 1 月
洗衣曲		力山	简谱	《音乐哨岗》第二卷第四期	1943 年 10 月
洗澡歌	袁超	路非	简谱	《大众歌声》第八期	1944 年 6 月
喜春来	雪厂	雪厂	五线谱	《音乐教育》第二卷第一期	1934 年 1 月
喜雨	应尚能	顾一樵	简谱	《青年音乐》第一卷第四期	1942 年 6 月
戏謔曲	萨利厄瑞		简谱	《乐风》新一卷第十一、十二合刊	1941 年 12 月
细细茅草开白花	波浪	巴牧	五线谱 简谱	《新音乐》（沪版）第七卷第一期	1947 年 7 月
遐思	一定	佐尧	简谱	《青年音乐》第一卷第五期	1942 年 7 月
霞基亚额（阿）			五线谱 简谱	《新音乐》第六卷第二期	1946 年 11 月
下江南	李伟	李伟	简谱	《解放歌选》（天津版）第三集	1949 年 4 月
下江南	孟波	鲁藜	简谱	《解放歌选》（天津版）第三集	1949 年 4 月
下盘棋调			工尺谱	《灿花集》第一期	1908 年 12 月
下盘棋调（短剧《庆功》插曲之二）			简谱	《歌与剧》（战时版）第九期	1947 年 5 月
下棋歌	丁鸣	胡采	简谱	《人民音乐》（东北版）第一卷第一期	1946 年 12 月
夏收	姚以让		简谱	《歌曲创作月刊》第二期	1941 年 2 月
夏天的水果			简谱	《国民教育指导月刊》音乐教材专号	1947 年
仙乐风飘处处闻	黄自	韦瀚章	五线谱	《音乐月刊》（重庆卷）第二卷第一期	1943 年 5 月

续表

歌曲名称	曲作者	词作者	记谱形式	曲目来源	出版日期
先有绿叶后有花	汪秋逸	杨友群	简谱	《新音乐》第五卷第一期	1942 年 11 月
掀起你的盖头来			简谱	《乐风》新一卷第五、六合刊	1941 年 6 月
鲜卑王	关筑声	李朴圆	简谱	《歌与诗音乐月刊》创刊号	1944 年 9 月
鲜花调	陈厚庵		五线谱	《音乐杂志》（北大版）第二卷第八号	1921 年 10 月
鲜花十朵			五线谱	《儿童音乐》第一期	1947 年 4 月
闲愁			字母谱	《白雪》第二十四号	1929 年
闲居吟	刘天华		工尺谱	《音乐杂志》（国改版）第一卷第四号	1928 年 10 月
闲居吟	刘天华		五线谱	《音乐杂志》（国改版）第一卷第四号	1928 年 10 月
冼星海纪念歌	马思聪	七庄	五线谱 简谱	《音乐艺术》第二卷第四期	1946 年 4 月
冼星海纪念歌	马思聪	岳庄	简谱	《每月新歌选》第一卷第一号	1946 年 4 月
宪政歌	孙慎	何家槐	简谱	《新音乐》第三卷第三期	1941 年 10 月
羡慕做军人	施正镐	逯斐	简谱	《乐风》新一卷第十一、十二合刊	1941 年 12 月
羡慕做军人	施正镐	逯斐	五线谱	《乐风》（副本）第一卷第三期	
献给飞虎队	邱望湘	邱望湘	简谱	《歌曲创作月刊》新第一卷第一期	1942 年 11 月
献金卖花词	谭兴坦	胡危舟	简谱	《每月新歌选》第四、五合刊	1940 年 3 月
献金卖花词	谭兴垣	胡危丹	简谱	《新歌曲》第一卷第一期	1941 年 7 月
相持阶段	林篨		简谱	《新音乐》第三卷第三期	1941 年 10 月
相见欢	李惟宁	李后主	简谱	《乐风》新一卷第十期	1941 年 10 月
相见欢	李惟宁	李后主	五线谱	《乐风》（副本）第一卷第三期	
相见欢	陆华柏	纳兰容若	五线谱	《音乐教育》第二卷第十期	1934 年 10 月
相亲相爱	王沛纶	徐厚雄	简谱	《儿童音乐》第四期	1947 年 10 月
相亲相爱	王沛纶	徐厚雄	五线谱	《儿童音乐》第四期	1947 年 10 月
湘江滚滚水流长	普萨	左紘	五线谱 简谱	《新歌丛》第二辑	1948 年 7 月

续表

歌曲名称	曲作者	词作者	记谱形式	曲目来源	出版日期
湘西纤夫谣	杜巴	杜巴	五线谱 简谱	《新音乐》第六卷第五期	1947年4月
襄河曲	麦新	麦新	简谱	《每月新歌选》第十一期	1941年5月
襄河曲	麦新	麦新	简谱	《新音乐》第三卷第二期	1941年9月
想郎			简谱	《音乐与美术》综合月刊第十期	1940年10月
想起农家			简谱	《新音乐》（渝版）第一辑	1947年1月
想亲娘	江陵	宋晓村	简谱	《新音乐》第一卷第四期	1940年4月
想亲娘	江陵	宋晓村	简谱	《乐风》新一卷第五、六合刊	1941年6月
想亲娘			五线谱 简谱	《新音乐》第六卷第六期	1947年6月
想卿卿			简谱	《新音乐》第四卷第六期	1942年9月
想卿卿			五线谱	《乐学》第一号	1947年4月
向残余的敌人进军	止怡	止怡	简谱	《新音乐》第八卷第二期	1949年7月
向敌人作最后斗争	赵启海	一波	简谱	《音艺通讯》创刊号	1945年3月
向好学生看齐	张彩元	宋觉	简谱	《人民音乐》（东北版）第一卷第四期	1949年7月
向蒋介石复仇	庄	谢明	简谱	《人民音乐》（东北版）第一卷第一期	1948年10月
向进步者看齐	宝舜	白厘	简谱	《新音乐》第六卷第一期	1946年10月
向进步者看齐	宝舜	白厘	简谱	《音乐艺术》第二卷第一期	1945年3月
向进步者看齐		白厘	简谱	《音乐哨岗》第三卷第一期	
向民主的新中国前进	王莘	王莘	简谱	《群众歌声》第十期	1945年9月
向南方，前进！	黄歌	丁洪	简谱	《人民音乐》（东北版）第一卷第二、三合刊	1949年3月
向你敬个礼	肖民	岛珊	简谱	《大众歌声》第十三期	1945年
向您鞠个躬	乐生	路非	简谱	《大众歌选》第七期	1944年2月
向前	洛宾	沙垠	简谱	《新音乐》第三卷第四期	1941年11月
向前冲	施正镐	施正镐	简谱	《每月新歌选》第九期	1940年9月
向前冲		向隅	简谱	《歌选》第二期	1941年2月

续表

歌曲名称	曲作者	词作者	记谱形式	曲目来源	出版日期
向前进	苏民	毛泽东	简谱	《解放歌声》第七集	1949 年 8 月
向前进歌	唐诃		简谱	《解放歌声》第五集	1949 年 3 月
向前进攻			简谱	《新音乐》第一卷第三期	1940 年 3 月
向前走	高登洲	高登洲	简谱	《歌曲创作月刊》第一卷第五期	1941 年 5 月
向前走	巍峙	石群	简谱	《解放歌声》（天津版）第二集	1949 年 3 月
向胜利进军	李一鸣		简谱	《解放歌声》第七集	1949 年 8 月
向胜利前进	焕之	贺敬之 命夫	简谱	《解放歌声》第二集	1949 年 3 月
向胜利前进	劳舟	敬之 命夫	简谱	《解放歌声》第四集	1949 年 3 月
向胜利前进	刘铁山	贺敬之 王命夫	简谱	《解放歌声》第四集	1949 年 3 月
向胜利推进	刘均	侯金镜	简谱	《解放歌声》（晋察冀版）第二集	1945 年 11 月
向太平洋进军	林韵	童哲	简谱	《新音乐》第五卷第二期副本	1943 年 1 月
向太阳	孙慎	联抗	简谱	《音乐艺术》第四期	1944 年 11 月
向着抗战建国的道路行进	吕骥	沙可夫	简谱	《新音乐》第四卷第五期	1942 年 7 月
向着民主道路前进	克明		五线谱 简谱	《音乐艺术》第二卷第三期	1946 年 2 月
消灭他在门限上	秋生	愿坚	简谱	《滨海歌集》第二期	1946 年
萧爽	应尚能	卢冀野	简谱	《青年音乐》第二卷第四期	1942 年 12 月
箫			简谱	《乐风》新一卷第九期	1941 年 9 月
箫			简谱	《儿童音乐》第一期	1947 年 4 月
小白菜		李嘉	简谱	《新音乐》第四卷第三期	1942 年 4 月
小白菜			五线谱	《音乐教育》第五卷第六期	1937 年 6 月
小白菜（练习曲）			简谱	《儿童音乐》第二、三合刊	1941 年 9 月
小扁担	裴未如	枪杆	简谱	《解放歌声》第六集	1949 年 4 月
小兵丁（改作）			简谱	《乐教》第一卷第一期	1943 年 1 月

续表

歌曲名称	曲作者	词作者	记谱形式	曲目来源	出版日期
小兵哥		宋黑	简谱	《音乐哨岗》第二卷第五期	1944 年 1 月
小车的哀音	邓尔敬	邓尔敬	五线谱	《音乐杂志》第二期	1946 年 12 月
小船夫曲	鲁橹	鲁橹	简谱	《儿童音乐》第七期	1948 年 3 月
小岛的歌	韩悠韩		简谱	《新音乐》第五卷第四期	1943 年 5 月
小弟弟	宇轮	宇轮	简谱	《歌与诗音乐月刊》第八期	1945 年
小鳄鱼	陈田鹤		五线谱	《音乐教育》第二卷第十二期	1934 年 12 月
小纺车	东居	阿林	简谱	《大众歌声》第十二期	1945 年 5 月
小放牛			五线谱 简谱	《新音乐》（沪版）第七卷第二期	1947 年 9 月
小放哨	白少忠	白少忠	简谱	《新音乐月刊》（副刊）第二辑	不祥
小工人	张鲁	严辰	简谱	《解放歌声》第六集	1949 年 4 月
小工人歌	伍雍谊	伍雍谊	五线谱 简谱	《新歌丛》第三辑	1949 年 2 月
小姑娘	龚邦定	秦光银	简谱	《新音乐月刊》第二卷第四期	1941 年 1 月
小姑娘	朋明	朋明	简谱	《民族音乐》第一卷第八期	1942 年底
小姑娘	朋明		简谱	《解放歌声》（天津版）第二集	1949 年 3 月
小姑娘	刘懋尚	刘懋尚	简谱	《儿童音乐》第二、三合刊	1941 年 9 月
小姑娘	茂羽	秦克银	五线谱	《乐风》新一卷第三期	1941 年 3 月
小姑娘	王吟		简谱	《音乐哨岗》第一卷第四、五合刊	1942 年 8 月
小姑娘	徐焱	秦光银	简谱	《每月新歌选》第七期	1940 年 7 月
小姑听房			简谱	《新音乐》第四卷第六期	1942 年 9 月
小鬼歌			五线谱 简谱	《新音乐》（华南版）第二卷第三期	1947 年 8 月
小孩进行曲	林超夏	丁十	简谱	《儿童音乐》第六期	1947 年 12 月
小孩进行曲	林超夏	丁十	五线谱	《儿童音乐》第六期	1947 年 12 月
小河的流水	久鸣	邢路	简谱	《大众歌选》第一期	1943 年 3 月
小河水	水金	伟强	简谱	《大众歌声》第十四期	1945 年 8 月

续表

歌曲名称	曲作者	词作者	记谱形式	曲目来源	出版日期
小伙子的吼声	武俊达	孙秀民	简谱	《歌曲创作月刊》第一卷第七、八、九合刊	1941年11月
小间谍	王云阶	王云阶	五线谱	《乐风》新一卷第三期	1941年3月
小矿工（云南矿山里孩子们的呻吟）	张锐	张锐	简谱	《戏剧与音乐》第二期	1946年5月
小老黑	刘天浪	苏子涵	简谱	《每月新歌选》第九期	1940年9月
小老鼠儿出洞来	刘已明		简谱	《儿童新歌》第一卷第一期	1949年9月
小马	江定仙	艾青	简谱	《歌与诗音乐月刊》第五期	1945年
小猫			五线谱	《音乐教育》第一卷第八、九合刊	1933年12月
小猫			五线谱	《音乐教育》第二卷第六期	1934年6月
小毛驴	寄萍	寄萍	简谱	《大众歌选》第四期	1943年8月
小蜜蜂	柏华	柏华	五线谱	《音乐教育》第四卷第十二期	1936年12月
小绵羊	朱明	高七	简谱	《大众歌选》第六期	1943年
小苗青又青	谭维友	高荷茹、许华	简谱	《人民音乐》（东北版）第一卷第四期	1949年7月
小明星	Elliott		五线谱	《音乐教育》第一卷第六、七合刊	1933年11月
小木枪	田涯	蔡其娇	简谱	《解放歌声》（天津版）第二集	1949年3月
小尼僧调			工尺谱	《灿花集》第一期	1908年12月
小鸟和小孩	江定仙	廖辅叔	五线谱	《音乐教育》第三卷第十期	1935年10月
小鸟晚唱	Brinley Richards（李查咨）		五线谱	《新乐潮》第二卷第四期	1928年4月
小鸟依人（口琴曲）	陈剑晨		简谱	《上海口琴界》创刊号	1939年4月
小螃蟹	刘天浪	吕伯攸	简谱	《儿童音乐》第五期	1947年11月
小螃蟹	刘天浪	吕伯攸	五线谱	《儿童音乐》第五期	1947年11月
小朋友			五线谱 简谱	《新音乐》第六卷第六期	1947年6月
小朋友前进曲	张静波	张静波	简谱	《青年音乐》第一卷第五期	1942年7月

续表

歌曲名称	曲作者	词作者	记谱形式	曲目来源	出版日期
小朋友我问你	麦丹	麦丹	简谱	《儿童音乐》第二、三合刊	1941年9月
小葡萄	麦新	垒汀	简谱	《民族音乐》第一卷第三、四合刊	1942年7月
小葡萄	麦新	垒汀	简谱	《音乐哨岗》第二卷第一期	1943年2月
小曲（口琴名曲选）	Mozart		简谱	《青年音乐》第一卷创刊号	1942年3月
小人和小鸭			简谱	《新音乐》（上海版）第二期	1946年5月
小日本发兵	杨晋文		简谱	《歌曲创作月刊》第一卷第七、八、九合刊	1941年11月
小嫂子	孔健飞	孔健飞	简谱	《大众歌选》第二期	1943年6月
小手绢	泉水		简谱	《大众歌声》第十七期	1946年
小桃红	黎锦晖		简谱	《音乐杂志》（北大版）第一卷第九、十合刊	1920年12月
小铁匠	顾光谦	顾光谦	简谱	《解放歌选》（天津版）第二集	1949年3月
小娃咳嗽	卢肃	卢肃	简谱	《群众歌曲》第三期	1945年12月
小娃娃	方冬		简谱	《儿童音乐》第二、三合刊	1941年9月
小乌鸦	苏克	陈潮	简谱	《儿童音乐》第三期	1947年6月
小溪	周济亚	陈国剑	简谱	《音乐教育月刊》（渝版）创刊号	1946年9月
小喜鹊	马可	贺敬之	简谱	《民族音乐》第一卷第一期	1942年4月
小喜鹊	马可	贺敬之	简谱	《音乐哨岗》第二卷第五期	1944年1月
小先生		马可	简谱	《群众歌曲》第一、二合刊	1945年5月
小先生		马可 杜宁	简谱	《新音乐》第六卷第一期	1946年10月
小先生歌	陈田鹤	陶知行	五线谱	《音乐教育》第三卷第七期	1935年7月
小小白菜		若望	简谱	《大众歌选》第六期	1943年
小小兵	曾悌	陆洛	五线谱	《乐风》新一卷第一期	1941年1月
小小锄奸团（儿童歌舞剧）	方冬	高阳	简谱	《新音乐》第五卷第二期	1942年12月
小小锄奸团（二）	方冬	高阳	简谱	《新音乐》第五卷第三期	1943年2月

续表

歌曲名称	曲作者	词作者	记谱形式	曲目来源	出版日期
小小锄奸队（第二幕）	方冬	高阳	简谱	《新音乐》第五卷第四期	1943年5月
小小科学家	李元庆	严辰	简谱	《解放歌声》第六集	1949年4月
小小溪			五线谱	《音乐教育》第二卷第九期	1934年9月
小小星		沈秉廉	五线谱	《音乐教育》第二卷第一期	1934年1月
小小叶儿哗啦啦	田涯	姚仲	简谱	《解放歌选》（天津版）第二集	1949年3月
小小叶儿哗啦啦	田崖	雪楠	简谱	《人民音乐》（东北）第一卷第三期	1947年3月
小小叶儿哗啦啦	田涯	姚仲	简谱	《新音乐》第六卷第一期	1946年10月
小小萤火虫	白宁	戈忻	简谱	《儿童音乐》第四期	1943年
小星星	田彭喜	田彭喜	简谱	《歌与剧》第四期	1947年6月
小学生进行曲	平宗	平宗	五线谱	《音乐杂志》第二期	1946年12月
小羊和大羊	刘邦群	陈潮	简谱	《儿童音乐》第五期	1947年11月
小夜歌	Enrica Taselli	挨尔金	五线谱	《音乐教育》第四卷第六期	1936年6月
小夜歌	许伯德		五线谱	《音乐教育》第三卷第二期	1935年2月
小夜曲	洪波	纬燕	简谱	《青年音乐》第二卷第四期	1942年12月
小夜曲	仁康		五线谱	《音乐杂志》创刊号	1946年7月
小英雄	江定仙	尚宝仁	简谱	《儿童音乐》第一期	1947年4月
小英豪	金萱	金萱	简谱	《解放歌声》（天津版）第二集	1949年3月
小鹰	白列衣		简谱	《新音乐》（华南版）第一卷第六期	1946年12月
小战士	李崇久	李崇久	简谱	《每月新歌选》第九期	1940年9月
小战士	李崇久	李崇久	简谱	《乐风》第三卷第一期	1944年1月
小战士	吴为甚	吴为甚	简谱	《歌曲创作月刊》第一卷第五期	1941年5月
小张和小王	宏迅	宏迅	简谱	《大众歌选》第六期	1943年
小主人			简谱	《每月新歌选》第八期	1940年8月
晓日（舞曲）			字母谱	《白雪》第十三号	1928年9月

续表

歌曲名称	曲作者	词作者	记谱形式	曲目来源	出版日期
鞋袜劳军歌	夏白	夏白	简谱	《音艺通讯》第二期	1945年4月
薤歌（挽山东乐学者王心葵先生）	那威（G）	易韦斋	五线谱	《音乐杂志》（北大版）第二卷第九、十合刊	1921年12月
心不甘（歌剧《白毛女》选曲）	马可 张鲁 瞿继		五线谱 简谱	《新音乐》第六卷第三期	1947年1月
心碎了	陈歌辛	吴村	简谱	《音乐世界》第二卷第五期	1939年5月
心头怨	幼华	湛庐	五线谱 简谱	《新歌丛》第一辑	1948年5月
心弦底歌	洪波	康玖琼	简谱	《青年音乐》第一卷第三期	1942年5月
心想郎	雪鸿	车轰	五线谱	《大道音乐》创刊号	1946年11月
新兵歌	丁珰	雷石榆	简谱	《新音乐》第一卷第二期	1940年2月
新步河	简明	列山	简谱	《音乐与美术》综合月刊第十二期	1940年12月
新春			字母谱	《白雪》第十九号	1928年10月
新的女性站起来	守廉	仁苏	简谱	《新音乐月刊》（昆明版）创刊号	1946年6月
新的女性站起来	守廉	仁苏	简谱	《音乐教育月刊》（渝版）第一卷第二期	1946年10月
新的中国	贺绿汀	孙瑜	五线谱	《音乐教育》第五卷第四期	1937年4月
新调兵	巳明		简谱	《每月新歌选》第十一期	1941年5月
新儿童	江定仙	邢汉颐	简谱	《乐风》新一卷第五、六合刊	1941年6月
新儿童	江定仙	邢汉颐	五线谱	《乐风》（副本）第一卷第二期	1941年9月
新儿童	品祥	血星	简谱	《解放歌选》（天津版）第二集	1949年3月
新儿童	新雨	照华	简谱	《大众歌声》第十七期	1946年
新儿童歌	杜巴	耿速	简谱	《儿童音乐》第三期	1947年6月
新儿童赞歌	戈悦	端木蕻良	简谱	《新音乐》（渝版）第一辑	1947年1月
新妇女五唱（妇女解放联唱）	陈地	吕剑	简谱	《解放歌声》第三集	1949年3月
新工人	关英贤		简谱	《人民歌选》第一期	1949年6月

续表

歌曲名称	曲作者	词作者	记谱形式	曲目来源	出版日期
新故事五唱	矣之	林白	五线谱 简谱	《音乐艺术》第二卷第三期	1946 年 2 月
新旧对	吴力	力鸣	简谱	《人民音乐》（东北版）第一卷第二、三合刊	1949 年 3 月
新棉袄	夏桐	王力	简谱	《大众歌选》第六期	1943 年
新民主大路咱们开	陈良	赵直	简谱	《新音乐》第八卷第五期	1949 年 12 月
新民主的军队		夏白	简谱	《歌与诗音乐月刊》第八期	1945 年
新民主军队		夏白	简谱	《音艺通讯》创刊号	1945 年 3 月
新年	朱国兰	刘仲楷	简谱	《新音乐》第四卷第一期	1942 年 2 月
新年大合唱	冼星海		简谱	《新音乐》第一卷创刊号	1940 年 1 月
新年歌	汪培元	汪培元	简谱	《儿童音乐》第七期	1948 年 3 月
新年颂	汪俭	铿然	简谱	《歌曲创作月刊》第一期	1941 年 1 月
新农会是农民的家	云翔	立三	简谱	《解放歌声》（晋察冀版）第四集	1948 年 1 月
新青年	吕骥		简谱	《歌选》第二期	1941 年 2 月
新青年歌	莎莱	莎莱	简谱	《解放歌声》（天津版）第三集	1949 年 4 月
新青年之歌	士铎	五折	简谱	《解放歌声》第七集	1949 年 8 月
新情歌	沙海	施谊	简谱	《青年音乐》第二卷第二、三合刊	1942 年 11 月
新山歌	郑律成	高敏夫	简谱	《每月新歌选》第一期	1940 年 3 月
新少年	张鲁	丁琇	简谱	《民族音乐》第一卷第七期	1942 年 10 月
新少年	张鲁		简谱	《解放歌声》第六集	1949 年 4 月
新生	黄友棣	任毕明	简谱	《青年音乐》第二卷第四期	1942 年 12 月
新生活运动歌			五线谱	《音乐教育》第二卷第五期	1934 年 5 月
新生之歌——扫除法西斯（一—四）	贺绿汀		五线谱 简谱	《新音乐》第六卷第三期	1947 年 1 月
新十送（写情小曲）				《灿花集》第一期	1908 年 12 月
新时代的妇女	章枚	章枚	简谱	《解放歌声》第二集	1949 年 3 月
新时代进行曲	马可	朱绮	简谱	《新音乐》第六卷第一期	1946 年 10 月

续表

歌曲名称	曲作者	词作者	记谱形式	曲目来源	出版日期
新时代进行曲	马可	朱倚	简谱	《新音乐》（华南版）第二卷第一期	1947 年 1 月
新时代进行曲	马可	朱子奇	简谱	《歌曲半月刊》第一卷第二期	1941 年 6 月
新四军死难烈士挽歌	苏民	蒋弼	简谱	《歌选》第二期	1941 年 2 月
新相思曲	甄伯蔚	雷石榆	简谱	《新音乐月刊》第二卷第四期	1941 年 1 月
新游击队之歌	孙慎	何家槐	简谱	《新音乐》第一卷第五期	1940 年 5 月
新中国的大楼快盖上	陈大荧	王杰	简谱	《大众歌声》第十八期	1946 年 9 月
新中国的大楼快盖上	陈大荧	王杰	简谱	《歌与剧》第一期	1946 年 10 月
新中国的儿童——儿童节颂	邵光	汪楚材	简谱	《国民教育指导月刊》音乐教材专号	1947 年
新中国的好模样	华恩	华恩	简谱	《歌曲半月刊》第一卷第六期	1941 年 7 月
新中国的军人	李淑芬	邱望湘	简谱	《歌曲创作月刊》新第一卷第一期	1942 年 11 月
新中国的青年	贺绿汀		简谱	《新音乐》第八卷第一期	1949 年 6 月
新中国的小主人	水金	蒙沙	简谱	《解放歌声》（天津版）第二集	1949 年 3 月
新中国的主人	黄自	刘雪厂	简谱	《新音乐》（上海版）第三期	1946 年 6 月
新中国的主人翁	孙慎	吕璧如	五线谱	《乐风》新一卷第一期	1941 年 1 月
新中国青年进行曲	焕之	鲁煤	简谱	《解放歌声》第二集	1949 年 3 月
新中国少年	陈良		简谱	《新音乐》第六卷第一期	1946 年 10 月
薪水是个大活宝	杜鸣心		五线谱 简谱	《新歌丛》第二辑	1948 年 7 月
信天游			五线谱 简谱	《新音乐》第六卷第二期	1946 年 11 月
星	王律	杨云	五线谱	《山歌通讯》第九期	1947 年 1 月
星	晓黄		五线谱	《山歌通讯》第三期	1946 年 6 月
星			五线谱	《音乐教育》第四卷第九期	1936 年 9 月
星海悼歌	苏明	力扬	五线谱 简谱	《新音乐》第六卷第二期	1946 年 11 月
星星	陈田鹤	廖辅叔	五线谱	《音乐教育》第四卷第五期	1936 年 5 月
星星之火	张锐	仁恭	简谱	《歌咏岗位》第二期	1940 年 6 月

续表

歌曲名称	曲作者	词作者	记谱形式	曲目来源	出版日期
星夜	柴可夫斯基	普里塞耶夫	简谱	《诗与音乐》创刊号	1945 年 4 月
星夜	柴可夫斯基	普里塞耶夫	简谱	《音乐教育月刊》（渝版）创刊号	1946 年 9 月
星与灯	陈紫	林木	简谱	《歌曲旬刊》第三期	1941 年 4 月
行船	孙慎		简谱	《新音乐》（华南版）第一卷第六期	1946 年 12 月
行进，在战场上	恒之	未明	简谱	《新音乐》第三卷第三期	1941 年 10 月
行军	达尼	贺敬之	简谱	《歌曲半月刊》第一卷第三期	1941 年 6 月
行军	麦新	敬之	简谱	《音乐哨岗》第一卷第二期	1942 年 5 月
行军	麦新	贺敬之	简谱	《歌曲半月刊》第一卷第二期	1941 年 6 月
行军歌	安波	安波	简谱	《民族音乐》第一卷第五、六合刊	1942 年 9 月
行军歌	冯光	高来	简谱	《音乐哨岗》第一卷第一期	1942 年 2 月
行军曲	黄粲	黄粲	简谱	《每月新歌选》第二期	1939 年 11 月
行行行	李鸿梁	李鸿梁	五线谱	《音乐杂志》（北大版）第一卷第八号	1920 年 10 月
醒醒	特士		五线谱	《乐风》新一卷第一期	1941 年 1 月
杏花苞儿	白厘	庄焰	简谱	《音乐哨岗》第一卷第二期	1942 年 5 月
幸福之歌（恋歌插曲）	庄严	钱风	简谱	《新音乐》（渝版）第一辑	1947 年 1 月
凶手，你逃不了	唯民	唯民	简谱	《新音乐》（华南版）第二卷第一期	1947 年 1 月
兄弟们，前进！	刘式昕	刘君清	简谱	《每月新歌选》第七期	1940 年 7 月
兄弟淘	张锐	施雨	简谱	《戏剧与音乐》第一期	1946 年 3 月
兄妹开荒（秧歌剧）	安波	路由	简谱	《新音乐》（华南版）第一卷第六期	1946 年 12 月
雄鸡喔喔啼			五线谱	《音乐教育》第一卷第一期	1933 年 4 月
休息	林之		简谱	《民族音乐》第一卷第五、六合刊	1942 年 9 月

续表

歌曲名称	曲作者	词作者	记谱形式	曲目来源	出版日期
修飞机场	张鲁	张鲁	简谱	《群众歌曲》第三期	1945 年 12 月
修理工人歌	任青年	任青年	简谱	《解放歌声》（天津版）第四集	1949 年 6 月
修理汽车歌	刘沛	唐敬修	简谱	《解放歌声》（天津版）第四集	1949 年 6 月
修路歌	潘英杰	潘英杰	简谱	《音乐与美术》综合月刊第二卷第四期	1941 年 4 月
修路工人歌	马可	白韦	简谱	《群众歌曲》（华北联大版）第二期	1946 年 4 月
绣荷包			简谱	《音乐与美术》综合月刊第十期	1940 年 10 月
绣花			简谱	《新音乐》（上海版）第二期	1946 年 5 月
虚籁	刘天华		工尺谱	《音乐杂志》（国改版）第一卷第七号	1929 年 8 月
宣传家	洛茜	洛茜	简谱	《每月新歌选》第九期	1940 年 9 月
宣传重于作战	孙慎		简谱	《每月新歌选》第六期	1940 年 6 月
宣示之歌	文藻	文藻	简谱	《歌曲创作月刊》新第一卷第一期	1942 年 11 月
选个好村长	易汀	沙萍	简谱	《大众歌选》第五期	1943 年 9 月
选举运动歌	马可		简谱	《歌曲旬刊》创刊号	1941 年 4 月
学瞄准	徐焕	曲亚	简谱	《歌与剧》（战时版）第三期	1946 年 12 月
学生运动歌（五思纪念歌）	赵望衡	鲁声涛	简谱	《新音乐》（华南版）第一卷第二期	1946 年 5 月
学习文化歌	徐徐	徐徐	简谱	《民族音乐》第一卷第五、六合刊	1942 年 9 月
学习谣	剑魂		简谱	《大众歌选》第五期	1943 年 9 月
学习咱们的总司令	青水	沙萍	简谱	《大众歌选》第五期	1943 年 9 月
学校就是咱们的家	莎莱	莎蕻	简谱	《解放歌声》（天津版）第二集	1949 年 3 月
学做一个小英雄	黎观瞰	黎观瞰	简谱	《儿童音乐》第六期	1947 年 12 月
学做一个小英雄	黎观瞰	黎观瞰	五线谱	《儿童音乐》第六期	1947 年 12 月
雪			简谱	《国民教育指导月刊》音乐教材专号	1947 年
雪			字母谱	《白雪》第十八号	1928 年 10 月

续表

歌曲名称	曲作者	词作者	记谱形式	曲目来源	出版日期
雪花的快乐	李惟宁	徐志摩	五线谱	《音乐月刊》（上海卷）第一卷第四号	1938 年 2 月
雪花飞	雪厂	雪厂	五线谱	《音乐教育》第二卷第四期	1934 年 4 月
雪花飘	野雪	海燕	简谱	《青年音乐》第一卷第六期	1942 年 8 月
雪花飘			简谱	《儿童音乐》第七期	1948 年 3 月
雪夜摇篮歌	Moszk-owski		五线谱	《音乐教育》第二卷第七期	1934 年 7 月
血的誓语	寒光	陆无涯	简谱	《新音乐》第一卷第六期	1940 年 6 月
血海仇	邱望湘	杨友群	简谱	《歌曲创作月刊》新第一卷第一期	1942 年 11 月
血海仇（续）	邱望湘	杨友群	简谱	《歌曲创作月刊》新第一卷第一期	1942 年 11 月
血海仇	汪秋逸	杨友群	简谱	《每月新歌选》第六期	1940 年 6 月
血债	陈田鹤		五线谱	《乐风》第一卷第一期	1940 年 1 月
迅速签定对日和约	王永和	侯唯动	简谱	《人民音乐》（东北版）第一卷第四期	1949 年 7 月
Y					
压场	安波	骆文 张凡	简谱	《人民音乐》（东北版）第一卷第二、三合刊	1949 年 3 月
押送俘虏	寒辉	马旋	简谱	《大众歌声》第十四期	1945 年 8 月
哑子背疯			五线谱 简谱	《新音乐》第六卷第二期	1946 年 11 月
烟雨漫江南（江南三曲二）	汪秋逸	友群 秋逸	简谱	《新歌曲》第一卷第四期	1941 年 10 月
延安青年进行曲	聿尹	钟灵	简谱	《歌曲旬刊》第二期	1941 年 4 月
延河曲	杜矢甲	朱子奇	简谱	《歌曲月刊》第二期	1940 年 10 月
延水谣	郑律成	熊复	简谱	《每月新歌选》第一期	1940 年 3 月
雁子	陈歌辛	陈梦家	简谱	《音乐世界》第一卷第五期	1938 年 12 月
雁子	陈田鹤	陈梦家	五线谱	《音乐教育》第四卷第五期	1936 年 5 月
雁子	江定仙	廖辅叔	五线谱	《音乐教育》第四卷第一期	1936 年 1 月

续表

歌曲名称	曲作者	词作者	记谱形式	曲目来源	出版日期
燕燕	刘雪庵	刘雪庵	五线谱	《音乐教育》第四卷第一期	1936 年 1 月
燕语	刘天浪		五线谱	《乐学》第三号	1947 年 8 月
燕子	联抗	联抗	五线谱 简谱	《新音乐》（华南版）第二卷第三期	1947 年 8 月
燕子	刘已明		五线谱	《音乐教育》第四卷第八期	1936 年 8 月
燕子	米斯纳（W. O. Miessner）		五线谱	《音乐教育》第三卷第十二期	1935 年 12 月
燕子的歌	陈田鹤	伊令眉	五线谱	《音乐教育》第一卷第四、五合刊	1933 年 10 月
燕子飞	陈自然		五线谱	《音乐教育》第四卷第九期	1936 年 9 月
燕子哥哥	雪庵		五线谱	《音乐教育》第二卷第五期	1934 年 5 月
秧歌（号子）	木心	林禽	简谱	《大众歌选》第六期	1943 年
秧歌调			简谱	《解放歌声》（天津版）第四集	1949 年 6 月
秧歌调（短剧《庆功》插曲之三）			简谱	《歌与剧》（战时版）第九期	1947 年 5 月
秧歌对唱	夏白	夏白	简谱	《新音乐》（渝版）第一辑	1947 年 1 月
扬场	安波	骆文 张凡	简谱	《人民音乐》（东北版）第一卷第二、三合刊	1949 年 3 月
扬子江船夫曲	叶淑衡	叶淑衡	简谱	《音乐教育月刊》（渝版）创刊号	1946 年 9 月
羊与竹笛	张文纲	张文纲	简谱	《儿童音乐》第五期	1944 年 3 月
阳春	焕之	天蓝	简谱	《新音乐》第四卷第二期	1942 年 3 月
阳关三叠			五线谱	《音乐教育》第一卷第三期	1933 年 6 月
阳关三叠			简谱	《音乐杂志》（北大版）第一卷第二号	1920 年 4 月
阳关三叠			简谱	《音乐杂志》（国改版）第一卷第九号	1930 年 1 月
阳关三叠（第一曲）			字母谱	《白雪》第三号	1928 年 4 月
阳光	联抗	华丽	简谱	《新音乐》第五卷第二期副本	1943 年 1 月

续表

歌曲名称	曲作者	词作者	记谱形式	曲目来源	出版日期
阳光在远处	苏夏	艾青	五线谱	《青年音乐》（基督教版）第一期	1949 年 6 月
阳台之春	马思聪	袁水拍	简谱	《新音乐》第六卷第一期	1946 年 10 月
洋娃娃	陈学鑾	陈学鑾	五线谱	《音乐教育》第三卷第一期	1935 年 1 月
洋娃娃	陆华柏	王光莹 王光瑜	简谱	《乐风》新一卷第九期	1941 年 9 月
仰望苍空	悲多芬	格列尔特诗	简谱	《新音乐》第四卷第五期	1942 年 7 月
养蚕	不平		五线谱	《音乐月刊》（上海卷）第一卷第三号	1938 年 1 月
吆号子			简谱	《群众歌曲》第三期	1945 年 12 月
腰有一匕首	应尚能	刘大白	简谱	《青年音乐》第二卷第一期	1942 年 9 月
窑洞里住的是穷人	金戈	山荒	简谱	《新音乐》第六卷第一期	1946 年 10 月
窑工歌	未如	田林 命夫	简谱	《解放歌声》第七集	1949 年 8 月
摇船歌	郭星丽	杨荫浏	简谱	《音乐教育月刊》（渝版）第一卷第二期	1946 年 10 月
摇船歌	贺绿汀	沈西苓	五线谱	《音乐教育》第五卷第二期	1937 年 2 月
摇船歌（赠漫郎兄）	陈洪		五线谱	《广州音乐》第二卷第十期	1934 年 10 月
摇船曲	克予	林忠	简谱	《儿童音乐》第四期	1943 年
摇船曲	愈克忠	林予	简谱	《新音乐月刊》（副刊）第二辑	
摇篮（Lullaby）	B. Godard		五线谱	《新乐潮》第二卷第三期	1928 年 4 月
摇篮歌	F. 舒柏特		五线谱	《音乐教育》第五卷第一期	1937 年 1 月
摇篮歌	勃拉姆斯		五线谱	《音乐杂志》（艺文版）第一卷第三期	1934 年 7 月
摇篮歌			五线谱	《音乐教育》第二卷第二期	1934 年 2 月
摇篮歌（改作）			简谱	《乐教》第一卷创刊号	1943 年 1 月
摇篮曲	勃拉姆斯		简谱	《儿童音乐》第一期	1947 年 4 月

续表

歌曲名称	曲作者	词作者	记谱形式	曲目来源	出版日期
摇篮曲	勃拉姆斯		五线谱	《儿童音乐》第一期	1947年4月
摇篮曲	江定仙		五线谱	《音乐教育》第四卷第四期	1936年4月
摇篮曲	刘雪庵	刘雪庵	简谱	《儿童音乐》第一期	1947年4月
摇篮曲	刘雪庵	刘雪庵	五线谱	《儿童音乐》第一期	1947年4月
摇篮曲	刘雪庵		五线谱	《乐学》第一号	1947年4月
摇篮曲	文纲	孤帆	简谱	《音乐与戏剧》创刊号	1943年11月
摇篮曲	俞平		简谱	《新音乐》第四卷第一期	1942年2月
摇篮曲			字母谱	《白雪》第十一号	1928年9月
遥望（《遥望》主题歌）	明敏	方殷	简谱	《新音乐》第五卷第三期	1943年2月
要当个好学生	焕之	贾克	简谱	《解放歌声》第六集	1949年4月
要活命的跟上来	山雨	古柏	五线谱 简谱	《新音乐》（沪版）第七卷第一期	1947年7月
要嫁妆		李七牛	简谱	《音乐世界》第一卷第二期	1938年9月
要陪送			五线谱	《音乐教育》第五卷第九、十合刊	1937年10月
要求撤退美国兵	翰如	孔阙、袁静	简谱	《歌与剧》（战时版）第三期	1946年12月
野花曲	炳彦	任钧	简谱	《歌与诗音乐月刊》第八期	1945年
野花曲	洪波	任钧	简谱	《青年音乐》第一卷第二期	1942年4月
野花曲	守廉	任钧	简谱	《新音乐》第五卷第三期	1943年2月
野战兵团	亚威	谷风	简谱	《戏剧与音乐》第一期	1946年3月
野战军进行曲	林里	朱子奇等	简谱	《解放歌声》第四集	1949年3月
野战军进行曲	林里		简谱	《解放歌声》（晋察冀版）第四集	1948年1月
夜泛			字母谱	《白雪》第十号	1928年6月
夜歌	黄容赞	何其芳	五线谱	《青年音乐》（基督教版）第二期	1949年12月
夜歌	联抗	子叶	简谱	《新音乐》第五卷第二期副本	1943年1月
夜歌	凌云	李白凤	简谱	《青年音乐》第一卷第三期	1942年5月

续表

歌曲名称	曲作者	词作者	记谱形式	曲目来源	出版日期
夜歌	文纲	李白凤	五线谱	《音乐艺术》第二集第二期	1945 年 7 月
夜起	因心	周尧	简谱	《歌与诗音乐月刊》第四期	1945 年
夜曲	黄桢茂		五线谱	《音乐杂志》（艺文版）第一卷第四期	1934 年 11 月
夜深	李鸿梁	李鸿梁	五线谱	《音乐杂志》（北大版）第一卷第八号	1920 年 10 月
夜深深曲	刘惠民		五线谱 简谱	《音乐杂志》（北大版）第二卷第一号	1921 年 1 月
夜思	绿汀	李白	五线谱	《音乐教育》第四卷第四期	1936 年 4 月
夜袭	施正镐	姚泽英	简谱	《乐风》新一卷第十一、十二合刊	1941 年 12 月
夜行军	季孙 思远	季孙 思远	简谱	《歌选》第二期	1941 年 2 月
夜行人	舒模	湘棠	五线谱 简谱	《音乐艺术》第二卷第三期	1946 年 2 月
夜夜梦见你	叔曼	海涅	简谱	《新音乐》第五卷第三期	1943 年 2 月
夜夜梦江南	汪秋逸	杨友群	简谱	《新音乐》第五卷第二期	1942 年 12 月
夜夜梦江南（江南三曲三）	汪秋逸	友群 秋逸	简谱	《新歌曲》第一卷第四期	1941 年 10 月
夜已三更	耶萨	耶萨	简谱	《新音乐月刊》（副刊）第二辑	
夜莺曲	［苏］亚克·斯脱亚尔	［苏］亚克·斯脱亚尔	简谱	《新歌曲》第一卷第三期	1941 年 9 月
夜莺曲	［苏］亚克·斯脱亚尔	［苏］亚克·斯脱亚尔	简谱	《新音乐》第一卷创刊号	1940 年 1 月
夜莺曲			简谱	《新音乐》（上海版）第二期	1946 年 5 月
夜莺曲			简谱	《音乐世界》第二卷第七期	1939 年 7 月
夜月曲	刘惠民		简谱	《音乐杂志》（北大版）第二卷第七号	1921 年 9 月
一滴油一滴汗	姜希	许建吾	简谱	《青年音乐》第一卷第五期	1942 年 7 月

续表

歌曲名称	曲作者	词作者	记谱形式	曲目来源	出版日期
一朵带刺的玫瑰	舒模	舒模	简谱	《音乐艺术》第二卷第一期	1945 年 3 月
一分钟歌谣	林未名	陶行知	简谱	《新歌丛》第一辑	1948 年 5 月
一个蠢妇人的忧虑（听说现时不要皇帝了）	青主	青主	五线谱	《音乐教育》第二卷第七期	1934 年 7 月
一个国家	陆华柏		简谱	《乐风》新一卷第十期	1941 年 10 月
一个年轻的兵	Dunay-eysky	Dunay-eysky	简谱	《音乐教育月刊》（渝版）第一卷第二期	1946 年 10 月
一个年轻的兵	Wra. D. Heudri-chson		简谱	《新音乐》第一卷第六期	1940 年 6 月
一个太阳两边天	宋军	华嘉	简谱	《儿童音乐》第六期	1947 年 12 月
一根扁担			简谱	《歌曲月刊》第一期	1948 年 9 月
一九四二军队进行曲	鹤童	鹤童	简谱	《民族音乐》第一卷第五、六合刊	1942 年 9 月
一九四七年的任务	一鸣	李璋	简谱	《人民音乐》（东北版）第一卷第三期	1947 年 3 月
一颗谷子	田冲	啸平	简谱	《音乐哨岗》第二卷第五期	1944 年 1 月
一颗谷子	席零	平	简谱	《音乐艺术》第五期	1945 年 1 月
一粒落地·万谷归仓	王偌	刘燕瑾	简谱	《歌与剧》第三期	1947 年 1 月
一轮红日当空	郭敬民	公木	五线谱 简谱	《新音乐》第六卷第二期	1946 年 11 月
一片好庄稼	安波	骆文 张凡	简谱	《人民音乐》（东北版）第一卷第二、三合刊	1949 年 3 月
一齐扫清	天东	仁苏 小康	五线谱 简谱	《音乐艺术》第二卷第三期	1946 年 2 月
一齐走	韵玲	石秋	简谱	《歌曲月刊》第一期	1940 年 8 月
一齐走	韵玲	石秋	简谱	《新音乐》第三卷第四期	1941 年 11 月
一切为了胜利	刘炽		简谱	《人民音乐》（东北版）第一卷第一期	1948 年 10 月

续表

歌曲名称	曲作者	词作者	记谱形式	曲目来源	出版日期
一人为大家，大家为一人	A · Tenfman	Rharov	简谱	《民族音乐》第一卷第一期	1942年4月
一条道儿长又长	联抗	黄凌	简谱	《新音乐》第五卷第二期副本	1943年1月
一同去投军	恒之	竹恒	简谱	《新音乐》第三卷第六期	1942年1月
一叶知秋	陈振铎		简谱	《乐风》新一卷第十一、十二合刊	1941年12月
一枝花（山歌）	彭弓	石炭	简谱	《每月新歌选》第八期	1940年8月
一枝枪	安波	安波	简谱	《民族音乐》第一卷第三、四合刊	1942年7月
一枝枪	安波		简谱	《人民音乐》（东北版）第一卷第一期	1946年12月
一只豺狼一只羊	古戈儿	吴羽珍	简谱	《新音乐》（华南版）第二卷第一期	1947年1月
一致	黄浚	武干	简谱	《每月新歌选》第七期	1940年7月
义勇军	陆华柏	陆华柏	五线谱	《音乐教育》第五卷第五期	1937年5月
义勇军进行曲	聂耳	聂耳	简谱	《新音乐》（平津唐版）第三期	1948年7月
忆八百壮士	侯澄阶	皮坚	简谱	《青年音乐》第二卷第四期	1942年12月
忆家	姜希	殷韵婉	简谱	《乐风》第三卷第一期	1944年1月
忆家山	蔡继琨		五线谱	《乐学》第三号	1947年8月
忆江南	凌云	白居易	简谱	《青年音乐》第一卷第四期	1942年6月
忆江南	青主	白居易	五线谱	《国立音乐专科学校校刊》第三期	1930年4月
忆江南	汪俭	许冰子	简谱	《歌曲创作月刊》第一卷第六期	1941年6月
忆南京	刘雪厂	王陆一	简谱	《乐风》新一卷第十一、十二合刊	1941年12月
忆南京	刘雪厂	王陵一	五线谱	《乐风》（副本）第一卷第三期	
异乡寒夜曲			简谱	《新音乐》第五卷第三期	1943年2月
因为困难	杜巴	何其芳	简谱	《新音乐》第六卷第一期	1946年10月
因为困难	杜巴	何其芬	简谱	《音乐艺术》第二卷第一期	1945年3月

续表

歌曲名称	曲作者	词作者	记谱形式	曲目来源	出版日期
阴	闫述诗		字母谱	《白雪》第八号	1928年5月
阴天没有晴天长			简谱	《人民歌选》第一期	1949年6月
音阶	Beethoven	Beethoven	五线谱	《音乐教育》第一卷第二期	1933年5月
音乐的境界	F. Gnuler	程与松	五线谱	《音乐教育》第一卷第三期	1933年6月
音乐良辰			简谱	《音乐世界》第二卷第三期	1939年3月
音乐颂	舒伯特		五线谱 简谱	《新音乐》（华南版）第二卷第三期	1947年8月
银河放歌	FLEHa		简谱	《音乐教育月刊》（渝版）第一卷第二期	1946年10月
银纽丝调			工尺谱	《灿花集》第一期	1908年12月
银娃入营	席零	辛生	简谱	《音乐哨岗》第二卷第五期	1944年1月
引宵良			工尺谱	《音乐杂志》（国改版）第一卷第十号	1932年2月
印染工人歌	任青年	任青年	简谱	《解放歌声》（天津版）第四集	1949年6月
应征歌	唐风	怡轩	简谱	《音乐与美术》综合月刊第三卷第一、二合刊	1942年2月
英雄安保全	苏风	王力	简谱	《歌与剧》第一期	1946年10月
英雄豪杰要看今天	小流	小流	简谱	《歌与剧》第二期	1947年1月
英雄连队进行曲	庄映	庄映	简谱	《人民音乐》（东北版）第一卷第四期	1949年7月
英雄曲	嵇振民		简谱	《歌与诗音乐月刊》第五期	1945年
英雄万岁	方平	方平	简谱	《滨海歌集》第一期	1946年6月
樱花怨（日本女人的悲哀）	萧晴辉	黄杏园	简谱	《岭东音乐》创刊号	1941年4月
樱桃	米司南	米司南	五线谱	《音乐教育》第二卷第五期	1934年5月
樱桃落尽春归去	林声翕		五线谱	《音乐教育》第四卷第七期	1936年7月
迎春花	乔谷	唐因	简谱	《解放歌声》第六集	1949年4月
迎春曲（新年曲）		锡定改词	简谱	《新音乐月刊》（昆明版）创刊号	1946年6月
迎婚进行曲			五线谱	《音乐教育》第五卷第八期	1937年8月

续表

歌曲名称	曲作者	词作者	记谱形式	曲目来源	出版日期
迎接反攻	王卓	鲁虹	简谱	《人民音乐》（东北版）第一卷第三期	1947 年 3 月
迎接黎明的人们（黎明大合唱之三）	石林		五线谱 简谱	《新音乐》（沪版）第七卷第一期	1947 年 7 月
迎接骑马的客人		王洛宾	简谱	《新音乐》（平津唐版）第二期	1948 年 5 月
迎接五一节	向隅	李冰	简谱	《群众歌曲》（华北联大版）第二期	1946 年 4 月
迎接新社会	梁珊斯	梁珊斯	简谱	《人民歌选》第一期	1949 年 6 月
迎新之歌	郁又	力扬	五线谱 简谱	《新音乐》第七卷第五期	1948 年 12 月
莹	杜巴	淑雨	五线谱 简谱	《新音乐》（沪版）第七卷第二期	1947 年 9 月
萤火		华孙	五线谱	《音乐教育》第二卷第十一期	1934 年 11 月
萤火虫	陈田鹤	廖辅叔	五线谱	《音乐教育》第三卷第六期	1935 年 6 月
萤火虫	程懋筠	程懋筠	五线谱	《音乐教育》第四卷第七期	1936 年 7 月
萤火虫	江定仙	廖辅叔	五线谱	《音乐教育》第二卷第三期	1934 年 3 月
萤火虫	洛茜	原宾	简谱	《每月新歌选》第九期	1940 年 9 月
萤火虫	邢贵德		五线谱	《音乐教育》第四卷第五期	1936 年 5 月
蝇			五线谱	《音乐教育》第二卷第一期	1934 年 1 月
拥护共产党	火星	血星	简谱	《解放歌声》第二集	1949 年 3 月
拥护共产党	火星	血星	简谱	《解放歌声》（天津版）第一集	1949 年 2 月
拥护共产党毛主席			简谱	《大家唱》第一期	约 1946 年
拥护领袖	凌云	蒋笃生	简谱	《青年音乐》第一卷第二期	1942 年 4 月
拥护领袖	杨友立	殷天南	简谱	《歌曲创作月刊》第一卷第四期	1941 年 4 月
拥护领袖歌	金律声	王平陵	简谱	《乐风》新一卷第七、八合刊	1941 年 8 月
拥护领袖歌	金律声	王平陵	五线谱	《乐风》（副本）第一卷第二期	1941 年 9 月
拥护毛主席	劫夫	赵士奇	简谱	《解放歌声》（天津版）第四集	1949 年 6 月
拥护我们的党	沙莱	垒汀	简谱	《歌曲半月刊》第一卷第四期	1941 年 7 月
拥护我们的主力军	艾力	鲁岩	简谱	《大众歌选》第二期	1943 年 6 月

续表

歌曲名称	曲作者	词作者	记谱形式	曲目来源	出版日期
拥护宪政	张锐	亚宁	简谱	《歌咏岗位》第二期	1940年6月
拥军歌			简谱	《大众歌声》第十一期	1945年1月
拥军公约歌	芦肃		简谱	《解放歌声》（晋察冀版）第二集	1945年11月
拥政爱民	林浩然	星华	简谱	《人民音乐》（东北版）第一卷第二期	1947年2月
拥政爱民	青水	相如	简谱	《大众歌选》第二期	1943年6月
拥政爱民	张非	红羽	简谱	《连队歌唱》第十八期	无
拥政爱民公约歌	张非		简谱	《解放歌声》（晋察冀版）第二集	1945年11月
拥政爱民公约歌	张非		简谱	《连队歌唱》第十八期	无
拥政爱民十项公约歌			简谱	《大众歌声》第八期	1944年6月
永定河	徐守廉	彭华士	简谱	《歌咏岗位》第二期	1940年6月
永久的维也纳进行曲			简谱	《音乐世界》第二卷第七期	1939年7月
永远跟着共产党	刘亚	刘亚	简谱	《大众歌声》第十八期	1946年9月
咏春三叠曲	K. R		简谱	《歌与诗音乐月刊》第三期	1944年12月
勇敢 勇敢 再勇敢	罗浪	夏蓝	简谱	《群众歌声》第十期	1945年9月
勇敢！勇敢!! 再勇敢!!!	罗浪	夏蓝	简谱	《连队歌唱》第十八期	
勇敢！勇敢！再勇敢！	罗浪	夏篮	简谱	《解放歌声》（晋察冀版）第二集	1945年11月
勇猛向前进	肖民	孙世祥	简谱	《解放歌声》第四集	1949年3月
用力歌（一至三）	张文纲	露音	五线谱 简谱	《新歌丛》第三辑	1949年2月
用我们的两手来建设	田耕	田耕	简谱	《人民歌选》第一期	1949年6月
用我们两手来建设	田耘	田耘	简谱	《解放歌声》第五集	1949年3月
用用劲	柏坚	鲁声涛	简谱	《新音乐》（华南版）第二卷第二期	1947年3月
优待抗属	何士德		简谱	《大众歌选》第一期	1943年3月
优抗小调	劫夫		简谱	《歌与剧》第一期	1947年1月

续表

歌曲名称	曲作者	词作者	记谱形式	曲目来源	出版日期
呦呦鹿鸣			五线谱 简谱	《乐风》第十七号	1944年4月
幽谷	Prlnce Bustav ot Sweden		简谱	《音乐教育月刊》（渝版）第一卷第二期	1946年10月
幽默曲	陈洪		五线谱	《广州音乐》第二卷第五期	1934年5月
油菜花	刘天浪	刘天浪	简谱	《每月新歌选》第九期	1940年9月
油菜花朵朵黄	张问	草原	简谱	《南方音乐》创刊号	1948年3月
游击队歌	草田	万迪照	简谱	《每月新歌选》第十期	1940年10月
游击队歌	刘已明		简谱	《每月新歌选》第六期	1940年6月
游击队歌	杨友立		简谱	《歌曲创作月刊》第二期	1941年2月
游击队进行曲	野雪	海燕	简谱	《青年音乐》第二卷第一期	1942年9月
游击队行进（《游击队行进》主题歌）	刘雪厂	藩孑农	简谱	《新音乐》第三卷第三期	1941年10月
游击队员	唐风		简谱	《音乐与美术》综合月刊第二卷第十二期	1941年12月
游击队之女	杨晋文	郭沫若	简谱	《乐风》新一卷第九期	1941年9月
游击乐	张寒辉	张寒辉	简谱	《每月新歌选》第一期	1940年3月
游击小组保家园	中平	中平	简谱	《大众歌选》第二期	1943年6月
游江曲	谢直心	谭志勇	五线谱	《大道音乐》创刊号	1946年11月
游子			字母谱	《白雪》第十六号	1928年10月
游子吟	余朋	唐·孟郊	简谱	《歌与诗音乐月刊》第二期	1944年11月
友情	天东	鲁藜	简谱	《新音乐》（华南版）第二卷第一期	1947年1月
友谊颂歌	E. 杜那耶夫斯基	W. T	简谱	《音乐艺术》第四期	1944年11月
有吃有穿		张鲁	简谱	《新音乐》第六卷第一期	1946年10月
有吃有穿			简谱	《群众歌曲》第一、二合刊	1945年5月
有饭大家吃	文久	君实	简谱	《新歌丛》第一辑	1948年5月

续表

歌曲名称	曲作者	词作者	记谱形式	曲目来源	出版日期
有谁知道他?	陶宏		五线谱 简谱	《新音乐》第六卷第二期	1946年11月
有所思	翟立中	陈云影	简谱	《音乐世界》第二卷第四期	1939年4月
有一分热·发一分光	联抗	钢鸣	简谱	《新音乐》（华南版）第一卷第四期	1946年8月
有一个囚徒逃出了监牢	唯民		五线谱 简谱	《新音乐》（沪版）第七卷第一期	1947年7月
幼稚园歌			简谱	《国民教育指导月刊》音乐教材专号	1947年
鱼肚白	焕之	天蓝	简谱	《新音乐》第一卷第六期	1940年6月
鱼夫	悲多芬		简谱	《新音乐》第三卷第一期	1941年8月
渔夫曲	Dunoyv-sky	Voirhenin	简谱	《音乐艺术》第四期	1944年11月
渔夫曲（《幸福的追求者》插曲）	Dunayev-sky	Volrhenm	简谱	《民族音乐》第一卷第二期	1942年5月
渔父	绿汀		五线谱	《音乐教育》第二卷第一期	1934年1月
渔父	应尚能	苏轼	简谱	《青年音乐》第二卷第一期	1942年9月
渔樵问答			工尺谱	《音乐杂志》（国改版）第一卷第十号	1932年2月
渔翁歌	林声翕	张志和	五线谱	《广州音乐》第三卷第六、七期合刊	1935年7月
渔翁乐谱	沈仰田		五线谱	《音乐杂志》（北大版）第二卷	1921年10月
渔阳鼙鼓动地来	黄自	韦瀚章	五线谱	《音乐月刊》（重庆卷）第二卷第一期	1943年5月
愉快的劳动	王莘	罗东	简谱	《群众歌声》第十期	1945年9月
愉快的劳动	王莘	罗东	简谱	《解放歌声》（天津版）第一集	1949年2月
愉快的劳动	王莘	罗东	简谱	《解放歌声》（晋察冀版）第二集	1945年11月
雨	陈东原	钱君匋	五线谱	《音乐教育》第一卷第六、七合刊	1933年11月
雨			五线谱	《音乐教育》第四卷第十期	1936年10月

续表

歌曲名称	曲作者	词作者	记谱形式	曲目来源	出版日期
雨点			五线谱	《音乐教育》第一卷第八、九合刊	1933年12月
玉鹤琵琶谱	王露		工尺谱	《音乐杂志》（北大版）第一卷第五、六合刊	1920年8月
玉鹤琵琶谱 下卷 玉楼春晓	王露		工尺谱	《音乐杂志》（北大版）第二卷第五、六合刊	1921年6月
郁林民歌			简谱	《音乐与美术》综合月刊第十期	1940年10月
郁轮袍（霸王卸甲）	陈凤威		工尺谱 简谱	《音乐杂志》（国改版）第一卷第八号	1930年1月
鸳鸯叩			五线谱	《音乐杂志》（北大版）第二卷第九、十合刊	1921年12月
元夜曲	洪波	柳舒	简谱	《青年音乐》第一卷第六期	1942年8月
原野的队伍	郭可诹	张君川	简谱	《歌咏岗位》第二期	1940年6月
圆舞曲	贝多芬		五线谱	《儿童音乐》第五期	1947年11月
袁世凯	山雨	金戈	五线谱	《大众歌声》第十八期	1947年9月
袁世凯	山雨	金戈	五线谱 简谱	《新音乐》（沪版）第七卷第二期	1947年9月
源头水	刘式昕		简谱	《每月新歌选》第十一期	1941年5月
远东青年军	V·莫拉兑尔	卡托夫	简谱	《民族音乐》第一卷第五、六合刊	1942年9月
远方谣	洪波	黄鲁	简谱	《青年音乐》第一卷创刊号	1942年3月
远看花	刘雪庵		五线谱	《音乐教育》第四卷第七期	1936年7月
远征轰炸歌（进行曲）	夏之光	光未然	简谱	《新歌曲》第一卷第三期	1941年9月
愿得今生到神州			字母谱	《白雪》第二号	1928年4月
约法八章歌	劳舟	紫光	简谱	《解放歌声》第五集	1949年3月
月饼歌	徐昭裕	张泽	简谱	《歌曲创作月刊》第一卷第七、八、九合刊	1941年11月
月儿出来亮光光	平西		简谱	《歌曲创作月刊》第一卷第七、八、九合刊	1941年11月

续表

歌曲名称	曲作者	词作者	记谱形式	曲目来源	出版日期
月儿弯弯（话剧《心狱》插曲）	赵望衡	鲁声涛	简谱	《新音乐》（华南版）第一卷第三期	1946年
月光光	陈贻鑫	小殷	简谱	《乐风》新一卷第五、六合刊	1941年6月
月光光	陆华柏		五线谱	《音乐教育》第三卷第八期	1935年8月
月亮（改作）			简谱	《乐教》第一卷第二期	1943年1月
月亮粑粑	田冲	张帆	简谱	《儿童音乐》第五期	1944年3月
月亮粑粑	田冲	张帆	简谱	《音乐哨岗》第一卷第二期	1942年5月
月亮光光照地塘	柴可夫斯基	梁莲基	简谱	《儿童音乐》第二期	1947年5月
月亮光光照地塘	柴可夫斯基	梁莲基	五线谱	《儿童音乐》第二期	1947年5月
月亮婆婆	老志诚	金近	简谱	《儿童音乐》第七期	1948年3月
月亮婆婆	老志诚	金近	五线谱	《儿童音乐》第七期	1948年3月
月下雷峰	田鹤	徐志摩	五线谱	《音乐教育》第二卷第二期	1934年2月
月芽儿弯弯上草棚	萁萁	默之	五线谱 简谱	《新音乐》第七卷第二期	1947年9月
月夜	刘天华		工尺谱	《音乐杂志》（国改版）第一卷第二号	1928年2月
月夜	刘天华		五线谱	《音乐杂志》（国改版）第一卷第二号	1928年2月
月夜	邱望湘	沈秉廉	五线谱	《音乐教育》第二卷第十期	1934年10月
月圆歌	黄源洛	藏云远	简谱	《青年音乐》第一卷第六期	1942年8月
月月光	克锋	克锋	简谱	《新音乐》第三卷第二期	1941年9月
月中人	Bessie M. Whstely		五线谱	《音乐教育》第二卷第三期	1934年3月
粤北胜利	舒模	方平	简谱	《每月新歌选》第四、五合刊	1940年3月
越打兴越豪	姚以让		简谱	《歌曲创作月刊》第一卷第七、八、九合刊	1941年11月
越打越强	应璟、张清泉	冼群	简谱	《每月新歌选》第三期	1939年12月

续表

歌曲名称	曲作者	词作者	记谱形式	曲目来源	出版日期
云霞	平原	克锋	简谱	《歌曲月刊》第一期	1948 年 9 月
陨大星	陈洪	欧漫郎	五线谱	《广州音乐》第二卷第二期	1934 年 2 月
陨星颂	黄友棣	任毕明	简谱	《青年音乐》第二卷第一期	1942 年 9 月
运动歌	胡周淑安	胡宣明	五线谱	《音乐教育》第三卷第二期	1935 年 2 月
运动会	江定仙	程懋圻	五线谱	《音乐教育》第五卷第四期	1937 年 4 月
运动会	唐学咏	谈经	简谱	《美育》第三期	1920 年 6 月
运动会歌	刘式昕	李济琛	简谱	《音乐与美术》综合月刊第二卷	1941 年 10 月
运动会歌	石林	石林	简谱	《歌与诗音乐月刊》第八期	1945 年
运动进行曲	I. Dunavevsky	V. Lebedev. Kumach	简谱	《新音乐》第四卷第三期	1942 年 4 月
运河岸	深露	王力	简谱	《大众歌声》第十七期	1946 年
运军粮	张棣昌	刘模	简谱	《民族音乐》第一卷第五、六合刊	1942 年 9 月
运粮谣	孙光	孙光	简谱	《音乐哨岗》第一卷第四、五合刊	1942 年 8 月
运输谣	孙烽光	孙烽光	简谱	《歌曲半月刊》第一卷第六期	1941 年 7 月
Z					
灾祸之歌			五线谱 简谱	《新音乐》第七卷第二期	1947 年 9 月
再不进娘娘庙	叶枫		简谱	《歌曲半月刊》第一卷第三期	1941 年 6 月
再斗争下去	麦新	贺敬之	简谱	《歌曲半月刊》第一卷第一期	1941 年 5 月
再会	陆华柏	王光莹 王光瑜	简谱	《乐风》新一卷第九期	1941 年 9 月
再会	陆华柏	王光瑜 王光莹	五线谱	《乐风》（副本）第一卷第二期	1941 年 9 月
再加一拳	李群	安娥	简谱	《解放歌声》第五集	1949 年 3 月
再接再厉歼灭敌人	罗浪	丁里	简谱	《歌与剧》第三期	1947 年 1 月
再来享太平	慨锐		简谱	《歌与诗音乐月刊》创刊号	1944 年 9 月
再试!			五线谱	《音乐教育》第一卷第三期	1933 年 6 月

续表

歌曲名称	曲作者	词作者	记谱形式	曲目来源	出版日期
在边区（《七与里在边区》民歌联唱六）	刘炽	安波	简谱	《民族音乐》第一卷第三、四合刊	1942年7月
在好的生活里	夏白	马耶可夫斯基	简谱	《新音乐》第四卷第四期	1942年5月
在叫化婆的怀中	青主	青主	五线谱	《音乐教育》第三卷第一期	1935年1月
在民主的阳光下	劫夫	劫夫	简谱	《解放歌声》（晋察冀版）第三集	1946年7月
在那坟场的旁边	张骏声	端木蕻良	简谱	《南方音乐》创刊号	1948年3月
在那沦陷了的故乡	夏白	任钧	简谱	《歌与诗音乐月刊》第六期	1945年
在那遥远的地方	王洛宾	朱虹	简谱	《音乐教育月刊》创刊号	1946年9月
在那遥远的地方			简谱	《乐坛》创刊号	1946年7月
在上海学联的旗帜下	任策	任策	简谱	《人民歌选》第一期	1949年6月
在月亮底下			五线谱	《音乐教育》第三卷第八期	1935年8月
咱不能再受苦	李长秦	陈三兴	简谱	《人民歌选》第一期	1949年6月
咱们大家努力干		韩福祥	简谱	《解放歌声》（天津版）第四集	1949年6月
咱们的家庭发电厂	常少文	夏宝义	简谱	《新音乐》第八卷第四期	1949年10月
咱们的领袖毛泽东		孙万福	简谱	《群众歌曲》第一、二合刊	1945年5月
咱们工人领头干	歌焚 韩瑞祥	歌焚 韩瑞祥	简谱	《解放歌声》（天津版）第四集	1949年6月
咱们工人拥护你	章枚	章枚	简谱	《人民歌选》第一期	1949年6月
咱们工人有力量	马可		简谱	《解放歌声》（天津版）第一集	1949年2月
咱们工人有力量	马可		简谱	《新音乐》第八卷第一期	1949年6月
咱们就是钢铁	敏如		简谱	《解放歌声》第七集	1949年8月
咱们永远在一起	张非	邓康	简谱	《连队歌唱》第十八期	
咱们永远在一起	张非		简谱	《群众歌声》第十期	1945年9月
咱是好模范	照华	照华	简谱	《大众歌选》第一期	1943年3月
咱一心跟着共产党	阮甫	昂歌	简谱	《大众歌声》第十三期	1945年
赞美玩具	陆华柏	王光瑜 王光莹	五线谱	《乐风》（副本）第一卷第二期	1941年9月

续表

歌曲名称	曲作者	词作者	记谱形式	曲目来源	出版日期
凿冰歌	行道	祥光	简谱	《新音乐》（平津唐版）创刊号	1948 年 2 月
凿冰歌（一至五）			简谱	《新歌丛》第一辑	1948 年 5 月
早操歌	刘天浪	章秀鸿	简谱	《每月新歌选》第九期	1940 年 9 月
枣子红	袁明	周行	简谱	《新音乐》第八卷第六期	1950 年 1 月
造乐园	苏克	微风	简谱	《儿童音乐》第六期	1947 年 12 月
造林歌	刘雪厂		简谱	《歌曲创作月刊》第一卷第四期	1941 年 4 月
造桥歌	曾雨音	熊佛西	五线谱	《乐学》第三号	1947 年 8 月
怎得了	费克	杜宁	五线谱 简谱	《音乐艺术》第二卷第三期	1946 年 2 月
赠给英勇抗战的将士	莫挂新	庾家骅	简谱	《青年音乐》第二卷第四期	1942 年 12 月
赠寒衣与负伤将士	夏之秋	何香凝	简谱	《歌曲创作月刊》第二期	1941 年 2 月
乍克哥			五线谱	《音乐教育》第四卷第一期	1936 年 1 月
摘豆角		黄洛宾	五线谱	《乐风》新一卷第一期	1941 年 1 月
斩黄袍	李荣寿		五线谱	《音乐杂志》（北大版）第二卷第五、六合刊	1921 年 6 月
斩黄袍（皮黄曲谱）	李荣寿		五线谱	《音乐杂志》（北大版）第二卷第一号	1921 年 1 月
展开自卫战争	丁南	丙火词	简谱	《滨海歌集》第二期	1946 年
战波			字母谱	《白雪》第三号	1928 年 4 月
战地生歌（口琴曲）	陈剑晨		简谱	《上海口琴界》创刊号	1939 年 4 月
战地之春	力丁	安娥	简谱	《新音乐》第五卷第二期副本	1943 年 1 月
战地之春	王云阶	安娥	简谱	《青年音乐》第一卷第三期	1942 年 5 月
战斗的爱	谭兴坦	谭兴坦	简谱	《每月新歌选》第一期	1940 年 3 月
战斗的妇女	广寒		简谱	《新音乐》第四卷第四期	1942 年 5 月
战斗化歌	亓垚	亓垚	简谱	《大众歌选》第三期	1943 年 7 月
战斗进行曲	韩塞	佩之	简谱	《解放歌声》（晋察冀版）第四集	1948 年 1 月
战斗进行曲	李翕如	吴研因	简谱	《乐风》新一卷第七、八合刊	1941 年 8 月

续表

歌曲名称	曲作者	词作者	记谱形式	曲目来源	出版日期
战斗进行曲	佩之	韩塞	简谱	《歌与剧》第四期	1947年6月
战斗进行曲	张达观	牛显金	五线谱	《乐风》新一卷第二期	1941年2月
战斗颂	吕骥	Heine	简谱	《歌咏岗位》第二期	1940年6月
战斗颂	石林	盛芳	简谱	《歌与诗音乐月刊》第四期	1945年
战斗颂	石林	赵盛芳	简谱	《乐教》第一卷创刊号	1943年1月
战斗英雄多	张鲁	桑夫	简谱	《解放歌声》第四集	1949年3月
战斗在七月的原野	刘思琴	周军	简谱	《民族音乐》第一卷第五、六合刊	1942年9月
战斗在七月的原野	路明	周军	简谱	《歌曲半月刊》第一卷第三期	1941年6月
战犯求和是欺骗	张鲁	李伯钊	简谱	《解放歌声》第一集	1949年2月
战歌	陈田鹤	陈伯吹	五线谱	《音乐教育》第四卷第十一期	1936年11月
战歌			五线谱	《乐风》新一卷第二期	1941年2月
战马嘶鸣	草田	蒲风	简谱	《每月新歌选》第十期	1940年10月
战时儿歌	盛幼青		简谱	《音乐哨岗》第一卷第一期	1942年2月
战士的呼声	刘天浪	王剑鸣	简谱	《每月新歌选》第十期	1940年10月
战士的埋葬——纪念张曙同志	林路	林路	简谱	《每月新歌选》第三期	1939年12月
战士凯歌	侯澄阶	禾子	简谱	《乐风》第二卷第四期	1942年7月
战士去了	慨锐	佑军	简谱	《歌与诗音乐月刊》第二期	1944年11月
战士去了	去痴	佐军	简谱	《青年音乐》第一卷第四期	1942年6月
战士颂	陈田鹤	常任侠	五线谱	《音乐月刊》（重庆卷）第一卷第一期	1942年3月
战士颂	黄源洛	何嘉	简谱	《青年音乐》第一卷第五期	1942年7月
站拢来（我们是为自由、光明、真理而歌的伙伴）	劳汉	苏夫	简谱	《新音乐》（平津唐版）第二期	1948年5月
站在自卫的战线上	庄超	张哲民	简谱	《滨海歌集》第二期	1946年
张大嫂纺线	瞿希贤	叶洛	简谱	《新音乐》第八卷第六期	1950年1月
张大婶	郭杰	德玉	简谱	《新音乐》（粤中版）创刊号	1949年6月
张大水复仇	德厚	周涛	简谱	《歌与剧》第一期	1947年1月

续表

歌曲名称	曲作者	词作者	记谱形式	曲目来源	出版日期
张二嫂养娃娃	马可	王进	简谱	《民族音乐》第一卷第五、六合刊	1942年9月
张家姑娘			简谱	《新音乐》（上海版）第二期	1946年5月
张家口是我们的家乡	韦虹	行光	简谱	《解放歌声》（晋察冀版）第二集	1945年11月
张老四，王老三（老乡打游击）	杜矢甲	冬辽	简谱	《新音乐月刊》（副刊）第二辑	
张小三战场立功	张非 罗浪	张非 罗浪	简谱	《解放歌声》（晋察冀版）第四集	1948年1月
丈夫年老妹年轻	伊文	横波	五线谱	《大道音乐》创刊号	1946年11月
丈夫去当兵	张曙	老舍	简谱	《每月新歌选》第三期	1939年12月
昭君出塞	邱望湘	朱湘	五线谱	《音乐教育》第三卷第一期	1935年1月
昭君怨			工尺谱	《音乐杂志》（国改版）第一卷第七号	1929年8月
櫂歌	田鹤	廖辅叔	五线谱	《音乐教育》第二卷第一期	1934年1月
这个念头怎么办	嘉工		五线谱 简谱	《新音乐》第六卷第五期	1947年4月
这日子已经来到	许言	小路	简谱	《人民歌选》第一期	1949年6月
这是什么地方	K. R	K. R	简谱	《歌与诗音乐月刊》第二期	1944年11月
这是什么地方	立人	沂滨	简谱	《滨海歌集》第二期	1946年
这是胜利将到的大难关	曾一佳	曾一佳	简谱	《歌曲创作月刊》第一期	1941年1月
这是我们的战场	芦肃	陈桥	简谱	《歌选》第二期	1941年2月
这是一个最好的春天	敢敢	力扬	简谱	《香岛音乐》创刊号	1948年4月
这种日子过不了	白音	觉先	五线谱 简谱	《新音乐》第六卷第六期	1947年6月
浙东民谣	罗耀国		简谱	《歌讯》第二期	约1946年
真正的胜利（民主大合唱七）	马思聪	端木蕻良	五线谱 简谱	《音乐艺术》第二卷第五期	1946年6月

续表

歌曲名称	曲作者	词作者	记谱形式	曲目来源	出版日期
阵地小景	汪秋逸	杨友群	简谱	《每月新歌选》第十期	1940年10月
阵地小景	汪秋逸	杨友群	简谱	《新歌曲》第一卷第四期	1941年10月
镇南秧歌（A、B、C）			五线谱 简谱	《新歌丛》第三辑	1949年2月
争取和平	徐曙	流笳	简谱	《解放歌声》（晋察冀版）第二集	1945年11月
征夫			字母谱	《白雪》第七号	1928年5月
征夫别	张曙	田汉	简谱	《每月新歌选》第三期	1939年12月
征粮小调			简谱	《群众歌曲》第三期	1945年12月
征人之合唱	王绍先	Weber	简谱	《歌与诗音乐月刊》第五期	1945年
整风歌	林之	十波	简谱	《民族音乐》第一卷第七期	1942年10月
正义军			字母谱	《白雪》第十四号	1928年9月
郑信开荒		王杰	简谱	《大众歌选》第六期	1943年
政工队队歌	丁珰		简谱	《新音乐》第三卷第三期	1941年10月
政协决定，不准推翻！	孙慎	洪水	简谱	《新音乐》（华南版）第一卷第三期	1946年
支援前线	边军	贾克	简谱	《解放歌声》第四集	1949年3月
芝加哥大火记			五线谱	《音乐世界》第一卷第二期	1938年9月
织布工人歌	王翅	燕生	简谱	《解放歌声》（天津版）第三集	1949年4月
蜘蛛和苍蝇	Raka Waga		简谱	《儿童音乐》第一期	1947年4月
直捣扶桑	满谦子	祝兴	简谱	《歌曲创作月刊》新第一卷第一期	1942年11月
职工本是一家人	宋吼	王子宝	简谱	《解放歌声》（天津版）第四集	1949年6月
职业以工业为第一	江定仙	陈立夫	五线谱 简谱	《乐风》第十八号	1944年6月
植树歌	应尚能	韦翰章	简谱	《青年音乐》第一卷第二期	1942年4月
植树节	陈田鹤	廖辅叔	五线谱	《音乐教育》第三卷第七期	1935年7月
植树节	江定仙	韦瀚章	五线谱	《音乐教育》第三卷第四期	1935年4月

续表

歌曲名称	曲作者	词作者	记谱形式	曲目来源	出版日期
只有她才知道我的痛苦	柴伊可夫斯基	歌德	简谱	《新音乐》第五卷第二期	1942 年 12 月
纸糊老虎吃不了人	深露	维璞	简谱	《解放歌声》（华东军区版）第二集	1948 年 10 月
制寒衣	陈田鹤	流云	五线谱	《音乐月刊》（重庆卷）第一卷第二、三合刊	1942 年 5 月
致马利亚颂			简谱	《音乐世界》第一卷第二期	1938 年 9 月
掷弹筒歌	石玉		简谱	《人民音乐》（东北版）第一卷第一期	1948 年 10 月
中共献歌	季孙、思远	洪禹	简谱	《歌选》第二期	1941 年 2 月
中国的吼声（《中国吼声》插曲）	韩悠韩	波波	简谱	《新音乐》第四卷第二期	1942 年 3 月
中国的小主人	水金	蒙沙	简谱	《大众歌声》第十七期	1946 年
中国儿童	R. Schumann	梁莲基	五线谱	《儿童音乐》第三期	1947 年 6 月
中国儿童	R. Schumann		简谱	《儿童音乐》第三期	1947 年 6 月
中国儿童	修曼	梁莲基	简谱	《儿童音乐》第三期	1947 年 6 月
中国工人进行曲	焕之	天兰	简谱	《歌曲旬刊》第二期	1941 年 4 月
中国共产党万岁	林浩然	井岩盾	简谱	《人民音乐》（东北版）第一卷第四期	1949 年 7 月
中国共产党怎么样	张鲁	安波	简谱	《歌曲半月刊》第一卷第四期	1941 年 7 月
中国国民	吴梦非	戴季陶	简谱	《乐风》新一卷第四期	1941 年 4 月
中国军人进行曲	天东	天蓝	简谱	《新音乐》第四卷第五期	1942 年 7 月
中国抗战之歌（国家儿童剧院剧目插曲）	［俄］可齐图夫		简谱	《新音乐》第三卷第四期	1941 年 11 月
中国历史歌（历史小曲）				《灿花集》第一期	1908 年 12 月
中国人	青主		五线谱	《国立音乐专科学校校刊》第五期	1930 年 6 月

续表

歌曲名称	曲作者	词作者	记谱形式	曲目来源	出版日期
中国人	萨利凡	歧尔柏特	五线谱	《音乐教育》第四卷第十一期	1936年11月
中国人民大团结	章枚	章枚	简谱	《每月新歌选》第二期	1939年11月
中国十八摸（地理小曲）				《灿花集》第一期	1908年12月
中国体操学校运动会歌	质平	胡寄尘	简谱	《美育》第二期	1920年5月
中国小主人	范政	洛宾	简谱	《每月新歌选》第九期	1940年9月
中华	周济亚	马祖武	简谱	《音乐教育月刊》（渝版）第一卷第二期	1946年10月
中华儿女	包恩珠	王冥鸿	五线谱	《音乐教育》第四卷第十一期	1936年11月
中华儿女	贺绿汀	贺绿汀	五线谱	《乐风》新一卷第三期	1941年3月
中华儿女	贺绿汀	贺绿汀	五线谱	《乐风》（副本）第一卷第一期	1941年4月
中华儿女皆英雄	钟汉		简谱	《歌曲创作月刊》第一卷第六期	1941年6月
中华好男儿	谢直心	谭志勇	五线谱	《大道音乐》创刊号	1946年11月
中华民国国歌			简谱	《歌与诗音乐月刊》第六期	1945年
中华民国新国歌	刘雅觉	徐谦	五线谱	《音乐杂志》（北大版）第二卷第九、十合刊	1921年12月
中华民族的复兴	嵇振民	曾克	简谱	《歌与诗音乐月刊》第七期	1945年
中华民族万岁	潘谷 加莱 显林 陆予	潘谷 加莱 显林 陆予	简谱	《歌曲创作月刊》第一卷第六期	1941年6月
中华民族万万岁	范筱珊	范筱珊	简谱	《新音乐》第三卷第五期	1941年12月
中华少年	梁玉荣	何雪霏	简谱	《乐教》第一卷第一期（创刊号）	1943年1月
中华我中华		赵元任	五线谱	《音乐教育》第五卷第十一、十二合刊	1937年12月
中美携手歌	李抱忱		五线谱 简谱	《乐风》第十六号	1944年2月
中秋	肖友梅	易韦斋	五线谱	《音乐杂志》（北大版）第二卷第七号	1921年9月

续表

歌曲名称	曲作者	词作者	记谱形式	曲目来源	出版日期
中苏人民对口曲——我们一定会胜利	晓河	泽易	简谱	《新音乐》第八卷第四期	1949 年 10 月
中天职工歌	侯大炘	侯大炘	简谱	《解放歌声》（天津版）第四集	1949 年 6 月
中条山儿童进行曲	高兴	章陆	简谱	《每月新歌选》第九期	1940 年 9 月
中条夜（《中条山之夜》插曲）	丁珰	程南秋	简谱	《新音乐》第三卷第一期	1941 年 8 月
中央航空学校校歌	刘雪厂	刘雪厂	五线谱	《音乐杂志》（艺文版）第一卷第二期	1934 年 4 月
忠实的 gohnie			五线谱	《国立音乐专科学校校刊》第五期	1930 年 6 月
钟（The Cloch）	Lowe		五线谱	《乐风》第十七号	1944 年 4 月
钟暮	眇一 粟垒		五线谱	《音乐杂志》（国改版）第一卷第二号	1928 年 2 月
钟声			五线谱	《音乐杂志》（国改版）第一卷第四号	1928 年 10 月
种瓜得瓜	刘雪庵	刘雪庵	五线谱	《音乐教育》第四卷第一期	1936 年 1 月
种花	陈田鹤	廖辅叔	五线谱	《音乐教育》第四卷第四期	1936 年 4 月
种牛豆			简谱	《国民教育指导月刊》音乐教材专号	1947 年
种田对唱（一至五）			简谱	《山歌通讯》第二期	1947 年 11 月
种下爱的花果	陈歌辛	吴晓邦	简谱	《音乐世界》第二卷第三期	1939 年 3 月
仲家种田的歌			简谱	《山歌通讯》第三期	1946 年 6 月
众人合伙金不换		马可	五线谱 简谱	《新音乐》第六卷第二期	1946 年 11 月
重大事变	舒曼		五线谱	《音乐教育》第五卷第二期封底	1937 年 3 月
朱大嫂			简谱	《新音乐》（上海版）第二期	1946 年 5 月
朱大嫂送鸡蛋	崔牛	崔牛	简谱	《音乐哨岗》第二卷第四期	1943 年 10 月
朱大嫂送鸡蛋	崔牛	崔牛	简谱	《音乐艺术》第六期	1945 年 2 月
朱德歌	焕之	贺敬之	简谱	《民族音乐》第一卷第三、四合刊	1942 年 7 月

续表

歌曲名称	曲作者	词作者	记谱形式	曲目来源	出版日期
朱惠芬（故事歌）	王莘	白韦	简谱	《解放歌声》（晋察冀版）第三集	1946年7月
朱总司令下命令	杜矢甲	贺敬之 杜矢甲	简谱	《新音乐》第八卷第一期	1949年6月
竹里馆	李惟宁	王维	五线谱	《音乐月刊》（上海卷）第一卷第二号	1937年12月
竹叶船	江定仙		五线谱	《音乐教育》第二卷第七期	1934年7月
注音卿云歌	李荣寿	李荣寿	五线谱	《音乐杂志》（北大版）第二卷第三、四合刊	1921年4月
注音字母歌	萧友梅		五线谱	《音乐杂志》（北大版）第二卷第一号	1921年1月
祝我空军	邓德杰	甘运衡	简谱	《乐风》新一卷第十一、十二合刊	1941年12月
祝我中华	刘已明	周仁济	简谱	《乐风》第二卷第四期	1942年7月
祝我中华	刘已明	周仁济	五线谱 简谱	《乐风》（副本）第二卷第一期	1943年5月
祝校庆	硫酸		简谱	《香岛音乐》创刊号	1948年4月
祝英台			五线谱	《乐学》第二号	1947年6月
祝咱翻身过新年		刘思凯	简谱	《大众歌声》第十一期	1945年1月
筑堤歌	张曙	田汉	简谱	《人民音乐》（东北版）第一卷第二期	1947年2月
专员·警察			五线谱 简谱	《音运通讯》第三期	1947年4月
装卸号子			简谱	《人民音乐》（东北版）第一卷第四期	1949年7月
壮丁入伍歌	刘雪厂		简谱	《乐风》新一卷第十期	1941年10月
壮丁入伍歌	刘雪厂		五线谱	《乐风》（副本）第一卷第三期	
壮丁上前线	张曙 常任侠	张曙 常任侠	简谱	《人民音乐》（东北版）第一卷第二期	1947年2月
壮丁上前线		常任侠	简谱	《音乐与美术》综合月刊第三期	1940年3月

续表

歌曲名称	曲作者	词作者	记谱形式	曲目来源	出版日期
壮士骑马打仗去了	张文纲	许尤	五线谱	《音乐月刊》（重庆卷）第一卷第四、五合刊	1942 年 7 月
壮士饮酒歌（歌剧《新中国万岁》插曲）	韩悠韩	凡塞	简谱	《新音乐》第五卷第一期	1942 年 11 月
壮志凌云	刘已明	杨达真	简谱	《青年音乐》第一卷第五期	1942 年 7 月
壮志凌云	邱望湘	邱望湘	简谱	《歌曲创作月刊》新第一卷第一期	1942 年 11 月
追到天涯海角	李小才	唐因	简谱	《解放歌声》第五集	1949 年 3 月
追悼歌	焕之	贺敬之	简谱	《歌曲半月刊》第一卷第一期	1941 年 5 月
追悼会	质平	胡楪安	简谱	《美育》第二期	1920 年 5 月
追击曲	何士德		简谱	《人民音乐》（东北版）第一卷第三期	1947 年 3 月
追寻	刘雪厂	许健吾	简谱	《歌与诗音乐月刊》第六期	1945 年
追寻	刘雪庵	许建吾	五线谱	《音乐月刊》（重庆卷）第一卷第六期	1942 年 11 月
追寻	应尚能	方健吾	简谱	《青年音乐》第一卷第三期	1942 年 5 月
追战犯	章枚	朱子奇	简谱	《解放歌声》第四集	1949 年 3 月
准备反攻	律成	塞克	简谱	《新音乐》第五卷第一期	1942 年 11 月
准备反攻立功劳	何方	彭彬	简谱	《歌与剧》（战时版）第四期	1947 年 1 月
捉乌龟	伍胡	符公望	简谱	《新音乐》（粤中版）创刊号	1949 年 6 月
子夜岗兵颂	郑律成	公木	简谱	《新音乐》第三卷第一期	1941 年 8 月
子夜歌（赠黄金槐夫人）	陈洪	李白	五线谱	《广州音乐》第二卷第十期	1934 年 11 月
紫竹调			五线谱	《乐学》第二号	1947 年 6 月
自从来了八路军	王莘	王莘	简谱	《解放歌声》（晋察冀版）第二集	1945 年 11 月
自从来了八路军	王莘	王莘	简谱	《群众歌声》第十期	1945 年 9 月
自家伤感	钱君匋	戴望舒	五线谱	《音乐教育》第二卷第四期	1934 年 4 月
自力更生	左野	黎明	简谱	《歌曲旬刊》第三期	1941 年 4 月
自立歌	何安东	陶知行	五线谱	《音乐教育》第五卷第八期	1937 年 8 月

续表

歌曲名称	曲作者	词作者	记谱形式	曲目来源	出版日期
自鸣钟	华柏	华柏	五线谱	《音乐教育》第四卷第九期	1936年9月
自强	应尚能	陈立夫	简谱	《青年音乐》第一卷第三期	1942年5月
自卫队保家乡		裴华	简谱	《人民音乐》（东北版）第一卷第二期	1947年2月
自卫队进行曲	彦克		简谱	《人民音乐》（佳木斯版）第一卷第一期	1946年12月
自卫歌	赵元任		简谱	《乐风》新一卷第四期	1941年4月
自卫军（《七与里在边区》民歌联唱五）	张鲁	安波	简谱	《民族音乐》第一卷第三、四合刊	1942年7月
自卫军	赵启海	周一波	简谱	《新音乐》第三卷第三期	1941年10月
自卫战歌	大茨	君燕	简谱	《歌与剧》（战时版）第一期	1946年11月
自由的海滨	方平	方平	简谱	《滨海歌集》第一期	1946年6月
自由的号声	马思聪	克锋	五线谱	《乐风》新一卷第一期	1941年1月
自由的号声	马思聪	克锋	五线谱	《乐风》（副本）第一卷第一期	1941年4月
自由的吼声	力丁	丹麦	简谱	《新音乐》第四卷第一期	1942年2月
自由的节日	拉查鲁士	罗曼罗兰	简谱	《新音乐》第五卷第二期	1942年12月
自由该属于人民（《小人物狂想曲》主题歌）	立心		简谱	《新音乐》（华南版）第一卷创刊号	1946年4月
自由颂	杜巴	长工	五线谱 简谱	《新音乐》第六卷第六期	1947年6月
自由幸福的新天地（《幸运鱼》插曲）	胡均	岳邦	五线谱 简谱	《新音乐》（华南版）第二卷第三期	1947年8月
自由幸福的新天地	胡均	岳邦	五线谱 简谱	《新音乐》（沪版）第七卷第二期	1947年9月
自由中华	陈田鹤	顾一樵	简谱	《乐风（特刊）》第三卷第二期	1943年2月
自由中华	李世权	李世权	简谱	《乐教》第一卷创刊号	1943年1月
总动员，灾上灾	沈丰	沈丰	简谱	《歌讯》第二期	
总反攻	郭可诹		简谱	《歌咏岗位》第一期	1940年5月
总理纪念歌	江定仙	黎锦晖	五线谱	《乐风》新一卷第三期	1941年3月

续表

歌曲名称	曲作者	词作者	记谱形式	曲目来源	出版日期
总司令	林之		简谱	《民族音乐》第一卷第三、四合刊	1942年7月
邹韬奋先生挽歌	夏之秋	陶行知	简谱	《诗与音乐》创刊号	1945年4月
走出象牙之塔	起作		简谱	《歌与诗音乐月刊》第四期	1945年
走过街道	F. H. 格累		五线谱	《音乐教育》第五卷第三期	1937年3月
走马灯	鲁橹	马凡陀	简谱	《歌讯》第二期	
走马灯	鲁橹	马凡陀	五线谱 简谱	《新音乐》第六卷第六期	1947年6月
走向光明曲	黎钟	常任侠	简谱	《歌与诗音乐月刊》第五期	1945年
走向决门的战斗	凌云	雷石榆	简谱	《青年音乐》第一卷第二期	1942年4月
走向前	洛辛	高兰	简谱	《新音乐》第四卷第三期	1942年4月
走向自由祖国	宋军	许幸之	简谱	《音乐哨岗》第三卷第一期	
组织起来	鹰航	力鸣	简谱	《人民音乐》（东北版）第一卷第一期	1946年12月
组织起来（小调风）	亓垚	亓垚	简谱	《大众歌声》第八期	1944年6月
祖国大合唱（一）——美丽的祖国	马思聪	金帆	简谱	《新音乐》（平津唐版）第二期	1948年5月
祖国的耕牧者	寒光	林芳	简谱	《歌曲月刊》第二期	1940年10月
祖国的鹰群	姚牧		简谱	《音乐与美术》综合月刊第二卷第十二期	1941年12月
祖国进行曲	杜那耶夫斯基		简谱	《新音乐》（平津唐版）第三期	1948年7月
祖国在我们手掌	许言	小路	简谱	《人民歌选》第一期	1949年6月
祖国之恋（电影《白云故乡》主题歌）	沙梅	施谊	简谱	《新音乐月刊》（副刊）第一辑	不祥
最后的玫瑰	Eflotow	沈乘廉	五线谱	《音乐教育月刊》（渝版）第一卷第二期	1946年10月
最后的胜利是我们的	夏之秋	光未然	简谱	《每月新歌选》第一期	1940年3月

续表

歌曲名称	曲作者	词作者	记谱形式	曲目来源	出版日期
最后神圣的战争	M·Blanter	V·Lebedev－Kumach	简谱	《民族音乐》第一卷第一期	1942年4月
最后是我们的胜利	刘已明	萧芬	简谱	《乐风》第三卷第一期	1943年1月
最后五分钟	陆华柏	佚名	五线谱	《乐风》新一卷第二期	1941年2月
最后之玫瑰			简谱	《音乐世界》第二卷第六期	1939年6月
最神圣的战争	M·Blanter	V·Lebedev－Kumach	简谱	《民族音乐》第一卷第一期	1942年4月
尊干歌	水金	康怀信	简谱	《滨海歌集》第一期	1946年6月
鳟鱼	修伯特		简谱	《儿童音乐》第四期	1947年10月
鳟鱼	修伯特		五线谱	《儿童音乐》第四期	1947年10月
作工歌	林光	林光	简谱	《新音乐》第八卷第五期	1949年12月
作工谣	马可	井岩盾	简谱	《新音乐》第八卷第三期	1949年8月
坐小船	陈建功	沈惠芳	简谱	《儿童音乐》第五期	1947年11月
做冬衣			简谱	《国民教育指导月刊》音乐教材专号	1947年
做工	孙慎	胡敬熙	简谱	《新音乐》（华南版）第一卷第六期	1946年12月
做工事	何方	彭彬	简谱	《歌与剧》（战时版）第四期	1947年1月
做好新衣送前方	小林	小林	简谱	《大众歌声》第十四期	1945年8月
做算术	陆华柏	金近	简谱	《儿童音乐》第三期	1947年6月
做算术	陆华柏	金近	五线谱	《儿童音乐》第三期	1947年6月
Sonatina（赠V. H.）	江定仙	江定仙	五线谱 简谱	《乐风》第十六号	1944年2月
I YI，YI，YI，YI（口琴曲）	陈剑晨		简谱	《上海口琴界》第二卷八月号	1941年8月
U. S. A. 赞	徐守廉	仁荪	简谱	《新音乐》（华南版）第一卷第四期	1946年8月
U. S. A. 赞	徐守廉		简谱	《新音乐》（渝版）第一辑	1947年1月

续表

歌曲名称	曲作者	词作者	记谱形式	曲目来源	出版日期
U. S. A. 赞	徐守廉		五线谱 简谱	《新音乐》第六卷第二期	1946 年 11 月
"Sayaunara"	陈歌辛	徐志摩	五线谱	《音乐教育》第四卷第三期	1936 年 3 月
Prelude（序曲）	陈田鹤		五线谱	《音乐教育》第四卷第三期	1936 年 3 月
SCHERZO	陆华柏		五线谱	《音乐教育》第四卷第一期	1936 年 1 月
When I'm Dead			五线谱 简谱	《音乐教育》第一卷第六、七合刊	1933 年 11 月
Sonatina（一）	刘雪庵		五线谱	《音乐月刊》（重庆版）第一卷第二、三合刊	1942 年 5 月
Sonatina（续）	刘雪庵	刘雪庵	五线谱	《音乐月刊》（重庆版）第一卷第一期	1942 年 3 月
VACATION MOODS	韩权华		五线谱	《音乐杂志》（国改版）第一卷第二号	1928 年 2 月
Romanza senza Parole	陈德义		五线谱	《音乐杂志》（国改版）第一卷第十号	1932 年 2 月

（索引后）
附：词曲作者省略姓名参照表

雪俺	刘雪俺	仁荪	李仁荪
律成	郑律成	星海	冼星海
联抗	吉联抗	质平	刘质平
守廉	徐守廉	劫夫	李劫夫
田鹤	陈田鹤	小才	李小才
荫深	管荫深	希阳	霍希阳
雍谊	伍雍谊	华柏	陆华柏
巍峙	周巍峙	敬之	钟敬之
命夫	王命夫	已明	刘已明
友群	杨友群	秋逸	汪秋逸
幸之	许幸之	绿汀	贺绿汀
朋明	张朋明	金镜	侯金镜

续表

季纯	张季纯	铁民	舒铁民
践耳	朱践耳	良堃	严良堃
乃安	郭乃安	铁山	刘铁山
启海	赵启海	荒煤	陈荒煤
文纲	张文纲	友梅	肖友梅
元庆	李元庆	恒之	刘恒之
寒光	梁寒光	克忠	俞克忠

后　记

从我参加工作到今天，已走过30多个春秋。高中毕业后由于急于获得稳定工作而没有上大学，这是我一生中最遗憾的选择。为此，我边工作边学习，力求弥补这一缺憾。幸运的是我工作在图书馆，近水楼台，工作环境给了我最便利的学习深造的条件，我因此而如鱼得水。近几年我虽力想有为，但还是收获微微，也曾有些小作，但始终没有勇气为自己成就一部小著。转眼我已到不惑之年，出版此集权作我多年来的工作和学习的一个总结。以此对关心我、帮助我的领导、老师以及同事作一小小汇报，并借此聊以自慰。

《馆藏中国近代歌曲索引》部分是我与本馆钟声同志共同编辑的。此次仅出版馆藏期刊部分，以期读者给予批评和建议，而后补充完善，以便满足读者的需要。

拙著仅挑选了与我从事的工作有关的部分文章、索引编目。它的出版若没有我身边多位老师和同事的鼓励支持以及帮助指点，断难完成。由于工作的关系，我有幸接触到艺术研究院中的学者和老师，并得到了他们的指点。集中除图书馆专业的文章外，凡涉及其他学科，我都请教专业老师给予指导，如音乐研究所已经离休多年的向延生老先生。我从参加他主编的《聂耳全集》（增订版）的编辑工作时，就已非常了解向先生，并非常欣赏他的学识和为人。在《对〈中国大百科全书·音乐舞蹈卷〉“聂耳”条目的商榷》一文中，他不但指导我文章，还给我讲述了很多历史知识和有关聂耳的段段故事，使我受益匪浅。此外向先生还亲自为我的文集写了序，这也无形中给予了我莫大的鼓励和支持。

戏曲研究所的王馗老师，在我写《常任侠的杂剧、散曲创作》时，不但教授我中国近现代戏曲史，还耐心地教会了我有关戏曲曲牌等对我相当陌生的戏曲知识，加深了我对戏曲艺术的喜爱和探究兴趣。

还有音研所的研究生导师项阳，他看了《中国音乐图像学的先驱——袁荃猷先生》一文后，为我指出了“语言用词要精准”、“论证要充足”等非常中肯的意见，使我这篇文章更加具有说服力。

此外还有多位老师给予了我无私的帮助，就不一一列举了。在此我衷心地向他们表示感谢。

这些无私的老师，不仅教会我很多的知识，使我丰富了眼界，还让我从中悟出了很多人生哲理，从而充实了自己的心灵。在我看来，学习知识就如同攀登，每到一个顶峰都能领略到崭新的风光。因此，我由衷地感谢各位老师、同事，还要感谢我从事一生的事业，以及我的父母亲人。希望得到更多读者的指正。

学海无涯，我会以此作为起点，一如既往地上下求索。

于 2012 年 3 月